AF331101

Bibliothèque de Philosophie scientifique

Vᵗᵉ GEORGES D'AVENEL

# LE
# Nivellement
## des
# Jouissances

PARIS

ERNEST FLAMMARION, ÉDITEUR

26, RUE RACINE, 26

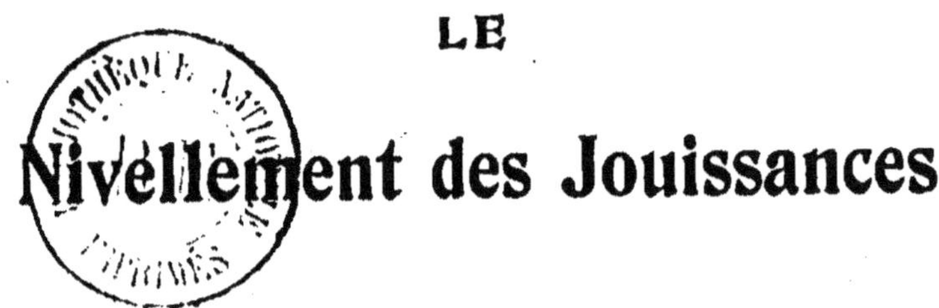

# Nivellement des Jouissances

# Ouvrages du Vicomte G. d'Avenel

**Les Français de mon temps.** 1 vol. in-18 (1904), 50e mille. (Collec. Nelson.)

**Richelieu et la Monarchie absolue** (Ouvrage couronné par l'Académie française. — GRAND PRIX GOBERT, 1889). 1 vol. in-8, 2e édition :

> Le Roi et la Constitution. — La noblesse et sa décadence. — Administration générale (Finances, Armée, Marine, Cultes, Justice). — Administration provinciale. — Administration communale.

**Découvertes d'Histoire sociale.** 1 vol. in-18, 6e mille.

**La Fortune privée à travers sept siècles,** 3e édition. — L'Argent. — La Terre. 1 vol. in-18 jésus (1895).

**Paysans et ouvriers depuis sept cents ans,** 5e édition. (Salaires et Dépenses.) 1 vol. in-18 (1899).

**Les Riches depuis sept cents ans** (Revenus et bénéfices. — Appointements et honoraires). 1 vol. in-18 (1909).

**Histoire économique de la propriété, des salaires, des denrées et de tous les prix en général,** *depuis l'an 1200 jusqu'à l'an 1800* (Ouvrage auquel ont été decernés par l'Académie des Sciences morales et politiques les *deux prix Rossi* de 1890 et de 1892). 6 vol. grand in-8, publiés sous les auspices du Ministère de l'Instruction publique (Imprimerie nationale). En vente chez Leroux.

**Le Mécanisme de la vie moderne** (*Complet* en 5 vol. in-18) :

> 1re *série,* 5e édition : Les magasins de nouveautés. — L'industrie du fer. — Les magasins d'alimentation. — Les établissements de crédit. — Le travail des vins.
>
> 2e *série,* 4e édition : Le papier. — L'éclairage. — Les compagnies de navigation. — La soie. — Les assurances sur la vie.
>
> 3e *série,* 4e édition : La maison parisienne. — L'alcool et les liqueurs. — Le chauffage. — Les courses.
>
> 4e *série,* 3e édition : L'habillement féminin. — La publicité. — Le théâtre. — Le prêt populaire.
>
> 5e *série :* Les grandes hôtelleries. — La bourse. — Les transports urbains. — Porcelaines et faïences. — Tapis et tapisseries.

**La Noblesse française sous Richelieu.** 1 vol. in-18 (1901).

**Prêtres, Soldats et Juges sous Richelieu.** 1 vol. in-18 (1907).

**Aux États-Unis** (*Les Champs — les Affaires — les Idées*). In-18 (1908). (2e édition.)

**La Réforme administrative.** 1 vol. in-18 (1891).

**Lettres du cardinal Mazarin** *pendant son ministère* (suite de la publication commencée par M. Chéruel, dans la *Collection des documents inédits sur l'Histoire de France);* les tomes VII, VIII et IX. Imprimerie nationale (1893-1905).

**Les Évêques et Archevêques de Paris,** *depuis saint Denis jusqu'à nos jours, avec des documents inédits.* 2 vol. in-8 (1876).

*Bibliothèque de Philosophie scientifique*

# V<sup>te</sup> GEORGES D'AVENEL

# LE
# Nivellement
# des
# Jouissances

PARIS

ERNEST FLAMMARION, ÉDITEUR

26, RUE RACINE, 26

1913

# PRÉFACE

## L'Égalité devant la bourse.

Des diverses sortes d'inégalités humaines, les unes depuis cent ans ont été abolies : celles qui étaient d'ordre social et politique; les autres, d'ordre physique ou moral, continuent d'être acceptées, du moins jusqu'à ce jour : les Français supportent patiemment de n'avoir pas tous une bonne santé, de n'être pas tous d'une haute taille, de n'avoir pas tous une grande force musculaire et de n'être pas tous beaux et intelligents. Ils supportent de perdre des enfants alors que le voisin conserve les siens et de faire mauvais ménage avec leur femme, alors qu'ils voient des couples heureux.

Ce qu'ils ne peuvent supporter et ce que l'on n'a point aboli, c'est l'inégalité pécuniaire. Ils souffrent cruellement de n'être pas tous également riches; le progrès, en accroissant les richesses, ne fait qu'accroître cette souffrance, parce qu'il est naturel à l'homme de se passer de tout ce qu'il ignore et qu'il lui est naturel aussi de ne se passer de rien de ce qu'il connaît. Mais ce qui en soi n'est pas « naturel », c'est ce que nous appelons nos « besoins ». Ceux qui nous paraissent de « première nécessité » sont tous artificiels ; la plupart étaient inconnus jadis et le sont encore sur les trois quarts du globe, où les habitants sont demeurés plus près de la nature. Nous trouvons « naturel » d'avoir des assiettes et des verres, d'avoir des bas et des souliers et de voyager dans un pays sillonné de routes. Nous avons tort, ce sont des inventions très extraordinaires. Il semblait naturel à nos pères qu'il n'existât rien de tout cela et, pourvu qu'ils ne mourussent pas de faim, ils s'accommodaient de l'existence.

Le « bien-être » ne tient vraiment qu'une place très secondaire dans la vie du commun des hommes ; il en tient une très petite dans l'histoire des nations. C'est assez tard qu'elles se sont avisées d'y penser. Elles ont poursuivi longtemps des satisfactions d'un tout autre ordre ; elles se sont passionnées pour tout autre chose et, dans sa marche lente, la civilisation, celle de l'antiquité aussi bien que celle du Moyen Age, a recherché le *beau* bien avant l'*utile*. Elle a excellé à faire des statues ou des temples avant de faire des lampes ou des parapluies ; elle a su écrire avant de savoir se chauffer et a découvert le pinceau avant la fourchette.

Ces hommes simples et brutaux, à notre estime, ont vécu pour l'idée plus que pour la matière ; ils ont glorifié les noms des guerriers qui ont accompli les faits héroïques, dont les peuples le plus souvent ont souffert ; et aussi les noms de ceux qui ont formulé des pensées ou créé des œuvres d'art, dépourvues d'utilité pratique. Quant aux noms de ceux qui les ont dotés des inventions les plus nécessaires, semble-t-il, à la vie, ils les ont laissés tomber dans l'oubli. De sorte qu'à examiner les faits au long des siècles, on s'aperçoit qu'il n'y a que les « idées » qui comptent. Bien que l'on puisse toujours soutenir qu'elles ne signifient rien, — puisque l'on ne peut prouver qu'elles servent à quelque chose, — c'est pour elles cependant que les hommes vivent; c'est pour elles qu'ils meurent, car on ne voit pas qu'ils se soient jamais fait tuer pour du « pain ! »

De nos jours encore ceux qui semblent le plus attachés, soit à l'argent, soit aux plaisirs qu'il sert à payer, visent au fond une satisfaction purement idéale beaucoup plus qu'un besoin corporel. Ce n'est pas en vue du confort que ce propriétaire de 30.000 francs de rente, tantôt travaille et risque son avoir, tantôt épargne pour l'augmenter : — il n'aura pas plus de confort avec 60.000 francs qu'avec 30.000. — Ce n'est pas au luxe que tend celui qui possède 100.000 francs de revenus et qui s'efforce de les doubler : — il ne doublera pas son luxe. — C'est au succès, à la conquête, qu'il dévoue ses énergies et, pour l'obtenir, il sait souffrir et se contraindre. C'est donc la recherche d'une joie *de l'esprit*, et non pas celle d'une joie *sensuelle*, qui le fait agir.

Au bas de l'échelle, chez l'ouvrier et le paysan, ce n'est pas le souci du bien-être qui leur fait consacrer à l'alcool 700 ou 800 millions par an. S'ils sacrifient des « nécessités » tangibles, nourriture, mobilier, vêtements, aux vapeurs de rêve que leur procure cet aliment-fantôme, c'est que pour beaucoup d'entre eux, les « besoins » que nous croyons primordiaux ne le sont pas; puisque, au lieu d'y pourvoir, des millions d'êtres préfèrent appliquer leurs salaires au bercement illusoire d'une moitié d'ivresse chronique.

Ainsi le bien-être matériel, dont je m'occupe ici, n'est pas seulement un sujet bien prosaïque et vulgaire; il semble même assez chimérique, puisque nous constatons que, pour les pauvres comme pour les riches, cette question de fortune et de dépenses est surtout *affaire d'imagination*.

Mais c'est par là justement que l'histoire des jouissances tirées de l'argent offre un intérêt de premier ordre et tout actuel, puisque c'est à l'*égalité* de ces jouissances que nos contemporains paraissent tenir le plus : les partis politiques n'ont guère d'autre problème en tête; ils l'ont baptisé « question sociale ». Et sous les étiquettes diverses de « socialisme », « collectivisme », etc., se sont formulés, à défaut de systèmes précis, de nobles programmes d'organisation de l'égalité, non plus seulement *devant la loi*, mais *devant la bourse*.

Aux partis qui ne veulent et d'ailleurs ne peuvent *créer* aucune jouissance nouvelle, mais prétendent seulement mieux *répartir* les anciennes, il serait inutile d'objecter que si l'on avait fait le *partage* de celles qui existaient en 1790, le profit de l'opération eût été dérisoire, même pour les plus pauvres; tandis que la *production* de biens nouveaux par la science les a tous enrichis d'un héritage quasi surnaturel. Ces politiques vous répondraient que la question n'est pas là, que l'on n'a rien fait tant que l'on n'a pas diminué l'écart entre les conditions humaines.

L'histoire des budgets privés est seule capable de nous éclairer là-dessus, de montrer si le progrès économique, qui n'égalise pas du tout les « fortunes », égalise au contraire les « jouissances » et, par suite, réalise sans violence et sans bruit ce nivellement du confortable que des législateurs bienfaisants se flattent d'obtenir à coups de bâton. De sorte que cette histoire des comptes de ménage, à laquelle on eût refusé naguère le nom même d'*histoire* et que l'on eût traitée de statistique anecdotique, répond assez bien aux préoccupations contemporaines pour prétendre marcher de pair avec le récit des combats, des conspirations, des négociations, des meurtres et des amours de vingt-cinq rois qui ont occupé le trône de France depuis Philippe-Auguste jusqu'à Louis XVI.

La succession des événements ou des actes par lesquels ces princes ont signalé leur passage n'a eu pour la plupart, sur la vie privée de leurs sujets, qu'une assez fâcheuse influence. Les vues d'ambition familiale des descendants de ce seigneur parisien qu'était Hugues Capet, poursuivies avec une inlassable persévérance à l'encontre de leurs voisins, ont agrandi leur fief qui a fini par devenir la France moderne; le besoin de fortifier leur pouvoir personnel à l'intérieur a transformé les vassaux, les bourgeois et les manants du plat pays en « sujets » uniformes; de quel prix les générations passées ont payé la paix au dedans et la guerre au dehors, l'histoire s'en est médiocrement enquise. Mais ces changements territoriaux et politiques n'affectaient que le « citoyen »; *l'homme privé*, beaucoup plus important que *l'homme public*, s'en ressentait peu ou point.

Et de vrai, ce n'est ni par règnes, ni par siècles que l'on devrait chiffrer l'histoire pour marquer les étapes de l'humanité, pour apprécier en quoi l'individu d'une certaine date ne ressemble pas à celui d'une certaine autre. La chute de l'Empire romain, le changement des dynasties, à plus forte raison la politique de tel ou tel monarque, ont eu sur l'état social de leur temps une répercussion cent fois moindre que telle évolution rurale, industrielle ou

financière. L'abolition du servage, l'invention des
armes à feu, celle de l'imprimerie, la baisse du taux
de l'intérêt au xvi⁰ siècle, la crue de la population
au xviii⁰ et la création des prairies artificielles ont
eu, pour les diverses classes de la nation, des résultats effectifs incomparablement plus grands, et, par
suite, plus dignes d'examen que toutes les contentions et les faits divers des souverains et de leur
entourage, à l'intérieur ou à l'extérieur.

L'histoire, ainsi comprise et envisagée, exigerait
à coup sûr une pénétration plus intime des âmes
d'autrefois, une recherche plus longue et plus minutieuse de la vie journalière des humbles, plongés
dans une ombre épaisse que les documents officiels
n'éclairent nullement. Les témoins à interroger ou à
confronter sont par milliers.

Cette histoire pourrait être, je crois, aussi « littéraire » que toute autre; puisqu'il n'y a pas, quoi
qu'on en dise, de genre proprement « littéraire ». —
La géométrie devient telle si Pascal tient la plume,
ou l'histoire naturelle quand Buffon en est l'auteur,
et la métaphysique quand Sully-Prudhomme la capte
dans ses vers; aussi bien les genres d'imagination
pure cessent-ils d'être « littéraires » lorsque la comédie n'est qu'une pochade, le romancier qu'un feuil-
letoniste et la poésie digne seulement du mirliton.
— Mais peut-être que l'histoire antiromanesque
dont je souhaite l'avènement tentera peu les auteurs
futurs, parce qu'ils consentiront difficilement à se
passer de l'attrait du « récit » dramatique qui porte
le narrateur sans effort, en même temps qu'il
passionne le public. Si les générations nouvelles
récrivent perpétuellement la vieille histoire, c'est
que seule jusqu'ici elle a su plaire.

Nous sommes ainsi faits que l'aventure bruyante

d'un seul personnage nous intéresse beaucoup plus que les vicissitudes silencieuses d'un peuple. Celles-là pourtant sont plus évocatrices d'idées, plus fécondes en conclusions et, comme elles sont d'ailleurs moins connues, quelques lecteurs braveront, j'espère, l'aridité de cette portion d'histoire pour nous suivre dans les ténèbres de l'évolution des dépenses privées.

# LE
# Nivellement des Jouissances

## CHAPITRE I

## La Nourriture. — Les Français mangent beaucoup plus qu'autrefois.

Les peuples qui « vivent pour manger » sont surtout ceux qui n'ont pas de quoi manger. — Les générations précédentes manquaient du nécessaire ; les générations actuelles, avec une ration plus que doublée, ne se découvrent pas de superflu. — Le socialisme monarchique d'hier ; réglementation minutieuse de la production, de la circulation, de la vente des denrées, en vue de dominer les prix. — Cette prétention n'aboutit à aucun résultat. — Comment concilier le fait d'une nation mal nourrie, avec des repas plus abondants que les nôtres ? — L'appétit de nos aïeux n'est qu'une légende. — Les « services » sont affaire de faste et non de gourmandise. — Preuve tirée de la *contenance* réelle des plats. — Les plats d'autrefois étaient plus petits que les plats actuels. — La comparaison de leurs poids d'argent respectifs nous l'apprend. — Les « assiettes » ne sont souvent que de larges soucoupes. — L'usage des « maisons ouvertes » rend le luxe de la table très supérieur à ce qu'il est de nos jours. — Le *nombre* des bouches à la charge du grand seigneur. — Les « tournebrides ». — L'usage des banquets diminue au xviii^e siècle. — La cuisine personnelle des rois n'est guère bonne. — Les cuisiniers d'extra chez Louis XV. — Le bouillon de Henri III, clair et plein de graisse. — Comparaison nécessaire des sommes dépensées aux quantités d'aliments qu'elles représentent, pour savoir exactement comment nos pères se nourrissaient. — Importance relative de la table suivant les budgets. — La table du riche a changé de *prix*, celle du peuple a changé de *nature*.

Les peuples et les gens qui « vivent pour manger » sont surtout ceux qui n'ont pas de quoi manger, parce qu'il n'est point de bien auquel nous tenions plus et dont nous jouissions autant que celui dont la possession est rare et dont la perte est toujours imminente ou redoutée.

Cela ne veut pas dire que plus les humains ont de quoi manger et moins ils mangent ; c'est le contraire qui est vrai : l'augmentation prodigieuse des consommations dans notre pays, depuis un siècle, suffit à prouver que les générations précédentes manquaient assez du nécessaire, puisque les générations actuelles, avec une ration plus que doublée, ne se découvrent pas de superflu. Mais à mesure que la nourriture devient plus abondante, qu'il se voit une plus grande variété de mets sur chaque table et moins de différence entre les tables des différentes classes, le souci de la pâture diminue et sa place dans la vie sociale, si grande encore aujourd'hui chez les nations à demi barbares, si large chez les Français d'autrefois qui craignaient toujours de mourir de faim, devient de moins en moins importante au foyer de nos concitoyens enrichis et repus.

Est-ce parce que nos aliments sont plus nombreux que nous avons cessé d'en réglementer le commerce ? Les socialistes contemporains, préoccupés du bonheur de la masse laborieuse, s'efforcent d'augmenter artificiellement son salaire, c'est-à-dire ses recettes, sans oser jusqu'ici prétendre s'opposer, par des édits de *maximum*, à l'enchérissement des denrées. Ils ne tiennent ainsi qu'un des plateaux de la balance. Nos pères étaient plus logiques.

Le « socialisme » d'hier, — la monarchie ignorait le mot, mais elle pratiquait la chose, bien qu'avec des vues opposées, — le vieux socialisme dont nous sommes sortis depuis cent vingt ans à peine, avait très bien jugé que pour régner sur les prix, dans ce qu'elle estimait de l'intérêt public, la puissance exécutrice et législative devait ordonner à son gré de la production, de la circulation et de la vente des marchandises. Qu'il s'agit du vin ou de la viande, des légumes ou du poisson, qu'il s'agit du laboureur ou du tavernier, du seigneur ou du vilain, et que les prescriptions et les défenses fussent l'œuvre des autorités locales, des magistrats de la province ou du Conseil royal, il y avait sur tout et pour tous des règlements minutieux : sur la manière de cultiver ses vignes et de vendre ses volailles, sur le poids au-dessous duquel les bouchers, à leur « sacre », juraient de ne pas descendre pour chaque quartier de veau, sur la déclaration d'origine dont tout porteur de choux ou d'ail pouvait être requis, sur le bénéfice mesuré des détaillants, la façon de cuire le pain et de fondre le suif, l'obligation pour certains bœufs de fréquenter certains marchés, la défense pour les restaurateurs d'acheter avant une heure convenue, les dates de l'année avant ou après lesquelles il n'était pas permis de vendre des raisins, des harengs frais ou des melons.

Ces règlements changeaient souvent, suscitaient des plaintes incessantes et, quoiqu'on les renouvelât fréquemment, on ne parvenait guère à les faire observer. Une armée formidable de fonctionnaires était censée pourtant tenir la main à leur application, mais s'appliquait surtout à percevoir les menus droits qui leur étaient attribués sur le trafic; chaque marchandise ayant ses jurés mesureurs, porteurs, courtiers et contrôleurs, et le plus simple légume n'y échappait pas : Paris avait ses « visiteurs d'oignons », héréditaires en titre d'office, comme ses jaugeurs de vin ou ses briseurs de sel.

Parfois les édits rendus pour prévenir une augmentation de prix étaient abrogés bien vite, parce qu'ils favorisaient la hausse; ces fixations arbitraires étaient toujours difficiles à établir : à Strasbourg, jusqu'à la veille de la Révolution, on se disputa sur la taxe de la bière, les brasseurs et l'administration ne parvenant pas à se mettre d'accord sur le rendement en liquide d'un sac de malt. Hâtons-nous d'ajouter que nulle part et à aucune époque l'ingérence officielle ne parvint à régenter le prix des objets d'alimentation, les seules taxes viables étant celles qui consacraient simplement les évaluations du libre négoce, auquel cas elles ne servaient à rien.

Les Français de jadis mangeaient beaucoup moins que ceux d'aujourd'hui, ai-je dit tout à l'heure; pourtant les menus copieux du temps passé semblent démontrer le contraire. Comment concilier le fait, paradoxal en apparence, d'une nation mal nourrie avec des repas plus abondants que les nôtres? C'est que ce luxe de la table était le privilège d'une élite. Pour le grand nombre, ces régals étaient l'événement de quelques jours dans l'année, ou même dans la vie; ils en soulignaient les dates mémorables. Précisément, parce que la bonne chère était un apanage de richesse, auquel le commun peuple ne pouvait prétendre, rien n'était plus glorieux et plus caractéristique de fête, pour les bourgeois et les paysans, que de faire bombance, une fois au moins, comme des princes; et, pour les princes, rien ne manifestait mieux leur puissance qu'une prodigalité quotidienne sur ce chapitre de la bouche, où s'attachaient le respect de la foule et l'émulation de leurs pairs.

Il est clair que les convives du Moyen Age bâfraient une « franche-lippée » avec d'autant plus d'entrain qu'elle était plus rare; de même que les convives actuels font plus ou moins d'honneur à un repas plantureux suivant qu'ils sont plus ou moins blasés sur cet article. Il est possible aussi que l'usage de la saignée chronique exerçât quelque peu naguère l'activité des fonctions digestives; mais la remarque mélancolique de Berchoux :

Hélas ! nous n'avons plus l'estomac de nos pères,

n'est qu'une boutade de poëte-gastronome. Les estomacs du passé n'étaient pas plus capables que les nôtres d'ingérer ces victuailles alignées dont l'énumération défie le goinfre le plus déterminé.

*L'appétit de nos aïeux n'est qu'une légende,* que l'étude de leur table fait évanouir. Ils avaient les yeux plus grands que la bouche; et c'était, par les yeux, à frapper l'esprit bien plus qu'à remplir le ventre que visaient ces rangées de plats que l'on nommait un « service »; jouissance de vanité, non de sensualité; les hommes, ici comme partout, étant tourmentés par l'opinion qu'ils ont des choses plus que par les choses elle-mêmes, l'amphitryon était fier d'offrir et les hôtes de se voir offrir *à la fois* toutes les sortes d'aliments que la cuisine pouvait mettre en œuvre.

Quand Louvois, en 1681, donne à la Reine un dîner en quatre services : le premier de 40 plats d'entrées, le second de 40 plats de rôtis et salades, le troisième d'entremets chauds et froids, le quatrième de dessert, nous nous doutons un peu que les 19 conviés à ce festin n'ont pas absorbé successivement une centaine de mets. Et nous voyons bien qu'un voyageur anglais plaisante lorsqu'il nous dit, sous Louis XV, avoir remarqué que, « si un Français a 500 plats à table, il mangera de tous et se plaindra en même temps de n'avoir pas d'appétit ». Qu'il y ait, au xv⁰ siècle, sept sortes de potages dans le gala donné au Roi par le comte de Foix, ou que l'on serve, chez un archevêque du xɪv⁰ siècle, trois « paires de soupes de diverses couleurs », sucrées et sursemées de graines de grenade, il en était jadis comme dans nos dîners d'aujourd'hui, où l'on ne prend qu'un potage, bien que souvent l'on en passe deux à choisir.

La division des repas en plusieurs « services » était conventionnelle, comme celle des sermons anciens en plusieurs « points »; il ne faudrait pas conclure, en comparant les ordonnances somptuaires de Philippe le Bel, qui permettaient deux services, avec celles de Louis XIII qui en autorisaient trois, que les menus se fussent allongés du xɪɪɪ⁰ siècle au xvɪɪ⁰. Suivant les époques, chaque « service » comportait un plus ou moins grand nombre de plats : dans tel banquet princier du xv⁰ siècle, divisé en sept services, le premier et le sixième consistaient seulement en hypocras blanc avec « oublies », — gaufrettes ; — c'était, si l'on veut, l'intermède du « punch à la romaine », en honneur sous Napoléon III et depuis vingt ans abandonné. Des épiceries et confitures, « faites en façon de lions, cygnes et cerfs », formaient le dessert ou septième service ; et le cinquième, constitué par des tartes, darioles, plats de crème, oranges ou citrons confits, correspondait à notre entremets. Les deuxième, troisième et quatrième services étaient la partie solide du repas : poissons, pâtés à haute graisse, jambons et viandes de boucherie, volailles ou gibier.

Nous continuons à classer les mets à l'ancienne mode, en relevés, entrées ou rôtis, suivant leur nature et leur apprêt; mais, au lieu du maximum de cinq ou six plats, auquel se bornent nos « grands dîners » actuels, nos pères en faisaient apparaître au moins vingt et souvent plus de soixante répartis en deux ou trois étalages successifs.

Ce faste obligatoire n'était point pour encourager la ripaille. Gargantua lui-même n'aurait pu se gaver de tous ces plats pour cette raison très simple qu'on ne les lui eût pas servis : on les passait plusieurs à la fois, — autrement certains repas auraient duré dix heures, — et *la contenance de chaque plat*, qui souvent nous est exactement connue, n'aurait pas permis de faire le tour de la table, si tous les convives avaient fixé leur choix sur le même. Aussi avait-on soin de multiplier en double ou en quadruple les exemplaires de certains mets que l'on savait appelés à plus de faveur, — petits pâtés ou boudins mêlés, — tandis que la plupart ne s'adressaient qu'à un petit groupe: les uns prenant soit les « pigeons à l'italienne », soit les « pigeons romains aux truffes », ou encore le « pâté chaud de pigeons »; ceux-ci jetant leur dévolu sur les « queues de saumon au citron » ou sur le « saumon en salade », tandis que ceux-là préféraient les « saumoneaux » ou la « hure de saumon »; car ces divers plats voisinent sur un menu du xviii$^e$ siècle que j'ai sous les yeux.

Quand les ordonnances somptuaires, dont on n'a pas besoin de dire qu'elles furent toujours lettre

morte, défendaient en 1563 ou en 1629 plus de trois
services de six plats chacun au plus, elles avaient
soin de spécifier que chaque plat contiendrait une
seule sorte de viande ou de volaille, « sans que cette
volaille pût être mise en double ». Le plat de chapon,
par exemple, devait être d'un chapon et non de deux.

Le législateur craignait que pour éluder ces pro-
hibitions, demeurées d'ailleurs platoniques, sur le
*nombre* des plats, les cuisiniers ne les *remplissent*
davantage. C'est ce qui se faisait d'ailleurs et depuis
longtemps, mais dans l'intimité, où la pyramide de
viandes, la « pyramide éternelle », dit M^me de Maintenon, constituait le fond du repas familial. Cet amas
de victuailles, où

> Sur un lièvre, flanqué de six poulets étiques,
> S'élevaient trois lapins, animaux domestiques...,

cet entassement, décrit et raillé par Boileau justement parce qu'il était ridicule dans un soi-disant
dîner de cérémonie, cessa d'être en usage au commencement de la Régence.

Pour la belle ordonnance d'un festin, la règle
voulait que la table fût couverte de plats différents.
Mais la meilleure preuve que chacun de ces plats
ne pouvait pas contenir grand'chose, *c'est leur exiguïté*. Les plats d'autrefois étaient généralement
*plus petits que les nôtres*, bien que nous soyons
portés à nous figurer le contraire ; leur taille
médiocre nous est révélée par la comparaison de
leur poids avec celui de nos poids actuels. Aujour-
d'hui, il ne se fait pas de plats d'argent d'un poids
moindre de 850 grammes et les plats à rôti, destinés
à une table de douze couverts, atteignent couram-
ment 1.500 grammes, sans y employer plus de métal

qu'il n'est strictement nécessaire à leur solidité.

Or, dans l'argenterie du duc de la Trémoille, en 1605, les « grands plats » — ainsi sont-ils qualifiés — pèsent 850 grammes, la « vaisselle moyenne » 570 grammes et les « plats de fruiterie » 430 grammes, c'est-à-dire moins qu'une de nos simples assiettes à dessert contemporaines, dont le poids minimum est de 500 grammes. Cent ans auparavant (1501) les « plats de cuisine » — ainsi nommés pour les distinguer des plats de dessert — pesaient 685 grammes seulement chez un grand seigneur. Chez le roi Philippe de Valois (1328) les plats d'argent doré pèsent 1.260 grammes, les « plats à fruits » d'argent « nué » 245 grammes. Dans le célèbre inventaire de Charles V (1380), dont je parlerai plus tard, les « grands plats » ressortent à 1.650 grammes; les « plats à fruits » ne dépassent pas 382 grammes. Les « escuelles » chez ce même prince sont de 735 grammes; mais il ne faut pas oublier qu'au XIVe siècle on mangeait plusieurs à la même écuelle.

Lorsque cent cinquante ans plus tard la mode vint de donner à chaque convive des assiettes séparées, leurs dimensions égalaient rarement celles des nôtres; elles sont communément, sous Louis XIV, de 430 grammes et descendent à 300 et 250 grammes dans les plus riches maisons. A ce poids ce n'étaient donc que de larges soucoupes et l'on n'y pouvait pas mettre grand'chose.

Si, comme le démontre une étude plus attentive de leur table, nos pères n'étaient pas les dévorants héroïques que l'on croit, si la consommation de chacun dans ces frairies anciennes ne répondait pas du tout à la profusion des mets offerts, l'hospitalité culinaire atteignait un niveau inconnu de nos jours.

2.

Nos Crésus actuels ne se piquent plus d'entretenir un domestique innombrable ni de nourrir quotidiennement une foule de convives, et leur dîner de famille ne diffère pas sensiblement de celui d'un bourgeois aisé !

« Manger sa fortune », au sens propre du mot, n'est plus guère possible; ce n'était pas une simple métaphore au temps où un certain rang comportait une maison ouverte. La table de Samuel Bernard lui coûtait, *paraît-il*, pour le dîner seulement, 429.000 francs par an de notre monnaie[1]. Lorsque Gourville se chargea de mettre ordre aux affaires du grand Condé, il se trouva en présence de fourniture de vivres impayées qui montaient, *en demande*, à plus de 2 millions de francs. Elles dataient, il est vrai, du temps de la Fronde, où la suite du prince révolté constituait une petite armée et les chiffres avaient dû être fortement majorés, puisqu'on « accommoda » le tout sans trop de peine pour 450.000 francs. Ce qui rendait la nourriture si onéreuse au châtelain du Moyen Age aussi bien

1. Tous les chiffres, sans exception, mentionnés dans ce volume, sont des chiffres exprimés en *monnaie actuelle*, non seulement parce que les monnaies d'autrefois ont toujours été converties en francs intrinsèques de 4 grammes et demi d'argent fin (à 222 francs le kilo), mais aussi parce que ces francs intrinsèques ont été traduits en francs actuels d'après leur pouvoir d'achat. Ainsi le chiffre de 429.000 francs, qui se rapporte à l'année 1733, correspond à 143.000 francs de cette époque, où la vie était en moyenne trois fois moins chère que de nos jours; et ces 143.000 francs représentent, en poids de monnaie, 150.000 livres tournois parce que la livre tournois de 1733 ne valait, en poids d'argent, que 0 fr. 95.

D'ailleurs, le lecteur trouvera à la fin de ce volume, page 320, une table de réduction des livres tournois en francs actuels et des francs actuels en livres tournois, aux différentes périodes de notre histoire, depuis 1200 jusqu'à 1790.

qu'au seigneur moderne c'est le *nombre* des bouches
perpétuellement à leur charge : chaque jour, chez
tel personnage de distinction, sont dressées deux
tables de 20 et 25 couverts, l'une tenue par le
maître, l'autre présidée par son écuyer ou son
secrétaire. Outre cet ordinaire, une cérémonie quelconque, un événement gai ou triste sert-il de prétexte à réunion, cette réunion comportera un festin
obligatoire où s'assoiront des 200 à 300 personnes.

Vers la fin de l'ancien régime, la mode subsistait
encore à Paris « d'avoir une table » à laquelle, une
fois invité, vous l'étiez toujours. 18 à 20.000 hommes,
dit Mercier, sans patrimoine, sans emploi trouvaient ainsi le moyen de vivre en bonne compagnie.
Les variations de prix des comestibles leur étaient
parfaitement étrangères; ils ne payaient que le
porteur d'eau. Cet effectif de convives professionnels,
fût-il exact sous Louis XVI (?), ne trouverait plus
à s'alimenter dans notre capitale actuelle, sextuplée,
mais où les couverts sont comptés d'avance. Depuis
le Moyen Age, où le luxe était de ne les compter pas,
cet usage libéral était allé se restreignant peu à
peu. Au xviie siècle, bien que ce fût encore pour
un homme en vue une sorte d'abaissement social
que de « retrancher sa table », le bon ton n'obligeait
plus à la campagne ni à la ville à donner à manger
à tous ceux qui se présentaient; et l'on voyait des
auberges, dites « tournebrides », à proximité des
châteaux dont les maîtres ne se souciaient pas
d'héberger les valets et les chevaux des hôtes qu'ils
recevaient.

Dans la bourgeoisie, la réjouissance fondamentale
n'était plus le repas monstre auquel prenait part
tout le voisinage, banquets de baptêmes, de relevé
de couches, de don du pain bénit; les traiteurs, au

xviiie siècle, se plaignent que les festins de noce deviennent de jour en jour moins fréquents : pour n'en point faire, on s'enfuit à la campagne. A la Cour, les derniers Valois avaient opéré « sur leurs maisons et mangeailles beaucoup de retranchements ; » c'était « par boutades, dit Brantôme, que l'on y faisait bonne chère, car, le plus souvent, la marmite se renversait ». Néanmoins, sous les Bourbons, le nombre des gens qui « avaient bouche à la Cour » maintenait très haut ce chapitre des dépenses royales, sans que d'ailleurs le faste y fût bien grand : au bal masqué donné pour le mariage de la Dauphine (1747) dans les grands appartements de Versailles, il n'y avait aux buffets que du vin, des brioches, du pain, quantité d'oranges et des paquets de sucrerie.

Quant à la cuisine personnelle de Louis XV, elle n'était guère bonne, malgré, ou peut-être à cause de la façon dont se recrutaient les officiers des fourneaux. Il est curieux de penser que ce monarque délicat ne mangeait vraiment bien que pendant certains voyages où, au lieu des titulaires en charge, il se servait de cuisiniers d'extra, choisis parmi les plus fins de Paris.

Ses prédécesseurs n'étaient pas plus favorisés si l'on en juge par une ordonnance de Henri III, relative à sa propre table, où ce prince s'exprime ainsi : « Les jours que le Roi mangera de la chair aura son bouillon le matin, bien cuit et bien consommé, et non si plein de graisse et clair comme il est quelquefois... » Le reste n'était pas moins défectueux ; la même ordonnance porte : « Seront très soigneux les officiers de bien accoutrer la viande du Roi, que l'on ne lui serve rien qui ne soit fort bon et bien tendre... et que le maître d'hôtel lui demande tous les jours si Sa Majesté se trouve bien traitée. »

« Si l'on pouvait, écrivait Mercier en 1781, détailler au juste de quelle manière se nourrissaient jadis le paysan, le simple citoyen, le noble campagnard, le grand seigneur, le clergé et les moines, on verrait peut-être par la table quel était le degré de l'aisance particulière, et cela serait bon à savoir. »

Nous ne serions pas encore, il faut l'avouer, beaucoup plus renseignés là-dessus qu'il y a un siècle si, comme on l'a fait souvent, nous attachions trop d'importance à quelques tables opulentes, ou si nous regardions la table bourgeoise aux jours de gala exceptionnel — encore devrait-on prendre garde à mesurer les plats et à évaluer leur contenu. — C'est dans la vie journalière, en comparant les sommes dépensées aux quantités d'aliments qu'elles représentent et les aliments consommés au nombre des bouches à nourrir que nous pourrons apprécier l'ordinaire des classes moyennes et privilégiées, comme nous avons reconstitué déjà celui du peuple[1].

A la transformation de ces dépenses anciennes les petits ont gagné plus que les grands; l'écart s'est amoindri par ce fait que le peuple a maintenant sa part de biens, naguère hors de sa portée, dont une élite avait le monopole. Entre toutes les métamorphoses, celle de la table a profité surtout aux moins fortunés pour cette simple raison que la nourriture tient dans leur budget une place incompressible. Qu'importe à la bourgeoisie aisée le prix du pain? Il absorbe 200 ou 300 francs chez les gens qui ont 10.000 francs de rente; chez les gens qui en ont

1. Voir *Découvertes d'histoire sociale*, 1 vol. (Flammarion). Même collection.

100.000, il ne prélève pas 1.000 francs. Mais chez l'ouvrier, le paysan, il exige le quart du revenu et davantage, à mesure que les bouches augmentent ou que les ressources diminuent.

Lors des famines, lors des renchérissements excessifs du blé, c'est le pauvre qui a souffert, qui est mort d'inanition; la classe moyenne paie la surtaxe forcée en maugréant; à peine si la classe opulente s'en aperçoit. C'est un point capital dans l'histoire du rapprochement des classes, sous le rapport des jouissances, que l'énorme abaissement et la quasi-immobilité **actuelle** des prix du pain, puisqu'il n'y a pas, je pense, entre deux hommes, d'écart comparable à celui de mourir ou non **de** faim.

Le bon marché du blé a donc été un gain exclusivement populaire; il ne s'est pas traduit par une économie d'argent, mais par une révolution alimentaire : l'abandon spontané et quasi-universel des pains noirs, bruns et gris pour le pain blanc, devant lequel les Français contemporains sont égaux, au moins autant que devant la loi. Aux riches, qui jadis n'en mangeaient pas d'autre, ce pain de pur froment coûte à présent deux ou trois fois moins; mais ce n'est pas le bon marché de cet article qui pouvait réduire sensiblement les frais de leur table.

Si le pain tient une place très différente *dans le budget alimentaire* de chacun de nous, l'ensemble de la nourriture représente, dans le total de nos dépenses, une part extrêmement variable, suivant le chiffre des fortunes : une famille composée par exemple de quatre personnes consacre à sa table 60 °/₀ d'un revenu annuel de 2.500 francs, 40 °/₀ d'un revenu de 5.000 francs, 25 °/₀ d'un revenu de 20.000 francs et 15 °/₀ seulement d'un revenu de

60.000 francs, bien qu'en ce dernier cas l'effectif des commensaux soit doublé de quatre ou cinq domestiques.

Le contingent de la table, si divers à présent, suivant les classes sociales, n'est pas demeuré identique pour chacune d'elles dans le passé : chez le travailleur manuel, le tiers du salaire suffisait pour la nourriture au xv<sup>e</sup> siècle; il en fallait la moitié au milieu du xvi<sup>e</sup> siècle et, à la fin, les deux tiers, proportion qui varia peu jusqu'à la Révolution. Pourtant, loin de s'améliorer, l'ordinaire s'était réduit; la viande avait disparu des chaumières. Chez le bourgeois, chez le grand seigneur, au contraire, le rôle de la cuisine s'amoindrit de siècle en siècle.

Question de mode d'abord plus que de sensualité: la bonne chère avait été le grand luxe du baron féodal, comme la grande chasse ou l'écurie de courses sont le luxe du millionnaire contemporain. Question de personnel ensuite : la clientèle, les hôtes ordinaires et extraordinaires du château étaient en foule, comme les tissus précieux étaient accumulés en abondance; mais les victuailles devaient se renouveler plus vite que les costumes. Question de chiffres enfin : les mets recherchés étaient plus onéreux au Moyen Age que de nos jours. Dans son budget de 1826, un pair de France qui jouissait de 60.000 francs de rentes dépensait, pour le sucre, — sans parler des confiseries, — les trois quarts de ce qu'il dépensait pour le pain; et le sucre, sous la Restauration, coûtait 2 fr. 85 le kilo. Il coûtait 6 francs sous Louis XIV et 20 francs sous Charles VI; bien des denrées étaient dans le même cas.

La table du duc de Bourgogne, Philippe le Hardi, qui avait 2.160.000 francs de rente au xiv<sup>e</sup> siècle, ou celle du général des galères Pont-Courlay, qui avait 250.000 francs de revenus sous Louis XIII, accaparait une somme triple de ce que lui consacrent de nos jours des particuliers ayant les mêmes budgets. Au XVIIIe siècle, où les goûts avaient changé, où le train n'était plus le même, le rôle des subsistances était plus borné : cependant, la table du duc de La Trémoille, en 1788, équivalait presque au tiers de sa dépense totale : 90.000 francs sur 286.000 fr. ; proportion qui serait aujourd'hui tout à fait extra-ordinaire, et qui, pourtant, est inférieure à celle que Mme de Maintenon assigne au chapitre des vivres, dans la lettre souvent citée où elle règle en détail les comptes de son frère, d'une façon d'ailleurs assez fantaisiste, comme nous aurons lieu de le constater.

Malgré la charge qu'il leur imposait, les hautes classes n'étaient ni aussi délicates, ni aussi pro-digues pour leur vivre quotidien qu'on serait porté à le croire. Un ouvrier parisien répondait ingénument, il y a quelques années, au médecin des hôpitaux qui lui reprochait un amour immodéré de la bou-teille et s'enquérait combien il buvait : « Mais pas trop, mes quatre litres par jour comme vous, par-bleu ! » Ce prolétaire eût fort mal vécu à la Cour du roi Philippe le Long où mangeaient, en 1316, 408 personnes et où l'on consommait par jour 280 litres de vin seulement, soit 70 centilitres par tête. Ce qui laisse supposer qu'une partie du per-sonnel se contentait d'eau claire.

Mme de Maintenon regarde comme exorbitant qu'il faille à sa belle-sœur d'Aubigné « des confitures à la collation et du beurre à déjeuner. » Elle nous paraît bien sévère, pour un ménage qui a dix domestiques et dont la dépense journalière monte à

42 fr. 35, soit 3 fr. 50 par personne; chiffre fort raisonnable aujourd'hui, même à Paris. Les menus sont courts pourtant et ne prévoient, pour le dessert, qu'un plat de pommes et de poires, « qui passera la semaine en renouvelant les vieilles feuilles qui sont dessous. » Depuis cinq cents et même depuis deux cents ans, les riches et le peuple ont changé de nourriture; mais le changement a été beaucoup plus sensible chez le peuple.

Au commencement du Second Empire, en 1855, où l'ouvrier ne gagnait pas moitié de ce qu'il gagne en 1913, le prix des principaux objets d'alimentation, tiré des mercuriales officielles, des bulletins commerciaux et de divers comptes privés, était à peu près le même que de nos jours. Aussi, la masse de la nation menait-elle un tout autre train. Le maçon parisien déjeunait alors d'une mixture de pain et d'eau chaude, sans beurre ni graisse, vulgairement baptisée « soupe tourmentée ». Dans une famille bourgeoise, on remboursait à une « bonne » sa nourriture sur le pied de 1 fr. 25 par jour; ce qui ne signifie pas que sa nourriture coutât moins cher qu'aujourd'hui, puisque le pain, le vin, la viande, les pommes de terre, etc., étaient aussi chers, mais que l'ordinaire d'une servante, il y a un demi-siècle, n'était pas du tout ce qu'il est présentement.

La famille dont il s'agit était celle d'un médecin de la capitale, dont la femme a tenu ses comptes de ménage, jour par jour, de 1840 à 1880. Et l'on constate, en feuilletant ses livres, que, dans les divers chapitres du budget, la plupart des articles de luxe coûtaient, de 1845 à 1860, le même prix qu'en 1913. Seulement, ces articles seraient aujourd'hui beaucoup plus nombreux parce que le médecin actuel d'un rang équivalent à celui-là gagne beaucoup plus que son devancier.

Tandis que la création ou la circulation d'une masse de substances nouvelles n'a eu d'autre effet que de procurer au riche une *économie*, elle a procuré au peuple une *jouissance*. Le peuple possède maintenant des choses que le riche seul possédait; le riche les paie seulement moins cher. La table du riche a changé de *prix;* celle du peuple a changé de *nature.* L'avantage positif dans cette évolution est tout entier du côté du peuple : avantage matériel, puisqu'il accède à des biens jusqu'ici hors de son atteinte; avantage moral aussi, puisque sa condition ne diffère plus autant de celle des classes supérieures.

# CHAPITRE II

## Transformation des anciens comestibles.

Les *mêmes noms* ont servi, suivant les siècles, à désigner des *comestibles de nature très différente.* — Exemples tirés du pain, de la viande. — Les animaux de boucherie fournissent aujourd'hui une chair toute différente, bien que, zoologiquement, ils semblent de même espèce que les anciens. — L'*espèce* des poissons, l'*état* sous lequel on les consommait, les *catégories sociales* qui en usaient, ont changé. — Les étangs; prix très élevé du poisson d'eau douce. — Le mot de *poulet* n'a plus le sens qu'il avait autrefois. — Les volailles ont grossi de volume. — Le gibier ne foisonnait pas jadis sur les tables; son prix n'a pas enchéri depuis le Moyen Age. — Beurre, fromage et lait. — Accroissement de leur production. — La généralité des vaches ne donnaient de lait que pendant six mois de l'année. — Le lait et le beurre baissèrent de prix avec la création des prairies artificielles au xviii<sup>e</sup> siècle. — Le volume des œufs d'autrefois. — Développement tout moderne des cultures maraîchères. — Primeurs et conserves. — Introduction de légumes nouveaux : haricots, asperges, choux-fleurs, tomates. — Les petits pois, les champignons. — La pomme de terre. — Le riz; ses provenances. — Culture industrielle des fruits; motifs de son développement. — Oranges, bananes. — Les vins d'ordinaire chez les riches. — Les vins en bouteilles. — Accroissement moderne des vignobles. — Les grands vins ont peu enchéri; les vins communs ont baissé. — Goût récent des spiritueux. — Le thé, le cacao, le café. —

La *masse même* des denrées nouvellement produites prouve que ce bienfait nouveau s'adresse à l'*universalité* des citoyens.

Les *mêmes noms* ont servi, suivant les siècles, à désigner des *comestibles très différents :* ce que nous appelons aujourd'hui du « pain » est normalement composé de la pure farine de froment. Cette farine, inconnue dans certaines parties de la France jusqu'à la fin du xviii<sup>e</sup> siècle, était jadis un produit précieux dont on faisait quelques pains de luxe et des « bouillies » sucrées, régals de princes sous Louis XIV. Ce pain de froment, les citadins actuels prétendent le manger frais ; les boulangers de Gonesse, qui apportaient naguère deux fois par semaine du pain à Paris, trouveraient dans cette capitale peu de clients qui se contenteraient d'un pain vieux de quatre jours. Je ne parle pas de l'accueil qui serait aujourd'hui réservé aux boulangers forains, à qui il était permis seulement d'étaler des pains de rebut,. « durs, brûlés ou entamés par les rats ! »

Dans la campagne, après avoir travaillé longtemps à secouer le joug du four banal, commode peut-être à la population du Moyen Age et fructueux alors pour la commune ou le seigneur, tandis qu'il devient de plus en plus déserté dans les temps modernes — tel se louait 650 francs en 1622 qui ne rapportait plus que 7 fr. 50 à la veille de la Révolution[1] ; — après avoir lutté pour se servir chez lui de son propre four, le paysan actuel, devenu plus difficile, cesse de cuire chaque quinzaine et s'adresse à un nouveau « four banal », facultatif cette fois, celui du boulanger de village qui le fournit de pain meilleur et plus

1. Chiffres exprimés en monnaie de nos jours comme tous ceux de ce volume. (Voyez la note de la page 18.)

frais. Les progrès de l'industrie ayant permis au meunier contemporain de réduire de moitié le prélèvement de grain qui constituait son salaire, le moulin moderne est devenu plus « banal » encore que le four, mais il tire d'un sac de blé « deux moutures », c'est-à-dire deux fois plus de farine qu'autrefois.

Comme le laboureur, de son côté, tire d'un même sol beaucoup plus de froment que ses devanciers, de sorte que la consommation de ce grain a triplé depuis 1815 — de 39 millions d'hectolitres à 120 millions — il advint que le « pain de deux couleurs » a disparu pour les « gens de moyenne étoffe », que les seigneurs ne mangent plus de « pain rousset » dans leur potage, et que l'on n'a plus à défendre aux boulangers d'introduire frauduleusement dans leurs miches des matières de fantaisie.

Et de même qu'il n'y avait rien de commun jadis entre le « pain de pape » ou « de chevalier » et le « pain ballé » d'avoine ou d'orge avec l'écorce, que mangeaient les domestiques des champs, de même l'aliment désigné de nos jours sous le nom de « pain » est tout autre chose que ce que l'on appelait autrefois ainsi.

On peut en dire autant de la viande : la chair des bœufs, vaches et veaux d'aujourd'hui est une substance fort différente, au point de vue *alimentaire*, de ce qu'elle était aux siècles passés, bien qu'au point de vue zoologique ces animaux semblent continuer l'espèce. L'histoire des prix nous a révélé que la hausse du bétail *par tête* avait été double de celle du *kilo de viande*, depuis le Moyen Age, preuve évidente que les bestiaux actuels, dépecés, fournissent deux fois plus de kilos que les anciens et sont par conséquent deux fois plus gras. Ce fait nous est confirmé par la comparaison des prix de la graisse, jadis si rare qu'elle se vendait le double de la chair maigre, tandis que c'est juste le contraire maintenant. La profusion de bestiaux étiques avait cet autre résultat que les cuirs étaient abondants mais le suif rare ; d'où provenait, par une suite naturelle, le bon marché des souliers et la cherté des chandelles.

Jusqu'au premier quart du xvie siècle la chair de boucherie fut une nourriture populaire, en raison de son prix minime par rapport à celui des autres denrées et au taux des salaires ; comme à dater du règne de François Ier sa cherté relative contraignit les petites gens à y renoncer, il s'établit dans nos contrées cette opinion singulière que la viande est nourriture de riche ; bien qu'il n'en eût rien été antérieurement et qu'à l'heure présente, sur la surface du globe, notamment en pays encore peu cultivés et adonnés aux pâturages, il existe des millions d'hommes que l'absence d'autres comestibles oblige à se nourrir presque exclusivement de viande... faute de mieux.

Cette viande « naturelle » était aussi celle que mangeaient nos aïeux ; ils semblent jusqu'à la Renaissance en manger beaucoup, à ne regarder que le *chiffre global* des animaux. Mais ces statistiques locales de jadis ne sont qu'un trompe-l'œil, même lorsqu'elles distinguent les sortes abattues dont la consommation respective a beaucoup varié : à Paris, en 1600, la proportion était de 10 veaux ou moutons pour un bœuf ; en 1780 elle était pour un bœuf de 4 moutons et 2 veaux. Au temps où les trois quarts du sol étaient en friche ou en jachères, où les animaux domestiques cherchaient indifféremment leur subsistance dans les forêts ou dans les cités, de sorte que ce fut un grand progrès édilitaire d'empêcher les porcs de vaguer librement dans les rues,

comme les chiens, et que la réforme ne s'opéra pas
sans résistance, on pourrait croire que le bétail pul-
lulait. De fait il ne devait pas être si nombreux,
puisque les bestiaux « en location » — forme de
propriété inconnue de nos jours — rapportaient au
bailleur jusqu'à 30 °/₀ de leur valeur vénale.

Mais quelle était la viande de ces types ultra-mai-
gres et, pendant six mois d'hiver, à peu près squelettiques? Certes, dans la France de 1913, il est
encore des sortes à tous prix, depuis le bœuf pré-
paré dans les herbages de choix jusqu'à la vieille
vache militaire que notre démocratie réserve à ses
enfants sous les drapeaux, et depuis le veau presque
artificiel, élevé pour la table parisienne, jusqu'au
veau sanguinolent, massacré à l'âge de quinze jours.
Mais la moyenne n'est pas du tout comparable à ce
qu'elle était sous Henri II ou sous Louis XIV, et ce
n'est plus qu'au figuré que nos contemporains
peuvent « manger de la vache enragée ».

Nos éleveurs modernes ont sélectionné des races
dont la chair a cette faculté de prendre un développement rapide au détriment de la graisse, qui
pénètre dans les tissus cellulaires et ne s'accumule
plus, en aussi grande quantité, dans les cavités
abdominales; ces animaux gagnent en poids alimentaire ce qu'ils perdent en suif. Les anciens ne cherchaient pas à restreindre le suif puisqu'il se vendait
mieux que le reste. Mais comme leurs bestiaux
décharnés conservaient la charpente osseuse, les
muscles et les nerfs, il se trouvait, dans un kilo de
viande, une proportion énorme de matières peu
assimilables, nullement « profitantes », comme
disent les ménagères; elles n'avaient pas le même
goût que les nôtres et il en fallait un poids bien
supérieur pour obtenir le même effet nutritif.

Faute de prés, de foin, d'herbes et de racines fourragères, de riz et de céréales à bon marché, l'engraissement du bétail était une spéculation onéreuse ; il eût fallu le vendre trop cher et il n'eût pas trouvé de débouchés. Tandis qu'aujourd'hui il y a profit pour le marchand à livrer au public des animaux gras, faciles à transporter à grande distance : il en vient à Paris de 73 départements et d'une douzaine de pays étrangers. Si la viande semble avoir renchéri dans son ensemble plus que les autres aliments, cela tient surtout à la disparition des basses qualités et le résultat est qu'elle s'est transformée ; c'est une nourriture toute différente.

Lorsqu'on peut comparer des qualités à peu près semblables, on s'aperçoit que les bons morceaux n'ont pas augmenté de prix depuis soixante ans ni même depuis trois siècles : en 1844 le filet de bœuf et le jambon coûtaient à Paris le même prix que de nos jours. A la fin du xvi<sup>e</sup> siècle le jambon, qu'il fût de Bayonne, — « de Basque », disait la reine de Navarre, — de Mayence ou simplement de France, car les Français, dès cette époque, se flattaient d' « avoir surpris le secret des Allemands », se vendait, en monnaie actuelle, 4 francs le kilo (1583), et pendant les deux cents années suivantes se maintint aux environs de ce prix qui est aujourd'hui celui des sortes les plus chères chez les spécialistes parisiens.

La charcuterie ordinaire commence à prendre chez nous la forme industrielle qu'elle a depuis longtemps en Amérique et cette fabrication en gros a pour conséquence une baisse sensible des prix de détail. La boucherie se modifie de son côté par le développement, dans les quartiers populaires, des maisons de « casse », dont l'étalage offre aux clients des morceaux coupés à l'avance et marqués en chiffres connus. Suivant le mérite de l'animal, et suivant la place du morceau, il se voit du bœuf à 4 francs et à 0 fr. 25 le kilo ; comme il se vend mille fois plus de bons animaux qu'autrefois, nous croyons que la viande a *enchéri*, tandis qu'elle a seulement *changé* de nature. Pourtant la distance est moindre actuellement entre les classes sociales, qui ne mangent pas le même bœuf, qu'elle n'était au xviiie siècle entre les riches qui en mangeaient de médiocre et le peuple qui n'en mangeait pas du tout.

Le rôle du poisson dans la nourriture aurait dû être, aux siècles passés, plus important que de nos jours, puisque les lois de l'Eglise, qui imposaient le maigre pendant cent soixante jours par an, étaient généralement observées. A Paris même, l'Hôtel-Dieu, attentif à la conservation de son privilège de vendre la viande aux malades pendant le Carème, ne trouvait à signaler sous Louis XV qu'une dizaine de boucheries clandestines, établies au mépris des ordonnances, aux hôtels de Soissons, Soubise et Nevers, aux écuries de Madame et chez les ducs d'Uzès, de Rohan, d'Humières et le prince de Talmont.

Cependant nos pères avaient fort peu de poissons et le payaient très cher : sur ce chapitre aussi, l'alimentation s'est transformée ; l'*espèce* des poissons, l'*état* sous lequel on le consommait et les *catégories sociales* qui en usaient, ont changé. Le marsouin, le chien de mer, l'esturgeon commun ou la baleine ne sont plus, comme au Moyen Age, servis sur les meilleures tables ; le prolétaire des villes mange à son gré le poisson frais qu'il ignorait jadis et le paysan s'offre le poisson salé que sa cherté réservait autrefois à la bourgeoisie.

Loin du littoral le poisson de mer cessait vite d'être comestible, bien que le fait de n'en jamais manger d'autre qu' « avancé » accoutumât le palais à cette saveur voisine de la décomposition ; ce qu'on appelait à Paris « la marée », c'était du poisson salé au départ, afin de lui permettre de voyager sans trop d'avarie, que l'on dessalait, détrempait et blanchissait à l'eau de chaux additionnée d'alun et autres drogues, pratiques souvent défendues par la police. Il en venait d'ailleurs assez peu, parce que sa qualité ne le faisait pas priser très haut par les riches et qu'il était encore hors de la portée des bourses modestes. Peu rémunératrice, avec un marché très étroit, la pêche côtière ne pouvait se développer.

La pêche maritime, dans son ensemble, a doublé d'importance depuis quarante ans : passant de 56 millions de francs à 115. Mais la consommation du poisson frais a vingtuplé depuis 1789 dans la seule ville de Paris, — de 2 millions de kilos à 40 par an, — tandis que celle des salaisons y tombait de 4 millions de kilos sous Louis XV à 900.000 aujourd'hui. Avant la découverte de Terre-Neuve, le hareng et le maquereau salé étaient, aux jours maigres, l'ordinaire des classes moyennes ; depuis, la morue s'y ajouta, trop chère encore pour le peuple.

En 1226, dans l'Aisne, un particulier est condamné « à fournir une morue et à défaut un saumon ». Cet « à défaut » n'aurait rien de désagréable à nos yeux ; mais il signifie seulement que la morue était très rare au XIII<sup>e</sup> siècle et non pas que le saumon fût à vil prix. Le saumon frais surtout, puisque à la même époque il se paie 150 francs pour la table du roi saint Louis et que, du XIV<sup>e</sup> siècle au XVIII<sup>e</sup> il varia, suivant sa taille, de 180 à 50 francs ; tandis que le saumon salé coûtait six fois et jusqu'à dix fois moins.

Le poisson de rivière atteignait des chiffres incroyables; dans un banquet donné par le sire de La Trémoille au roi Louis XII, les brochets et les carpes coûtent 63 francs pièce; 18 lamproies, sans doute expédiées vivantes en tonneaux de Nantes à Paris valent 1.520 francs — 84 francs chacune. — Un brochet, une carpe « fort raisonnable, » c'était le clou d'un dîner; le voyageur à qui l'on en promet pour le lendemain retarde son départ afin de ne pas manquer cette friandise et l'on dit de M. Colbert, intendant d'Alsace, qu'il est « reçu en roi, » parce qu'on lui offre une carpe de 18 livres, entourée d'une douzaine d'autres dont la moindre pesait 2 livres.

Pour avoir du poisson à leur portée, les riches entretenaient de vastes étangs qu'ils repeuplaient chèrement et dont la location, s'ils n'en jouissaient pas eux-mêmes, procurait un très bon revenu : l'étang de Montmorency — lac d'Enghien actuel — rapportait au grand Condé 125.000 francs par an. Souvent les étangs étaient affermés en détail : tel. en Bourgogne, produit 7.300 francs payés par 48 locataires. Le poisson d'eau douce ne représente aujourd'hui qu'un appoint modeste : Paris en absorbe seulement 2 millions et demi de kilos, dont la France ne fournit que le tiers; les deux autres tiers proviennent de l'étranger, principalement de Hollande. Mais il ne faudrait pas croire que le desséchement de la plupart des anciens étangs, transformés en prairies depuis un siècle, a réduit cette alimentation et que nos aïeux, sans avoir besoin d'importer des anguilles d'Amsterdam ou des brochets de Dordrecht, trouvaient dans leur voisinage les éléments d'un large approvisionnement : les Parisiens de 1804 ne mangeaient pas 300.000 kilos de poisson *d'eau douce* c'est-à-dire neuf fois moins que maintenant et, dans l'ensemble du pays, le prix naguère constamment élevé de cette denrée suffit à prouver sa rareté.

Ce phénomène de comestibles qui ont gardé leur *nom* en changeant de *nature*, le constaterons-nous aussi pour la volaille? Quelques volatiles anciens ont disparu de nos tables : le cygne ou le paon; ce dernier valant une trentaine de francs au xive siècle et moitié seulement au xviie. Le paon fut au Moyen Age un mets symbolique, viande des preux, nourriture des amants; avant de le rôtir, on l'écorchait, et une fois sorti de la broche, on rappliquait la peau, et on étalait la queue; une dame de haut rang posait l'animal devant le plus qualifié des convives, qui devait le découper en miettes. C'est alors que se prononçait le vœu chevaleresque : « Je me voue à Dieu, à la Vierge, aux Dames et au paon ».

Le coq et la poule d'Inde, moins nobles mais très exceptionnels, valaient jusqu'à 150 francs, à tout le moins 40 francs la pièce, jusqu'au règne de François Ier, où, importés d'Amérique, ils ne tardèrent pas, sous leur nom moderne de dindon, à tomber aux taux actuels.

L'abandon ou le succès de quelques espèces est sans intérêt : le fait saillant, c'est que le mot de « poulet » n'a plus le sens qu'il avait jusqu'à la fin du xviiie siècle, de poussin à peine adulte, estimé moitié du prix de la « géline » ordinaire, le tiers du « chapon paillé, » élevé librement, et cinq fois moins que le chapon gras ou la poularde. Les anciens connaissaient aussi bien que nous les procédés d'engraissement de la volaille, seulement ils ne les pratiquaient pas, c'eût été trop cher. On citait à Paris au xive siècle trois ou quatre « cages » ou basses-cours d'élevage, fantaisies de grands seigneurs ou de riches bourgeois.

Mais la généralité des « poulets » ne ressemblaient nullement à la volaille classée, sous cette rubrique, chez nos marchands. C'étaient de chétifs paquets de plumes et d'os, comme ceux que l'on vend encore 1 fr. 25 la pièce, au printemps, en des campagnes reculées. Il en fallait beaucoup pour représenter un sujet doté d'un certain embonpoint. Ils coûtaient *le même prix que les pigeons* de colombier, auxquels du reste ils étaient assimilés dans les menus. De même existait-il entre les prix du simple chapon, et ceux du « chapon gras », une distance si grande qu'elle nous révèle, par comparaison, la rareté des uns et la médiocrité des autres. Il était évidemment moins onéreux de « chaponner » un coq que de l'engraisser. Au xiii⁰ siècle et jusqu'en 1380 il n'est fait mention que de poules et chapons simples dont le coût oscille de 0 fr. 80 à 4 francs. Ces différences pouvaient tenir à l'état de l'animal et aussi à sa race : livrées à elles-mêmes, sans aucun souci de sélection, les races de volatiles domestiques dégénéraient au point qu'une poule « bonne et raisonnable » valait sous Louis XIV 3 fr. 50, alors que les poules ordinaires ne coûtaient pas plus de moitié.

Quant au « chapon gras », c'est à des prix inconnus de nos jours, à 14, 18 et jusqu'à 25 francs que nous le voyons vendre au Moyen Age, la même année et dans la même ville où les vulgaires poulets se vendent de 1 fr. 20 à 2 francs. Ce dernier prix était, sous Henri IV, le coût moyen de la « poule au pot » que ce prince souhaitait à chacun de ses sujets le dimanche. Mais cette poule, assez voisine des poulets à 1 fr. 30 de l'époque, n'avait rien de commun avec les chapons gras qui se vendirent 7, 9 et 12 francs au xvii⁰ siècle et sous Louis XV.

De sorte que, depuis les siècles passés, la volaille

de luxe a plutôt diminué de prix et que les volailles ordinaires ont grossi de volume. Elles ont aussi augmenté en nombre; à Paris, depuis cent ans, la consommation de chaque habitant a triplé. Pour le gibier l'accroissement n'est pas moins rapide : les entrées dans la capitale sont passées de 400.000 kilos en 1850 à 2.800.000 kilos aujourd'hui.

Le gibier ne représente d'ailleurs que le dixième de la volaille; et il serait erroné de conclure de sa multiplication sur le marché parisien à son développement analogue sur le reste du territoire; la création des chemins de fer a permis à la province de multiplier ses expéditions aux Halles, et les importations de l'étranger y tiennent une place égale à celle de la chasse ou du braconnage national. La moitié des perdrix et des lièvres sont autrichiens ou allemands et la majorité des pigeons sont italiens.

Mais si la révolution des transports tend à concentrer le gibier dans les grandes villes, les progrès de l'agriculture ont dû, semble-t-il, diminuer son effectif dans les campagnes. L'on est porté à supposer que nos pères devaient en manger à discrétion, aux époques où la population était clairsemée, où les bois couvraient une grande partie du sol. Cependant l'histoire des prix nous montre le contraire; elle nous apprend que le gibier n'a pas enchéri depuis cinq siècles plus que la moyenne des denrées, et que par conséquent il ne foisonnait pas jadis.

Ce fait, singulier au premier abord, tient-il à ce que les animaux à l'état de nature se détruisaient eux-mêmes, les plus faibles devenant la proie des plus forts, à ce que les armes des chasseurs étaient moins meurtrières, ou bien à ce que la reproduction des espèces comestibles s'effectuait dans des condi-

tions peu favorables? la chasse, je l'ai dit ailleurs[1],
était libre au Moyen Age et ne s'interrompait jamais.
Toujours est-il qu'avec notre législation cynégétique,
nos garennes closes, nos forêts gardées et nos tirés
artificiels, où l'art du « faisandier » consiste surtout
à faire envoler, devant les fusils, des bêtes si bien
nourries par l'homme depuis leur naissance qu'elles
n'ont pas appris à le redouter, nous obtenons, dans
ce pays ultra-civilisé un stock de gibier de poil et de
plume supérieur à celui que les âges barbares pos-
sédèrent, puisque, malgré la crue de la population,
l'offre s'est maintenue au niveau de la demande.

Les goûts il est vrai se sont modifiés : nous ne nous
délectons plus de la chair coriace du héron ou du
butor, qui se vendaient 10 et 15 francs au Moyen
Age. Les cigognes, les grues, les corneilles aux choux
ou les cygnes marinés, surtout les vautours et les
cormorans, nous paraîtraient de minces régals. De
même le jeune bois de cerf, fort estimé en friture,
ou la langue entrelardée du même animal, ne seraient
plus vantés, ainsi qu'au xiii⁰ siècle dans la *Devise des
Lécheurs*, comme des mets de roi. La hure du sanglier, qu'un auteur du xvi⁰ siècle affirme « ne convenir qu'aux gens très riches », et le chevreuil qu'il
nous dit « réservé pour la bouche des grands », étaient
aussi coûteux que de nos jours.

Le faisan était deux ou trois fois plus cher qu'aujourd'hui — question d'élevage — et la perdrix un
peu meilleur marché. La diversité des prix était
d'ailleurs extrême : un perdreau se payait sous
Louis XV depuis 6 francs jusqu'à 0 fr. 60, comme
sous Henri II ou sous Charles V. Aux époques les

---

1. Voyez *Découvertes d'histoire sociale*, page 80. E. Flammarion, édit.

plus précaires du Moyen Age le lièvre et le lapin, que l'on se figurerait pulluler librement dans des champs désertés, coûtaient l'un le même prix, l'autre plus cher qu'à la fin de l'ancien régime; le lièvre de 3 à 7 francs, le lapin de 1 fr. 70 à 4 francs.

Le mouvement des prix ne saurait nous renseigner exactement sur l'importance relative des consommations à diverses dates, si nous ne connaissons pas les chiffres de production. Lorsque l'offre et la demande d'une denrée ont également augmenté ou diminué, son prix peut demeurer immobile bien que son rôle dans l'alimentation ait énormément changé. Il arrive aussi qu'une denrée baisse de prix sans être plus offerte, ou hausse sans être plus demandée. Toutefois, lorsque nous savons qu'une marchandise traitée présentement de luxueuse, comme par exemple le gibier, coûtait le même prix jadis, nous sommes en droit de conclure qu'elle n'était pas autrefois plus copieuse; et lorsque aussi nous sommes sûrs que la production d'un article s'est accrue dans une très large mesure, sans que son prix ait baissé, cela nous prouve que sa consommation a dû progresser parallèlement.

Tel est le cas du beurre, du fromage et du lait : depuis trente-cinq ans seulement le nombre des vaches et génisses a passé de 7 à 12 millions et le rendement moyen de chaque bête, en lait, a augmenté grâce à une alimentation plus riche et au perfectionnement de l'espèce. Il y a quelques siècles la généralité des vaches ne donnaient de lait que pendant six mois de l'année, les six mois où elles trouvaient dans les champs et les bois livrés à la vaine pâture quelque chose de plus qu'il ne leur fallait pour subsister. Nous avons encore des vaches que l'on ne trait jamais, dans quelques départements du Midi où elles ne servent qu'à la culture et à la boucherie. Mais ce qui est aujourd'hui l'exception, pour deux cents milliers de têtes peut-être, était d'usage au temps passé pour la grande majorité des troupeaux.

Il ne se faisait donc de beurre et de fromage que pendant la belle saison, et le lait se vendait trois fois plus cher en hiver qu'en été : 0 fr. 40 le litre fut le prix moyen du Moyen Age et des temps modernes. Avec la création des prairies artificielles, vers la fin de l'ancien régime, le lait avait baissé à 0 fr. 30 dans les campagnes mais coûtait encore 0 fr. 55 à Paris. Il y était apporté de deux lieues de tour par des femmes qui le criaient dans les rues, ou le déposaient sur la *Pierre-au-lait*, nom d'une petite place près Saint-Jacques-la-Boucherie, centre de ce commerce.

Aujourd'hui, grâce aux voies ferrées et à la pasteurisation, le rayon d'approvisionnement de la capitale n'a presque plus de limites pour les industriels qui livrent en détail chaque matin du lait pur à 0 fr. 25, tandis que l'Assistance publique le payait encore 0 fr. 40 en 1864. L'intermittence de la production du lait dans les provinces avait cette conséquence naturelle qu'il n'existait pour ainsi dire pas de beurre frais en hiver; « les Français, dit un écrivain du xvi<sup>e</sup> siècle, servent du beurre frais sur leurs tables... au mois de mai ». En souhaitiez-vous pendant la mauvaise saison, il ne fallait pas regarder à la dépense : une princesse le paie 15 francs le kilo à Charenton au xiv<sup>e</sup> siècle.

Le beurre de Vanvres, sous Louis XIV, était celui que les Parisiens prisaient le plus; il coûtait cher : 10 francs le kilo, et conserva sa vogue et son prix jusqu'à ce que les marchands du Vexin français

4.

eussent l'idée, vers la fin du xviii° siècle, d'acheter en Normandie le beurre de Gournay, de le travailler et purger du petit-lait qu'il contenait pour l'envoyer à Paris en grosses mottes. Il est clair que, le terroir de Vanvres n'ayant aucun mérite particulier, c'était par la fabrication seule que le beurre de cette provenance était supérieur à celui des autres localités; et c'est seulement de nos jours que la science de cette fabrication s'est répandue dans les campagnes. Il y a moins de cent ans, on faisait parfois du beurre en battant la crème avec une cuiller de bois. Le commerce parisien avait bien essayé, dès le règne de François I<sup>er</sup>, de remédier aux défauts des beurres qui parvenaient aux Halles; il les remaniait, repétrissait et « patrouillait », comme dit une ordonnance du prévôt des marchands, qui défend de mêler le vieux avec le nouveau et de l'additionner de fleurs de souci pour le jaunir.

Ces innocentes pratiques n'auraient pu faire disparaitre l'odeur nauséabonde que prend, au bout de vingt-quatre heures, une crème barattée trop tard, lorsque les germes de putréfaction y sont déjà développés. L'écrémeuse centrifuge, le malaxage, la création d'une industrie beurrière, ont remplacé les mauvaises qualités, ordinaires dans la petite culture, par des produits plus ou moins fins, suivant les herbages, mais toujours comestibles.

Nos pères, tout résignés qu'ils fussent à manger du beurre rance comme du poisson un peu faisandé, ne connaissaient d'autre procédé de conservation qu'une forte addition de sel. De ce beurre salé l'approvisionnement même était restreint; on y suppléait par l'importation; il se consommait sous Louis XV dans le centre de la France des « beurres d'Irlande », introduits en barils et vendus 2 francs le kilo, tandis qu'aujourd'hui où l'usage du beurre a partout augmenté, où il a pénétré dans la région du Midi qui l'ignorait naguère et où Paris seul en consomme dix fois plus que sous Napoléon Ier, nous exportons pour 80 millions de francs de cette denrée.

En fait de fromages, au contraire, les entrées dépassent les sorties de quelques millions de kilos; bien que le débit de cet article se soit largement accru, notre agriculture trouve plus de profit à utiliser autrement ses laitages. La « seule bonne chose qui nous vienne de Brie, » disait au xve siècle Eustache Deschamps, c'est le fromage; les autres sortes aujourd'hui connues, telles que Roquefort, Livarot, Pont-l'Evêque ou Marolles, sont modernes. Les réputations du xvie siècle : Chauny en Picardie, Béthune en Flandre, Les Angelots en Normandie, Rosanois en Bourgogne, Bréhemont en Touraine ou la Grande-Chartreuse en Dauphiné, sont depuis longtemps abolies.

Olivier de Serres conseillait aux fermiers le fromage de lait bouilli, qui, dit-il, « se fait maintenant en Suisse, où l'on cherche à imiter le Parmesan ». L'auteur du *Théâtre d'Agriculture* entendait-il par cette « imitation » le Gruyère, connu en Alsace dès 1550 et fabriqué en Franche-Comté dès 1690? Le fromage d'Auvergne, regardé jadis comme « le meilleur de l'Europe », n'est plus aujourd'hui que le meilleur... marché. Il a baissé d'un tiers depuis le xviie siècle, ainsi que le Roquefort, qui valait 4 fr. 50 le kilo à Rodez sous Henri IV; tandis que les prix du Hollande et du Gruyère ont peu varié. Mais comme il s'en fabrique maintenant dix fois plus, leur consommation a dû croître dans une mesure équivalente.

Si les œufs ont enchéri plus qu'aucune autre denrée, c'est sans doute que les 250 millions de douzaines, auxquelles on évalue la ponte annuelle des poules françaises, ne suffisent pas à nos concitoyens. Nous achetons en effet à l'Italie, à la Russie et même à la Turquie un stock supérieur à celui que nous vendons à l'Angleterre; supérieur en nombre, mais non pas en qualité, car les petits œufs exotiques se vendent moitié prix des œufs de choix, Picards ou Normands. Lorsque ceux-ci montent à 1 fr. 75 la douzaine, ceux-là ne dépassent pas 0 fr. 85 à l'automne, époque de disette et de cherté.

Notre temps, qui a résolu beaucoup de problèmes alimentaires, n'a pas encore trouvé le secret de faire pondre les poules en toutes saisons, ou de conserver les œufs frais sans dommage d'une saison à l'autre. Il existe vingt systèmes dont le but est de soustraire la coquille aux influences extérieures, sans pourtant la rendre tellement imperméable que l'œuf, sorte d'animal vivant, une fois privé d'air, s'étiole, meure et se décompose. Aucune de ces méthodes n'étant assez efficace pour garantir les producteurs des pertes considérables que la gelée, la pourriture et diverses maladies leur infligent, les consommateurs doivent payer les œufs en hiver le double de ce qu'ils coûtent au printemps.

L'amplitude de ces fluctuations était beaucoup plus grande jadis où de grosses entreprises ne contribuaient pas comme aujourd'hui à équilibrer les cours; mais si la douzaine d'œufs, suivant les mois de l'année, s'élevait parfois au Moyen Age et sous l'ancien régime jusqu'à 1 fr. 75, elle baissait à 0 fr. 40 et même au-dessous dans les campagnes lorsqu'à la fin du carême, pendant lequel la vente et la circulation étaient suspendues, les « œufs de

Pâques » représentaient moins une occasion de cadeaux qu'une ressource d'alimentation populaire.

Le bon marché des œufs anciens est toutefois plus apparent que réel; leur volume étant d'un tiers moindre que celui des nôtres, il en fallait beaucoup plus pour la même omelette et, par la sélection des races, ce comestible, sans avoir changé de nature ni de nom, se trouve lui aussi tout autre que par le passé.

Dans un livre intitulé *l'An 2440*, où Mercier prétend deviner l'avenir, il compte qu'au *vingt-cinquième siècle* : « les légumes, les fruits étaient tous de la saison et l'on avait perdu le secret de faire croître au cœur de l'hiver des cerises détestables. On n'était pas jaloux des primeurs, on laissait faire la nature ». Nul ne sait quels seront dans cinq cents ans les goûts de nos descendants; jusqu'ici la prédiction de Mercier ne paraît pas se réaliser, au contraire. Mais à l'entendre, on croirait que le luxe des « primeurs », représenté surtout par quatre-vingts cerises précoces payées 80 francs par la Ville de Paris, pour un repas offert à Louis XV, fut alors à son apogée, tandis que c'est une industrie toute récente.

Depuis le xvi⁰ siècle, où la duchesse de Vendôme envoyait porter en Flandre à la reine d'Espagne (1532) des melons et des artichauts, depuis le règne de Louis XIV où La Quintinie était parvenu à entretenir d'asperges en hiver la table du grand roi, friand de ce légume, toute la culture forcée des maraîchers parisiens consistait à faire avancer les raves, sous cloches. En 1800 ils ne possédaient pas encore de châssis, puisaient leur eau à bras et portaient leurs marchandises aux Halles dans des hottes. Ils eurent ensuite la « manivelle », puis vers 1835 la pompe à

manège, permettant les puisages profonds et l'usage
des plateaux plus élevés, puisque l'eau est ici la
question primordiale. En 1860 les irrigations com-
mencèrent, en 1889 les moteurs à gaz et à pétrole,
les chemins de fer Decauville avec plaques tour-
nantes pour entrer dans les carrés de légumes, firent
leur apparition.

Les « marais », ou potagers urbains, meublés au
milieu du XIX$^e$ siècle de 350.000 châssis et de 2 millions de cloches, étaient garnis en 1900 d'un million de châssis et de 6 millions de cloches, sans
compter leurs serres chauffées au thermosiphon.
Leurs exploitants faisaient 3 millions d'affaires sous
Napoléon I$^{er}$; ils en font aujourd'hui 36 millions sur
quelque 1.200 hectares, situés partie en ville, partie
dans la banlieue, à cause du renchérissement des
terrains. La production n'a pas seulement décuplé,
comme le chiffre d'affaires; elle est vingt-cinq ou
trente fois plus forte, parce que les primeurs sont
beaucoup moins chères en 1913 qu'en 1850 ou même
en 1875. C'est un profit positif pour les consommateurs. En hiver, où son devancier vendait avec peine
un millier de laitues, notre maraîcher actuel en
vend 50.000 et, malgré la hausse des loyers et de la
main-d'œuvre, il y gagne encore.

Les «primeuristes» s'appliquent désormais autant
à retarder la maturité qu'à la hâter; à obtenir des
légumes tardifs le profit est même quelquefois plus
grand qu'à devancer la saison, parce qu'alors la
rivalité du Midi n'est plus à craindre et que celle des
« conserves » est moins redoutable. L'art de garder
en flacons ou en boîtes closes la viande ou le poisson, les fruits ou les légumes, d'après les procédés
enseignés par la science — élimination d'air, action
de la chaleur ou du froid, soustraction d'eau ou

addition d'antiseptiques — est une découverte moderne qui, sans influer beaucoup sur les prix, a fort modifié l'alimentation; elle a permis aux classes moyennes de jouir partout et toute l'année de comestibles réservés jadis à certaines contrées et à de courtes périodes. Les humains des divers continents échangent ainsi des denrées qu'un jour suffit à décomposer et à flétrir, et qui traversent les mers ou vieillissent sans dommage à l'abri du verre ou du fer-blanc.

Mais primeurs ou conserves, en prolongeant l'usage de *légumes connus*, ne constituent pas une innovation comparable à celle de l'introduction, sur nos tables, de légumes *inconnus* il y a deux ou trois cents ans : le haricot, qu'on appelait fève turque, l'asperge et le melon datent chez nous du xvie siècle le chou-fleur, l'aubergine, le salsifis, du xviie siècle; la tomate et la betterave du xviiie. J'allais oublier les petits pois, accueillis par la cour de Versailles avec un enthousiasme dont Mme de Maintenon, dans sa correspondance, transmet l'écho à la postérité : « Le chapitre des pois dure toujours ; l'impatience d'en manger, le plaisir d'en avoir mangé et la joie d'en manger encore, sont les points que nos princes traitent depuis trois jours. Il y a des dames qui, après avoir soupé avec le Roi, et bien soupé, trouvent des pois chez elles pour en manger avant de se coucher, au risque d'une indigestion. C'est une mode, une fureur ».

La lettre est du 10 mai, date qui ne nous paraît plus extraordinaire pour cette primeur. Sans doute y en avait-il de plus précoces : « C'est une chose étonnante, dit un auteur de 1693, de voir des personnes assez voluptueuses pour acheter les pois verts 50 écus le litron », — or, 50 écus correspondent à plus de 500 francs de notre monnaie, — luxe fort rare assurément, même chez les princes; ce n'est pas pour les herbes « potagères » que l'on faisait des folies : dans la dépense des cuisines des ducs de Savoie, en 1700, les légumes ne figurent que pour 10 fr. 50 par jour. Le goût s'en est répandu de notre temps, et les chemins de fer autant que les progrès horticoles ont contribué au bon marché, en permettant aux régions les plus propices de cultiver en vastes plaines les artichauts ou les oignons, les tomates ou les choux-fleurs qui ne poussaient naguère qu'en de petits carrés de jardins.

Parfois cette industrie s'exerce sous terre : les galeries des anciennes carrières parisiennes, de Passy à Vaugirard et de Montrouge à Châtillon, sont utilisées, par 1.800 ouvriers champignonnistes qui entretiennent 2.000 kilomètres courants de meules de fumier, moyennant une dépense de 3 millions de francs par an. Grâce à une technique spéciale, qui met à profit les découvertes de la science pour utiliser « le blanc » ou *mycelium*, et le défendre contre les microbes hostiles, ces cultivateurs souterrains tirent de leurs cavernes 7 millions de kilos par an de champignons de couche, d'une valeur brute de 8.500.000 francs.

La vraie révolution, en fait de légumes, est due à la pomme de terre. Importée d'Amérique en Irlande par John Hawkins, délaissée, réintroduite en 1628 par l'amiral Walter Raleigh, la pomme de terre réussit en Angleterre et en Prusse sans pouvoir pénétrer en France, bien qu'elle eût été cultivée en 1655 au jardin du Roi. C'était alors une racine noueuse plutôt qu'un tubercule bien formé; ses débuts, humbles et troublés, furent chez nous contrariés par la calomnie : elle passa pour vénéneuse, de la famille de la belladone, et des arrêts judiciaires la proscrivirent comme substance capable de donner la lèpre. Sous Louis XVI, on en fit manger quelque peu aux animaux; mais les 99 centièmes des Français, observe Arthur Young, refusaient de l'employer pour leur propre nourriture. Elle valait alors 12 francs le quintal. « La pomme de terre, écrivait en 1786 un intendant de province, pourrait, en cas de dernière disette, être mêlée pour les pauvres gens avec de la farine dont elle grossirait le volume. Il peut se faire que ce serait une ressource *comme la racine de fougère*, ce qui ne peut arriver que *dans le temps d'une famine cruelle*. »

C'était aussi à titre de pain de secours que Parmentier, Mustel et autres agronomes recommandaient le plus la propagation de la pomme de terre, et la panification est justement l'emploi auquel nos contemporains l'ont reconnu la moins propre. Les préventions furent si tenaces qu'en 1828, dans l'acte de location d'un jardin, il était enjoint au preneur : « ... de l'entretenir convenablement et *surtout* de n'y point planter la pomme de terre ». Pourtant la récolte annuelle, évaluée en 1815 à 30 millions de quintaux s'élève aujourd'hui à 120 millions d'une valeur de 680 millions de francs.

On conçoit à peine comment il était possible de se passer d'un aliment d'une consommation si générale. D'autant plus que celle des autres légumes a augmenté dans une mesure incroyable et que celle des farineux, tels que pois, lentilles, haricots, dont nos pères faisaient grand usage ne paraît pas avoir décru. Nous en achetons à l'étranger et notre importation, qui comprend des fèves d'Égypte et des pois du Canada, a passé depuis 1857 de 380.000 quintaux à 1.250.000.

D'une date à l'autre les provenances changent, mais les arrivages grossissent; le riz par exemple, que nous vendaient il y a cinquante ans le Piémont et la Caroline, nous est maintenant expédié par l'Indo-Chine et le Japon. Le riz, dont se nourrit plus de la moitié de l'espèce humaine, était une rareté dans la France du moyen âge où il coûtait 2 à 3 francs le kilo; à la fin de l'ancien régime, à 1 fr. 20 le kilo, il demeurait objet de luxe. En 1875, il ne valait plus que 0 fr. 75 centimes et nous en consommions 34 millions de kilos; aujourd'hui nous importons 110 millions de kilos que nous partageons avec les animaux de ferme, car une partie de ce grain ne vaut que 0 fr. 25 centimes.

Le seul légume qui ait enchéri, c'est la truffe. Non qu'elle soit devenue plus rare, au contraire; nos pères ne connaissaient que les truffières naturelles, nos contemporains en ont créé d'artificielles par la culture en terrains propices du principe organique de ce champignon précieux. Aussi la récolte se vendait-elle sur le pied de 35 francs le kilo il y a trente ans, au lieu que son prix de gros n'est aujourd'hui en moyenne que de 15 francs sur les marchés d'origine du Comtat-Venaissin ou de Provence. Le Périgord en effet, malgré sa réputation, n'est que le cinquième sur la liste des départements truffiers, avec 160.000 kilos, tandis que Vaucluse, les Basses-Alpes, le Lot et la Drôme fournissent ensemble 1.490.000 kilos.

Chaque année, de temps immémorial, les communes favorisées de la présence de ce tubercule mettent en adjudication le droit exclusif de sa recherche sur le territoire forestier. Ce tribut qui, sous Louis XV, représentait quelques centaines d'écus, figure aujourd'hui pour 30.000 et 40.000 francs dans certains budgets ruraux, dont il est le plus beau revenu. De Henri IV jusqu'à Louis XVI, la valeur courante du kilo de truffes était montée de 3 à 5 francs, si elle a triplé et quadruplé depuis, c'est que la vogue de cette denrée a de beaucoup dépassé sa production. Le sol malgré tout en reste avare; il ne s'en recueille pas plus de 5 millions de kilos; ce n'est guère auprès des 12 milliards de kilos de pommes de terre.

Le jour où la nature aurait laissé surprendre son secret de fabrication, les déterreurs de truffes, qui ne travaillent jusqu'ici que pour les riches, verraient leur clientèle s'étendre autant que celle des planteurs de choux ou des cueilleurs de fraises. Car avant qu'on ne les eût transportées, au xvi⁰ siècle, des bois dans les jardins, il n'était de fraises que sauvages. A s'apprivoiser, elles perdirent d'abord en qualité ce qu'elles gagnèrent en grosseur, puis on les perfectionna. De nos jours, elles ont envahi les champs, on les élève en pleine terre.

> Ah! qu'il fait donc bon cueillir la fraise !
> Au bois de Bagneux
> Quand on est deux.

Oui, mais quand on est deux mille et qu'au lieu de s'égarer dans les sentiers ombreux, les cueilleurs de fraises marchent en file accroupis sous le soleil, la cueillette a sans doute moins de charme. Elle a pourtant sa grandeur cette moisson de fraises pour laquelle chaque matin, dans la saison, des centaines de charrettes viennent aux Halles écumer les travailleurs. Ces recrues ne sont pas toutes de premier choix; il y a contraste entre la besogne et les mains qui l'accomplissent. Plus d'une de ces mains est inquiétante et ce n'est pas seulement à des fraises, sur leur tige, qu'elles sauraient à l'occasion tordre le cou.

Chaque homme est muni d'une corbeille qui sert à contenir sa récolte et à mesurer son salaire; le travail se paye aux pièces, les plus rapides à dépouiller le fraisier gagnent davantage; le patron ne fournit que le gîte dans des campements et la soupe que préparent de vastes cantines. Et tout le long du jour les corbeilles s'empilent, pour l'apport de la nuit prochaine aux marchés. Des formes vagues rampent dans la verdure sous l'œil des gendarmes, dont la silhouette se découpe sur l'horizon; la présence des brigades du voisinage n'étant pas inutile pour empêcher les rixes parmi cette foule bigarrée.

Grâce à la culture industrielle des fraises par milliers de quintaux, les plus humbles prolétaires mangent pour quelques sous le dessert que, seuls, les Français aisés pouvaient s'offrir il y a un demi-siècle. Quittez Paris, allez dans l'Est, allez dans le Centre, descendez le Rhône de Lyon à Valence, vous trouverez tantôt des espaces immenses plantés de cerisiers, tantôt des kilomètres couverts de pêchers et d'abricotiers de plein vent, et dans chaque village, des amas de paniers, de caisses, de harasses vides; cette vannerie, qui atteint la hauteur d'un premier étage, se remplit journellement, emportée par les chemins de fer dans toutes les directions.

Au temps où les fruits ne voyageaient pas, les prix variaient suivant la récolte dans des proportions inouïes, mais, personne n'ayant intérêt à entretenir des vergers un peu vastes dont les produits n'eussent pas trouvé de débouchés, les fruits d'été étaient en moyenne moins abondants et les fruits d'hiver étaient plus chers qu'en notre siècle. Dès le milieu de l'automne, la pyramide de pommes et de poires, que la mode dressa de plus en plus haute sous Louis XIV, devenait l'immuable ressource. Les « quatre mendiants » l'encadraient; figues de Malte, raisins secs et dattes d'outre-mer, tous luxes interdits aux petites bourses du Moyen Age, lorsqu'un kilo de figues se payait aussi cher que trois poulets et un kilo de dattes le même prix que dix kilos de viande.

Un prince seul pouvait s'offrir des grenades à 10 francs ou des oranges à 5 francs la pièce au xiv° siècle. Plus tard, les « bois d'orangers », un peu mécaniques dans leurs grandes caisses, qui se succédaient en fleurs tous les quinze jours dans la galerie de Versailles, ne portaient, bien entendu, pas de fruits. Les oranges, de 40 centimes à 1 franc chacune, demeuraient un luxe; et lorsque les transports par terre se furent un peu développés vers la fin de l'ancien régime, le commerce des marchandes d'oranges ou de citrons sur le Pont-Neuf était encore fort peu de chose. Pour tous les fruits frais ou secs, nous constaterions un fait analogue à celui des oranges, dont la consommation en France a triplé depuis trente-cinq ans : le Paris de 1810 mangeait vingt fois moins de raisin que le Paris de 1913.

Si l'on en juge par leur valeur en douane, l'ensemble des fruits importés, dont la quantité a sextuplé depuis 1870, — 216 millions de kilos, au lieu de 35, — s'adressent à la consommation populaire : que le raisin d'avril, à 25 francs le kilo au temps du second Empire, ait baissé de prix, cela n'est pas de grande conséquence auprès des nouvelles cargaisons de bananes, offertes chaque année par centaines de millions aux tables les plus modestes. Un hectare

5.

planté en bananier, donnant près de 100.000 kilogrammes de fruits, suffirait à nourrir 90 hommes
par an, avec une ration de 3 kilogrammes par jour,
coûtant sur place 7 à 8 centimes. Voilà qui, sans
aller jusqu'à la pilule chimique prédite par Berthelot,
ouvre de singulières perspectives sur la capacité de
rendement de notre planète et sur l'alimentation
possible d'une humanité centuplée.

Les vins, pour le plus grand nombre des Français,
ont changé de goût, de prix et de provenance, parce
que la culture de la vigne se localise, que les crus
renommés sont presque tous modernes et que les
bourgeois d'aujourd'hui conservent leur vin en bouteilles, tandis que les seigneurs d'autrefois le buvaient
à la pièce.

Le vignoble de Choisy, apprécié par Philippe-
Auguste; celui de Coucy, en Picardie, réservé pour
la bouche de François I$^{er}$; celui d'Argences, aux
environs de Caen, qui fournissait au XVII$^e$ siècle tout
le voisinage; ceux des environs de Paris, de Gonesse,
de Montmorency, de Sèvres ou de Suresnes, chantés
par les poètes du Moyen Age, et qui n'avaient point,
disait un auteur sous Henri IV, « l'inconvénient
d'occasionner des obstructions ou des humeurs
comme ceux de Bordeaux », tous ces crus ne sont
plus qu'un souvenir. Le Prispartout, « gloire du
Vendômois » au XVI$^e$ siècle, ou l'Auvernat, « si noble
qu'il ne peut souffrir l'eau », étaient déjà fort dédai-
gnés sous Louis XIV, si l'on en croit les vers où
Boileau parle

> D'un Auvernat fumeux qui, mêlé de Lignage
> Se vendait chez Grenet pour vin de l'Hermitage,
> Et qui, rouge et vermeil, mais fade et doucereux,
> N'avait rien qu'un goût plat et qu'un déboire affreux.

L'Hermitage, vendu 7 francs la bouteille sous Louis XV, est, avec le Beaune, la seule des illustrations viticoles respectées par le temps. Sans porter le nom d'un cru déterminé, certains « bourgognes » à 500 et 1.000 francs l'hectolitre aux xiiie ou xvie siècles, atteignirent des prix supérieurs à ceux du Chambertin, de la Romanée, du Montrachet au xviiie ou de nos jours.

C'est dans les Flandres que nous trouvons au Moyen Age ces types exceptionnels de la Côte-d'Or, et c'est encore en Belgique qu'on les rencontre aujourd'hui. Ils n'ont jamais cessé de s'y rendre et sous Louis XVI, au dire de voyageurs étrangers, il était plus facile et moins cher de boire du « généreux bourgogne » à Bruxelles qu'à Dijon et dans la plupart des villes de France, où il ne s'en trouvait pas une goutte d'authentique.

Quant aux bordeaux, ils allaient depuis longtemps à Londres, qui ne les marchandait pas. Ils se payaient en Angleterre, sous les Stuarts, de 200 à 300 francs et jusqu'à 400 francs l'hectolitre. Montaigne parle avec honneur du vin de Graves : « Si vous fondez votre volupté à le boire friand, vous vous obligez à la douleur de le boire autre ». Le Graves pourtant, sauf une apparition sur la table de Louis XI qui le paya 120 francs l'hectolitre, ne fut longtemps connu en France que sur les côtes de Bretagne et de Normandie. Mais, à l'époque de la Révolution, le Château-Lafite ou le Château-Latour se vendaient aussi cher que de nos jours : de 500 à 1.000 francs la pièce, suivant les années. A l'exception du champagne, coté, d'après son mérite, depuis 7 francs au détail jusqu'à 3 fr. 50 par « mannequin » de cent bouteilles, les vins fins ou de « cadeau », français ou étrangers, Frontignan, Malvoisie, Alicante, Malaga, étaient par leur valeur un luxe tout autre qu'ils ne sont actuellement.

Le vin d'ordinaire aussi, chez les riches, était beaucoup plus onéreux : Richelieu ou Mazarin payaient leur vin de table 150 francs l'*hectolitre*, celui de leur suite 100 francs et celui de leurs valets 75 francs; le vin de sa table coûtait à la duchesse de Bourgogne (1697) 290 francs l'hectolitre et celui du « commun » 128 francs. A moitié prix, nos contemporains ont de meilleurs vins, parce qu'ils les laissent en bouteilles un certain temps développer leur bouquet avant de les boire. Cette simple pratique, qui devait transformer le goût des boissons, a mis des siècles à s'établir. Elle était inusitée même à Versailles, où l'on allait, comme au Moyen Age, « traire au tonnel » pour remplir les aiguières. Si dans ses maisons de campagne ou dans ses soupers particuliers, Louis XV avait des bouteilles de vin sur la table, à cause de la difficulté du service, c'est qu'on les avait remplies quelques heures avant le repas. Avec ce système, la futaille entamée perdait sa qualité très vite, et de là, sans doute, était venue cette coutume, chez les grands, de l'abandonner au maître d'hôtel lorsque le vin était « à la barre du tonneau », c'est-à-dire à moitié vide.

Sur les millions de barriques de vin qui entrent aujourd'hui à Paris, 2 ou 3 % seulement coûtent plus de 100 francs l'hectolitre; la capitale pourtant reçoit, *proportionnellement* à toute autre ville, beaucoup plus de vins fins. Ceux-ci demeurent donc exceptionnels, comme ils l'étaient naguère; mais les autres, ceux que consomment les classes moyennes et populaires, se sont transformés par ce seul fait que la vigne a de plus en plus émigré vers le Midi, suivant la tendance de toutes les cultures à se concentrer dans les régions les plus favorables.

Les années que l'on regardait, en tel district de Provence ou de Languedoc, comme rares et même embarrassantes par leur rendement excessif au xv<sup>e</sup> ou au xvii<sup>e</sup> siècle, sont inférieures de moitié ou des deux tiers aux années normales d'aujourd'hui *dans ces mêmes districts*. Le nombre actuel des hectares, couverts des cépages choisis parmi les plus productifs, explique cet accroissement; fructueux d'abord, puis si exagéré que les Méridionaux, ruinés par l'abondance, ont fini par s'insurger contre leur propre surproduction. Cette inondation de vins eût-elle été causée par le sucrage des vendanges, que le législateur, *à vingt ans d'intervalle*, favorisait par des remises d'impôts au temps du phylloxera comme une « pratique recommandable » (1884), et flétrissait ensuite du nom de « fraude délictueuse » (1905), l'histoire, indulgente aux contradictions des hommes, ne saurait s'en émouvoir. Elle regrettera seulement que la poursuite de ces soi-disant « fraudes », étendue à l'ensemble de l'alimentation, ait fait surgir toute une législation de circonstance, renouvelée du Moyen Age, assez bouffonne, mais de la plus dangereuse conséquence pour la prospérité et le bien-être national, si elle devait se perpétuer.

Des moûts ou des piquettes sucrés, miellés, aromatisés, soufrés si fortement que leur couleur s'en ressentait, c'est ce que l'immense majorité de nos aïeux a bu sous le nom de vin pendant six siècles, dans la plupart des départements où le raisin mûrissait mal et où les vignes, regardées comme une richesse, ont subsisté, grâce au prix élevé de leurs produits, jusqu'à ce qu'elles aient passé au contraire pour une charge, concurrencées de nos jours par des jus plus alcooliques ou meilleur marché.

Car, si les grands vins n'ont guère enchéri, les vins communs ont beaucoup baissé de prix : c'est de 30 à 70 francs l'hectolitre que se paya durant cinq cents ans le vin des maçons ou des soldats, celui qui était aumôné aux pauvres par les hospices ou distribué gratis lors des fêtes publiques. Quelques boissons ont disparu : la « bouillie », par exemple, décoction d'eau et de son que les paysans faisaient fermenter avec du levain. Les autorités actuelles n'ont plus souci d'interdire le brassage de la bière en certaines années, à cause de la rareté des grains. Il n'est pas jusqu'à l'eau qui n'ait changé dans les villes, presque toutes abreuvées aujourd'hui d'eau pure captée à la source; tandis que les Parisiens mêmes buvaient, il y a cent ans, l'eau de Seine, souvent trouble, que 2.000 porteurs distribuaient à domicile.

Quelque peu potable que fût l'eau de Seine à 2 sous la voie, elle était moins dangereuse peut-être pour la santé que l'eau-de-vie à 0 fr. 10 le petit verre. Paris est loin pourtant de tenir le premier rang pour l'usage de l'alcool ; la consommation par tête, dans la banlieue, dépasse des trois quarts celle de la métropole ; celle d'une dizaine de départements de l'Ouest est double, celle de la Seine-Inférieure est triple. Ici, l'alcool est une passion morbide; partout, il est le fléau populaire ; les classes bourgeoises en sont, chez nous, à peu près indemnes. Et, puisqu'il sévit principalement sur les moins fortunés de la nation, il serait possible de l'enrayer, comme a fait l'Angleterre, en renchérissant encore l'eau-de-vie par l'impôt.

Le goût des spiritueux est moderne. Nos pères, qui n'avaient pas à craindre de voir frelater leur « esprit de vin », puisqu'il n'en existait pas d'autre, ne le buvaient guère pur, mais seulement dosé dans des liqueurs assez douces. Lorsque l'antique hypocras, vin épicé, délices des richards au Moyen Age, où il coûtait 8 et 10 francs le litre, fut devenu moins élégant, — sans doute lorsqu'il se vendit meilleur marché, — la mode le remplaça par le *populo*, le *rossolis*, puis par le *Parfait amour* ou le *Ratafiat*, à 10 francs la bouteille. Les boissons du xviii<sup>e</sup> siècle, suaves comme leur nom, *Huile de Vénus* ou *Crème des Barbades*, ont été remplacées par les amers et par l'absinthe, ce dépotoir des « queues de distillation », sursaturé d'essences, dont il se boit le double de toutes les liqueurs réunies.

Ce n'est pas la cherté de l'eau-de-vie, — 2 à 3 francs le litre de 1600 à 1790, — qui l'aurait empêché de se répandre à cette époque parmi les riches; et ce n'est pas non plus le bas prix des alcools d'industrie qui sollicite maintenant le peuple à en boire, puisque les trois-six sont rehaussés déjà par l'impôt au prix des eaux-de-vie de vin du temps jadis. Le triplement de la consommation en soixante ans, — de 500.000 à 1.500.000 hectolitres, — vient de la hausse des salaires, l'absorption de l'alcool étant pour nombre de prolétaires le luxe le plus urgent.

Dans ce livre cité plus haut, — « l'An 2440 » — Mercier faisait dire par le citoyen du xxv<sup>e</sup> siècle à celui du xviii<sup>e</sup> : « Nous avons sagement banni trois poisons dont vous faisiez un perpétuel usage : le tabac, le café et le thé ». Cette prédiction de 1775 semble se confirmer assez peu jusqu'ici.

Depuis que le thé, « impertinente nouveauté du siècle », écrivait Gui Patin en 1648, avait été introduit en France sous les auspices du chancelier Séguier, il ne s'y était guère répandu. Son prix, quoique fort élevé, — de 20 à 40 francs le kilo, — était cependant plus bas qu'en Angleterre et l'on trouvait à Boulogne-sur-Mer pour 36 francs, sous Louis XV, d'aussi bon thé qu'à Londres pour 70. Boulogne était en effet le siège d'une importation qui monta un instant jusqu'à 265.000 kilos par an.

Le thé servi l'après-midi dans quelques salons était alors bouilli plutôt qu'infusé et se prenait avec une égale quantité de lait. Cet usage disparut sans doute au temps de la Révolution et du premier Empire; en 1831 la consommation n'était en France que de 86.000 kilos, tandis qu'elle s'est élevée graduellement à 1.160.000 de nos jours.

Le cacao, que les Espagnols avaient tiré du Mexique en 1520, fut encore plus mal accueilli que le thé à son début. Le cardinal de Richelieu écrivait à son frère Alphonse, l'archevêque de Lyon, qui l'un des premiers en France avait eu l'audace d'en absorber : « Je ne saurais vous celer que la drogue qu'on appelle *scocolato*, dont on m'a dit que vous usez souvent, étant du tout préjudiciable à votre santé, j'estime qu'il serait à propos que vous eussiez recours aux remèdes ordinaires ». C'était pour « modérer les vapeurs de sa rate » que cet archevêque prenait du chocolat et les médecins affirmaient positivement que le chocolat donnait des vapeurs, des palpitations et même une fièvre continue et mortelle. Est-ce par la reine Marie-Thérèse, qui en avait pris le goût en Espagne et s'en faisait faire à Versailles en cachette, que le chocolat fut introduit dans le grand monde? Toujours est-il que M^me de Sévigné ose le recommander à sa fille. « Vous ne vous portez point bien; le chocolat vous remettrait, mais vous n'avez point de chocolatière; j'y ai pensé mille fois, comment ferez-vous? » Le « chocolate » qui coûtait alors de 22 à 30 francs le kilo, descendit à la fin du xviiie siècle à 13 francs ; cependant, au début du règne de Louis-Philippe, la France ne recevait que 674.000 kilos de cacao et elle en reçoit maintenant 22 millions.

Toute autre fut la fortune du café : il ne rencontra pas d'ennemis, il ne coûta pas trop cher. Quelques années après que Soliman Aga, l'ambassadeur du Grand-Seigneur, l'eût mis à la mode (1669), des Levantins ambulants le vendaient dans les rues de Paris pour 0 fr. 35 la tasse. Procope et les autres « cafés » popularisèrent la boisson parmi la bourgeoisie et, dans les dernières années de l'ancien régime, au coin des rues, à la lueur d'une pâle lanterne, des femmes portant sur leur dos des fontaines de fer-blanc en servaient dans des pots de terre pour 0 fr. 20. Le sucre n'y dominait pas et le café, à 6 fr. 50 le kilo, — prix moyen d'alors, — devait être faible, mais le peuple trouvait ce café au lait excellent.

C'était à cette époque le déjeuner de beaucoup d'ouvriers en chambre, à Paris du moins ; car, malgré l'entrée en franchise du café colonial, la France de 1750 ne consommait que 1.275.000 kilos, tant Moka que Bourbon, au lieu qu'aujourd'hui elle en consomme *cent fois plus :* 120 millions de kilos, venus de tous les points de l'univers, sans parler des 20 millions de kilos de chicorée française qui s'y ajoutent. Encore les droits de douane augmentent-ils de 200 °/₀ le prix du café ordinaire ; sinon, il coûterait cinq fois moins cher qu'au xviiie siècle.

Après avoir comparé les aliments du passé et du présent, il faudrait voir nos pères faire leur cuisine, les suivre à table et les regarder manger ; c'est à quoi sera consacré le prochain chapitre. Dès à présent nous constatons que, si l'on pouvait rassembler en un tas unique les nourritures que le Français du xxᵉ siècle ingurgite dans le cours d'une année par rapport à celles qu'il absorbait jadis, on serait stupéfait de l'énormité du bloc actuel et de la médiocrité du bloc ancien. On se demanderait comment la même créature a la capacité de consommer, suivant ses ressources, tant et si peu de choses.

Encore cela ne nous renseignerait-il que sur la *quantité* des aliments; or, on a vu qu'ils sont meilleurs, plus variés et moins chers. Le caractère de ce bienfait nouveau est de s'adresser à l'universalité des citoyens; *la masse même de ces denrées le prouve* : elle est telle que, pour l'avaler, la collaboration de toutes les bouches est nécessaire.

Pour créer cette masse énorme il a fallu, depuis cent ans seulement, un prodigieux travail de pensée, une audace incroyable de spéculation, où les vainqueurs ont remporté quelques lots de gloire et d'argent, sans parler des milliers de tentatives obscures et d'entreprises avortées des vaincus. Pour procurer à ce Français actuel ce qu'il mange et boit si béatement, il a fallu révolutionner l'agriculture et l'industrie, découvrir les engrais artificiels, acclimater et sélectionner des races, des plantes et des graines, inventer des faucheuses, des batteuses, des moulins, des pressoirs, des turbines, des écrémeuses, des alambics, des appareils et des instruments innombrables; il a fallu inventer les transports à vapeur par terre et par mer, combattre et enrayer les maladies des bêtes ou des choses, imaginer des procédés scientifiques pour reproduire à volonté des phénomènes naturels; préparer, conserver ou transformer des substances multiples, en tirant d'une première création les éléments d'une création nouvelle, lorsqu'on a fait par exemple de la betterave avec des engrais chimiques, du sucre avec de la betterave, de l'alcool avec du sucre et du vinaigre avec de l'alcool.

Allons-nous donc crier victoire! Entonnerons-nous un chant de triomphe? Hélas! nullement. Les générations précédentes, n'étant jamais bien sûres d'avoir de quoi se sustenter l'année prochaine, la question des vivres était pour elles d'un intérêt constant; on en parlait sans cesse. Aujourd'hui l'on n'en parle plus. Ce peuple que nous sommes ignore même si bien tout ce que ses devanciers immédiats ont fait pour susciter son bien-être que personne ne s'en aperçoit; personne donc n'en jouit, l'énorme effort est vain et, si les chiffres n'étaient pas là on pourrait mettre en doute les résultats eux-mêmes et croire qu'il ne s'est rien passé, que le monde fut toujours pareil.

De ces chiffres pourtant, qui nous font saisir l'évolution accomplie, une conclusion philosophique se dégage; c'est que l'humanité est au fond indifférente au progrès matériel; elle ne se passionne que pour des idées. La masse électorale se complaît au rêve d'un remaniement social, pratiquement incapable d'augmenter son aisance d'une livre de pain ou d'une côtelette, plus qu'à tous les gains effectifs de la société présente. L'effort l'intéresse plus que les résultats parce que l'effort est « idée » et que le résultat est « matière ». Peut-être ne faut-il pas s'en plaindre; s'il en était autrement, les hommes tomberaient dans une animalité supérieure.

# CHAPITRE III

## Le service de table. — Vaisselle et verrerie.

Est-ce une jouissance positive de ne pas manger avec ses
doigts? — Les seigneurs de l'an 1500 plus semblables aux
Gaulois du temps de César qu'aux Français de 1750, sous
le rapport de la table. — La gamelle en usage jusqu'au
milieu du xvii° siècle. — La *Galathée*, manuel du bon ton
au xvi° siècle. — De la manière de se conduire à dîner chez
un archiduc. — Le faste a précédé la commodité. — Charles
le Sage a dix fois plus de • ·isselle d'or que Louis XIV. —
Quatorze millions de francs de vaisselle au xiv° siècle. —
Grandes pièces d'orfèvrerie; peu d'assiettes; pas de couverts. — On visait au *superflu;* on n'avait pas imaginé le
*nécessaire.* — Les grands s'empruntent de la vaisselle les
uns aux autres. — Les meubles d'argent massif à Versailles. — Un buffet d'argent de 750 kilos. — La soi-disant
fonte de l'argenterie des particuliers à la Monnaie, en 1709,
est une mystification historique. — Chiffres réels de l'argent transformé à la Monnaie. — La France possède au
xviii° siècle beaucoup plus d'argenterie *utile* qu'au temps
féodal. — Invention des fourchettes, d'abord minuscules,
puis des fourchettes actuelles par le duc de Montausier vers
1670. — La fourchette primitive, au temps de Louis XIII,
pesait 20 grammes, quatre fois moins que la nôtre. —
Extraction minière de métal-argent depuis 1690 jusqu'à
1860; depuis 1861 jusqu'à 1912. — Le baron de Ruolz et
son invention. — L'ancienne vaisselle d'étain. — Prix élevé
de l'étain au Moyen Age; il est fortement mélangé de plomb
dans la vaisselle commune. — La faïence; Nevers, Rouen,
Moutiers; elle était trop onéreuse pour le peuple. — L'in-

dustrie moderne de la faïence n'a de commun que le nom avec l'ancienne : sa solidité, son prix dix fois moindre. — La porcelaine ; depuis Sèvres jusqu'à Limoges. — La vaisselle populaire de bois. — La verrerie ; les Français, au xviii<sup>e</sup> siècle, boivent chacun dans leur gobelet ; mais non pas encore les Anglais. — Jusqu'à Louis XVI, les verreries n'avaient pu établir, à prix raisonnable, des gobelets en verre blanc. — Les bouteilles, article de luxe au Moyen Age. — Bouteilles d'ivoire et de cuir. — Bouteilles de verre quatre fois plus chères encore à la fin de l'ancien régime qu'aujourd'hui.

Je ne serai pas assez paradoxal pour avancer que boire chacun dans son verre, ne pas manger avec ses doigts et ne pas puiser à la gamelle avec ses voisins, soient des jouissances positives. Par cela même qu'un usage est général, il ne semble répugnant à personne. Il ne se révèle tel à la foule que le jour où une élite le proscrit. Longtemps nos aïeux furent donc ce que nous nommons aujourd'hui « grossiers » et « malpropres », riches et pauvres indistinctement ; mais il n'y en avait pas moins entre eux, suivant qu'ils étaient, dans leur rusticité, magnifiques ou misérables, une distance que les derniers siècles avaient accrue et qu'au contraire les découvertes de ces siècles-ci sont en train d'atténuer ou d'abolir.

Il est vrai que les classes d'autrefois, séparées par un abîme, ne sentaient pas leur éloignement ; tandis que nos contemporains, à mesure qu'ils se rapprochent, supportent mal ce qui reste entre eux de diversité. Raison de plus pour noter les résultats lentement obtenus, que déjà l'on oublie ou l'on ignore.

Les seigneurs de l'an 1500 ressemblaient beaucoup plus, dans leur manière de manger, aux Gaulois d'un siècle avant notre ère qu'aux Français de 1750.

Les barbares qui, d'après la description du philosophe Posidonius, saisissaient les morceaux à pleines mains, mordaient à même ou les dépeçaient avec un petit couteau dont la gaine pendait à leur ceinture, qui buvaient à la ronde dans un vase que les serviteurs faisaient circuler, n'eussent guère été gênés dans leurs habitudes, je ne dis pas à la table des simples sujets de Louis XII, où chacun tirait au plat et buvait à même le pot, mais à celle des personnes de distinction où, « selon la mode de France », on faisait assiettes et pintes communes, deux par deux, « chacun ayant une dame où une pucelle à son écuelle ».

Grâce aux écuelles à oreilles, que chaque couple remplissait dans le bassin à potage, on évitait de prendre cuiller à cuiller dans la soupière, « à cause du dégoût que les convives pouvaient avoir les uns des autres ». Cette gamelle limitée n'empêche pas les « honnêtes gens », jusqu'au milieu du xvii<sup>e</sup> siècle, de mettre chacun son tour la main dans le plat, en observant toutefois d'attendre que les plus qualifiés l'y aient mise les premiers.

Puis il y avait la manière : La Bruyère, s'il eût vécu cinquante ans plus tôt, n'aurait pu blâmer Gnathon « de ne se servir à table que de ses mains » ; parce que la fourchette, usitée en 1690, ne l'était pas en 1640. Mais lorsque le moraliste dit de ce goinfre : « S'il enlève un ragoût de dessus un plat il en répand en chemin dans un autre plat et sur la nappe, on le suit à la trace », le reproche aurait aussi bien été fait dès le xv<sup>e</sup> siècle. De vieille date, la civilité recommandait de prendre les aliments avec trois doigts. Si Tallemant fait grief à Séguier « de manger le plus malproprement du monde, de sorte que cela fait mal au cœur », c'est parce que le chancelier « déchire les viandes et se lave les mains dans la sauce », tandis qu'il n'était point élégant d'y plonger les phalanges trop avant.

« Corner l'eau » était, dans les châteaux-forts, la façon d'annoncer le dîner. On « allait laver », c'était la formule, avant comme après les repas. « Après », on le devine, ce ne devait pas être un vain rite : « avant », c'était une garantie mutuelle de propreté : « Il faut se laver en présence les uns des autres, quand même on n'en aurait pas besoin, afin que ceux avec qui on met les mains dans le plat ne puissent douter si elles sont nettes ». Le traité de *Civilité*, qui s'exprime ainsi, nous découvre, comme tout ouvrage de ce genre, à la fois les coutumes existantes et les défauts récemment aperçus, dont la correction inaugurera des coutumes nouvelles.

Il se fit en cent cinquante ans (1550-1700), dans la tenue de la bonne compagnie, une évolution plus marquée encore que celle des heures du dîner qui, de 10 heures du matin sous François Ier, fut reculé à midi sous Louis XIV, à 2 heures sous Louis XVI, à 5 heures au début du xixe siècle, pour arriver aujourd'hui à 8 heures du soir. L'étiquette du Moyen Age, qui ne reconnaissait pas à de grandes dames le droit d'avoir une table à doubles nappes, leur pain enveloppé et un maître d'hôtel avec bâton en main, — tous honneurs réservés aux seules princesses, servies par des gentilshommes portant la serviette sur l'épaule et non sous le bras, comme chez les personnes de moindre dignité ; — cette étiquette, si pointilleuse sur la distinction des rangs, n'avait rien décidé quant au sort des déchets de viande, des os, des épluchures de fruits ou des restes de légumes que chacun jetait simplement derrière son dos et que les domestiques balayaient.

Plus tard, agir ainsi devint vulgaire et prohibé.

Le manuel du bon ton, *la Galathée*, venu d'Italie au xvi<sup>e</sup> siècle (1544) et traduit en toutes les langues au siècle suivant, portait qu' « il n'est pas honnête de se gratter étant à table. Il faut aussi, en ce temps-là, que l'homme s'abstienne de cracher autant qu'il lui sera possible et, s'il lui faut en venir là, qu'il le fasse de quelque gentille façon ». Chacun sait que, sous Louis XIV encore, dans les apparte-ments on crachait par terre : « J'ai ouï dire qu'il se trouvait des nations si sobres que jamais elles ne crachaient; nous nous en pouvons abstenir pour un peu de temps. Nous ne devons aussi pas prendre la viande si goulûment que le sanglot en vienne, comme fait celui qui se hâte par trop. Il est contraint de perdre haleine et de souffler, qui cause ennui et regret à toute la compagnie ».

Il n'est pas étonnant qu'Henri III prescrive, par ordonnance spéciale, que « Sa Majesté veut qu'étant à table, l'on se tienne un peu loin d'elle, afin qu'elle ne soit pressée et que nul ne s'appuie sur son fauteuil que le capitaine des gardes en quartier »; un règlement de 1642, en vigueur dans le landgraviat d'Alsace, entre autres obligations des cadets et jeunes officiers invités à dîner chez un archiduc, leur recommandait de : « présenter leurs civilités à Son Altesse en tenue propre et ne point arriver à moitié ivre; ne pas boire après chaque morceau, car ainsi on se saoûle trop vite; ne pas jeter les os sous la table, ne pas cracher sur l'assiette ni se moucher dans la nappe; ne pas hanaper trop bestiale-ment au point de tomber de sa chaise... »

Le minimum de confort, que la généralité des citoyens possède de nos jours, était ignoré de tous au Moyen Age; mais les riches avaient ce faste qui,

chez tous les peuples, a précédé la commodité. Le
faste ne laissait pas que d'être assez puéril lorsqu'il
consistait à dorer les poissons et les rôtis, ou à
décorer la table de joujoux non comestibles — pâtés
d'oiseaux vivants — et d'entremets de grande imagination, tels que « fol chevauchant un ours à travers montagnes chargées de frimas », basiliques en
sucre avec cloches sonnantes; cheval lançant du vin
par ses naseaux, tours crénelées d'où jaillissait de
l'eau d'orange.

Le luxe se manifestait surtout dans l'orfèvrerie,
dans la possession d'objets d'or ou d'argent; et par
exemple il est curieux que Charles le Sage, en 1380,
ait eu *dix fois plus* de vaisselle d'or que Louis XIV
et certainement davantage que n'importe quel souverain actuel d'Europe. A vrai dire, Charles V
n'avait pas acquis ce trésor; c'était en partie le legs
des races antérieures, des siècles où la détention
d'un gros morceau d'or était à elle seule une dignité
respectable. Le roi Chilpéric avait fait faire un plat
d'or de 25 kilos, afin, dit très sérieusement Grégoire
de Tours, « d'honorer la nation des Francs ».

Ce spécimen ne figure pas dans le catalogue des
Valois du xiv⁰ siècle, mais il s'y trouve d'autres
pièces provenant des premières dynasties : la coupe
d'or du roi Dagobert, celle de Charlemagne enrichie
de saphirs, à côté de la coupe de saint Louis et de
son aiguière. Et si ces hanaps, souvent garnis de
perles, de rubis et d'émeraudes ne dépassaient
guère le poids d'un kilo et demi, au delà duquel ils
eussent été vraiment peu maniables, l'inventaire de
la vaisselle d'or mentionne des objets de dimensions
assez flatteuses pour l'amour-propre : plusieurs
« nefs » royales — coffrets renfermant les ustensiles
de table personnels au monarque — dont la plus

grande, portée par six lions et ornée d'un ange à chaque bout, pesait 31 kilos, un baquet soutenu par des sirènes, des bassins, des flacons, des vases à couvercles, par douzaines et demi-douzaines, représentant chacun des 5 et 6 kilos.

Il n'est pas jusqu'à la grande salière d'or, donnée par la ville de Paris, qui ne pesât plus de 4 kilos ; même en métal blanc une pareille salière n'eût pas été méprisable, et cela nous explique que plus tard, dans un voyage de Charles VI en Languedoc, la salière d'argent de ce prince ayant été égarée, la Cour aussitôt s'arrête à Béziers et l'on envoie des courriers à Narbonne et à Valence « pour faire crier la salière du Roi qui était perdue ».

Ce mobilier précieux de Charles V, hérité de ses prédécesseurs, lentement accru par les « joyeux » dons des sujets, par les conquêtes ou par les rançons des villes menacées de pillage, nous n'en pouvons fixer la valeur ; l'inventaire détaillé ne contient aucune appréciation. Le prix des pierres fines, perles et camées, celui du travail de l'orfèvre qui dépassait à cette époque tous les arts industriels, est donc inestimable. Nous ne savons même pas le poids *total* d'or et d'argent ; celui de beaucoup d'articles et de montures ayant été omis par les rédacteurs du document. Cependant, en faisant le relevé des poids indiqués, on arrive déjà en monnaie actuelle au chiffre de *quatorze millions de francs*, dont plus de 11 millions pour la vaisselle d'or et près de 3 millions pour celle d'argent et de vermeil.

Parmi ces 1.000 kilos d'or et ces 3.000 kilos d'argent, ouvrés et parfois semés de pierres précieuses et d'émaux, qui constituaient pour la couronne de France au xiv<sup>e</sup> siècle le plus féerique service de table qui se soit jamais vu, le nombre des assiettes est proportionnellement très limité, celui des cuillers est dérisoire ; quant aux fourchettes, à peine si elles sont mentionnées. Ce prince, si riche en vaisselle, ne possédait que 500 écuelles, à peu près de quoi en donner une par deux convives dans un de ces banquets monstres comme celui de 800 « couverts » qu'il offrit à l'empereur, son oncle.

Le mot moderne de « couverts » est d'ailleurs ici tout à fait impropre, puisque chacun apportait son couteau, qu'on n'usait pas de fourchettes et que le Trésor royal disposait en tout de 91 cuillers. Les grands personnages n'étaient pas à cet égard plus exigeants que le vulgaire. Le Roi avait devant lui l'un de ces superbes cadenas ou nefs, qui contenait en de petits compartiments du sel, du poivre et du sucre, à côté de la serviette et d'une assiette de forme carrée, que l'on ne paraît pas changer durant le repas. Sur cette assiette le monarque plaçait, comme tout le monde, une large tranche de pain — le « tailloir » — sur lequel se posaient les viandes et se versaient les sauces qui les humectaient. Ces pains-assiettes se renouvelaient sans doute à chaque service ; au sacre de Louis XII on en usa 1.294 douzaines. Le système n'était pas économique, et ce n'était pas au reste par économie que les riches avaient si peu d'assiettes, puisqu'il leur en eût coûté beaucoup moins de les acquérir que de s'offrir le luxe d'une masse d'ustensiles massifs et même de meubles en argent. Mais, par un vestige de la simplicité primitive, tout en visant au superflu, on n'avait pas encore imaginé le nécessaire.

Dans toute argenterie privée au Moyen Age s'observe la même disproportion que dans le mobilier royal entre la vaisselle que nous qualifierons d'indisponsable et les objets de pur ornement. Non que ceux-ci fussent à profusion. L'interdiction de Philippe le Bel (1294) à qui ne possédait pas 400.000 fr. de rente « d'avoir vessellement d'or ou d'argent pour boire ni pour manger » aurait eu pour résultat d'en supprimer totalement l'usage, puisqu'il n'y avait pas dans toute l'étendue de ses fiefs cinq personnes à jouir d'un pareil revenu. L'ordonnance n'était pas sérieuse. Les seigneurs, les prélats et les bourgeois aisés avaient donc de l'orfèvrerie, mais en petite quantité. Le plus riche marchand-boucher de Paris au xiv$^e$ siècle — boucher nominal s'entend, propriétaire de plusieurs étaux qu'il affermait, comme faisaient à cette époque les détenteurs de ce commerce monopolisé, — possédait une douzaine de kilos d'argenterie; les religieux de Saint-Denis, que l'on disait avoir un stock de vaisselle plate, la fondirent au xv$^e$ siècle et la donnèrent à Dunois pour solder les troupes; elle pesait moins de 10 kilos.

Jean sans Peur ne dédaignait pas dans sa jeunesse de manger dans des plats d'étain pendant que l'on réparait sa vaisselle d'argent; celle du sire de la Trémoille pesait alors 38 kilos et, vers la fin du xv$^e$ siècle, celles du comte d'Angoulème, père de François I$^{er}$ (1497) et de l'archiduc Philippe le Beau, souverain des Pays-Bas (1501), étaient de 90 à 100 kilos.

Ces chiffres assez modestes expliquent pourquoi, lorsqu'un personnage même très opulent alors donnait un grand festin, il devait emprunter de la vaisselle de tous côtés. Celles du Roi, du chancelier, du surintendant des finances, de trois ou quatre princes et seigneurs, se trouvent ainsi prêtées et réunies occasionnellement sur une même table. Encore ne suffisent-elles pas toujours et l'amphitryon est-il obligé de compléter le service par de l'étain. Aussi, lorsqu'il est question, dans les mémoires ou les récits d'autrefois, de repas servis uniquement en vaisselle d'argent, faut-il savoir si elle n'est pas louée. Autrement on s'exposerait à croire nos aïeux beaucoup plus riches à cet égard qu'ils ne l'ont été réellement. Jusqu'au milieu du xviiiᵉ siècle les rôtisseurs se chargeaient de fournir la vaisselle plate pour les soupers qu'ils servaient en ville; eux-mêmes en tant que de besoin l'empruntaient à des spécialistes, *sous leur responsabilité*, car il se trouvait des clients assez indélicats pour mettre cette vaisselle en gage.

Avec le temps, le luxe évolua : celui de la vaisselle d'or passa de mode; les princes du xviiᵉ siècle en avaient peu. Louis XIV fit fondre à la Monnaie toute celle de la couronne, le total monta à 810.000 francs. Celle de Charles V était depuis longtemps sans doute vendue et dispersée. Le goût de l'argenterie s'était au contraire développé, mais dans une classe très restreinte : celle des gens de Cour, des traitants, des prélats à gros bénéfices et de la haute magistrature. C'était toujours en objets de parade que passait le plus clair du métal blanc : le cardinal de Richelieu avait laissé au roi par testament un grand buffet d'argent ciselé qui, par son poids seul — 750 kilos — indépendamment du travail, valait 375.000 francs.

Dans la première partie de sa vie, Louis XIV, comme un monarque d'Orient, raffola des meubles d'argent massif. Versailles en était plein; cela faisait ouvrir de grands yeux aux étrangers. De tous ces canapés, balustrades, torchères, caisses à orangers, brancards, vases énormes placés de chaque côté des portes, guéridons supportant les girandoles et les chandeliers, figures ou statues, dessinés par Le Brun et façonnés par les meilleurs artistes, qui

décoraient la galerie, les grands et petits appartements, nous ne possédons plus que l'inventaire et
quelques modèles ou gravures. A peine venait d'être
terminée l'ornementation du trône d'argent, dans le
salon d'Apollon, consacré aux audiences solennelles
des ambassadeurs, que le Roi, soit que la passion
de la guerre éteignît en lui l'amour du faste, soit
qu'il fût séduit par le beau geste de jeter en solde, à
ses armées en campagne, le métal de son trône et
des choses précieuses qui l'avaient charmé, envoya
fondre en 1688 tous ces meubles à la Monnaie. De
ces chefs-d'œuvre qui avaient coûté 35 millions de
francs et dont la façon était plus chère que la matière, le souverain croyait tirer 21 millions; il n'en
eut que 10.

Il n'en garda pas moins toutes ses illusions sur
les ressources que l'Etat pouvait se flatter d'obtenir
par la fonte de l'argenterie des particuliers. Comme
personne n'avait idée du chiffre que représentait
cette richesse dans tout le royaume, on chargea le
bonhomme Gourville d'en faire l'estimation. Cet
ancien commis de Fouquet, rompu aux affaires de
finance, n'en savait pas là-dessus plus que les
autres. Pour ne pas rester court, il fit des calculs,
ou mieux des hypothèses (1690), évaluant l'argenterie privée à 700 millions de francs actuels —
200 millions de livres tournois — dont moitié à
Paris et moitié dans le reste de la France. De ce
stock, disait-il, un tiers consiste en flambeaux,
cuillers, fourchettes et couteaux. Cette proportion
était très certainement fausse, on le verra tout à
l'heure, et le total de Gourville contenait lui-même
sans doute une grande part d'exagération.

En tout cas ce n'est pas la mystification, pompeusement qualifiée par l'histoire de « fonte des vaisselles d'argent du royaume », qui pourrait nous renseigner à cet égard. Dès 1702, sous Chamillart, les orfèvres avaient protesté contre ce projet qui était dans l'air; un ministre judicieux avait prévu que l'argent résisterait et se cacherait, si l'envoi à la Monnaie était obligatoire, et que, s'il était facultatif, les gens de Cour, seuls à s'exécuter de bonne grâce, mangeraient seuls dans la faïence, pendant que Paris et la province conserveraient leurs assiettes d'argent. Quelques seigneurs cependant, ayant offert en 1709 leur vaisselle plate, le Roi s'imagina que leur exemple serait suivi par le pays tout entier; il ne le fut que dans l'entourage immédiat du souverain et par un groupe infime.

A Versailles, « chacun n'osait ne pas offrir sa vaisselle, chacun y avait grand regret; les uns la gardaient pour une dernière ressource, d'autres craignaient la malpropreté de l'étain et de la terre ». Suivant qu'ils obéissaient à l'un ou à l'autre de ces sentiments, les personnages en vue envoyaient leur argenterie à la fonte ou cessaient simplement de s'en servir, la mettant dans un coffre pour la faire reparaître en un meilleur temps. De ceux-là fut Saint-Simon. « J'avoue, dit-il, que je fis l'arrière-garde;... quand je me vis presque le seul de ma sorte mangeant dans de l'argent, j'en envoyai pour un millier de pistoles à la Monnaie et je fis serrer le reste. » La majorité des ducs fit de même; sur une soixantaine qu'ils étaient en 1709, il ne s'en trouva pas plus de quinze à échanger du métal précieux contre la promesse illusoire du Roi « de leur en rendre la valeur quand ses affaires le lui permettraient ». Et parmi ces donateurs deux seulement, Boufflers et Beauvilliers, qui figurent sur l'état pour 400 et 300 kilos, se dépouillèrent réellement de leur vaisselle. Les autres n'en sacrifièrent qu'une partie et souvent la moindre : tel qui offre 30 kilos, en possédait alors cinq fois plus d'après un inventaire authentique.

Cette générosité n'était pas moins remarquable en face de la réserve des hommes de robe et de la quasi abstention des gens d'église, dont la liste se compose de deux cardinaux, d'un archevêque et de trois abbés. Le total des dons s'éleva à 8.600 kilos, fournis pour un tiers par la famille royale et les princes du sang, et pour le reste par 67 personnes. Un poids à peu près égal fut vendu à l'hôtel des Monnaies au prix courant du commerce. De sorte que le tout ne monta qu'à 3.660.000 francs *intrinsèques* — une dizaine de millions actuels. Ce n'était rien, mais le bénéfice du Trésor fut ailleurs : cette refonte d'argent servit de prétexte à un abaissement notable de poids et de valeur des espèces en cours.

De cette altération monétaire, qui passait alors pour un impôt déguisé, la nation tout entière fut contrainte de faire les frais ; mais comme, tout entière aussi, elle s'était refusée à se désargenter par persuasion, rien ne saurait nous renseigner sur l'importance de la vaisselle répandue parmi les bourgeois et les gentilshommes de province.

Quant à la noblesse de Cour, seigneurs financièrement mariés, hauts fonctionnaires grassement pensionnés et fermiers d'impôts aristocratisés, autant que les chiffres permettent d'en juger, elle possédait au xvii$^e$ siècle beaucoup plus d'argenterie *utile* que les personnages équivalents du temps féodal ; les pièces qui composaient son service de table étaient tout autres. Il lui fallait davantage d'assiettes depuis que l'on en changeait un peu, des cuillers aussi et des fourchettes, car on ne portait plus les morceaux à sa bouche avec la pointe de son couteau, encore moins entre le pouce et l'index : « s'en lécher » ou « s'en mordre les doigts » — ce que Montaigne avouait lui arriver souvent parce qu'il mangeait trop vite — n'étaient plus que des métaphores.

Depuis que les compagnons efféminés d'Henri III avaient scandalisé leur siècle par l'idée bizarre de préférer porter à leur bouche un petit instrument fourchu au lieu de leurs doigts ; depuis que Thomas Coryate, pour avoir rapporté cet usage d'Italie, sous Henri IV, avait été ridiculisé et affublé du surnom de *furcifer*, les fourchettes s'étaient imposées en France. Ce que l'on avait ainsi nommé à Byzance, puis à Venise et chez nous où cet objet était dès longtemps connu bien qu'inusité, c'était un tout petit ustensile à deux dents *presque dépourvu de manche*. Telles avaient dû être les 4 fourchettes d'or du pape Boniface VIII (1295), les 3 fourchettes de Charles V, la fourchette de la Reine Clémence de Hongrie (1328) ou celle du chancelier Duprat qui, sur 300.000 francs d'argenterie, avait aussi deux douzaines de cuillers.

Telles en tout cas avaient été les fourchettes dans la première moitié du xviie siècle : ce qui nous l'apprend avec certitude c'est leur poids. La douzaine de fourchettes, au temps de Louis XIII, pesait 245 grammes — 20 grammes chacune — c'est-à-dire *quatre fois moins* que les nôtres en 1913. L'écart entre les cuillers à potage, de 50 grammes la pièce autrefois à 90 grammes aujourd'hui, est beaucoup moindre, mais le « couvert » actuel ne remonte pas au delà de 1650, et nous le devons au duc de Montausier, plus connu comme auteur de la *Guirlande de Julie* ou comme gouverneur du Grand

Dauphin qu'à titre d' « inventeur des grandes cuillers et des grandes fourchettes, qu'il mit à la mode. » Saint-Simon note à ce propos que « M. de Montausier, qui vivait avec une grande splendeur, était d'une propreté *redoutable* ».

La « grande fourchette » ne dut pas faire sans difficultés son chemin dans le beau monde. Dans le peuple, il ne fut rien innové ni pour la fourchette, ni surtout pour le couteau. Les aubergistes sous Louis XVI omettaient encore de mettre des couteaux sur la table, parce qu'il allait de soi que chaque voyageur avait le sien en poche.

S'il est impossible d'évaluer, comme je le disais plus haut, ce que les Français pouvaient avoir d'argenterie à la fin du xvii<sup>e</sup> siècle et ce qu'ils en possèdent aujourd'hui, nous observerons toutefois que, depuis la découverte de l'Amérique jusqu'en 1690, il n'avait été extrait en deux cents ans que 60 millions de kilos d'argent. Depuis 1690 jusqu'à nos jours, il est sorti des mines 300 millions de kilos,— cinq fois plus, — dont 160 millions depuis l'année 1861. De la production annuelle, qui dépasse maintenant 5 millions de kilos dans le monde, la France, d'après les calculs de l'administration des monnaies, absorbe 200.000 kilos au minimum, dont une moitié sert à divers usages industriels ou artistiques (glaces, photographie, bijouterie, médailles, etc.) et dont l'autre moitié est transformée en argenterie massive ou galvanique. En admettant la même proportion pour l'époque de Louis XIV, où la production de l'argent n'excédait pas 350.000 kilos par an, les Français eussent employé à leur orfèvrerie de table quelque 7 à 8.000 kilos par an, au lieu des 100.000 kilos actuels.

L'accroissement et la diffusion des richesses contemporaines, la baisse de prix de 50 % du métal blanc suffisent à justifier ce progrès énorme de la consommation. Le baron de Ruolz, compositeur d'opéras médiocres dans sa prime jeunesse, qui, à trente ans, se révéla chimiste de génie et prit en 1841 son premier brevet pour l'argenture par la pile voltaïque, mit, par cette découverte capitale, à la portée de plusieurs millions de familles, des couverts en tout semblables à ceux dont usait seule auparavant une élite de privilégiés.

La couche d'argent étendue sur cette vaisselle démocratique emploie cinq fois plus de kilos chaque année qu'il n'en était consacré sans doute, il y a deux siècles, à fabriquer toute l'argenterie neuve. Les inventaires nous apprennent combien était restreint sur ce chapitre le luxe de la bourgeoisie et même de la plupart des maisons nobles de province : une douzaine, très rarement deux, de cuillers et de fourchettes, une aiguière, une paire de flambeaux, « engagés » en cas de besoin, c'était tout.

La vaisselle de la classe aisée était d'étain; dans son château de Montbéliard, un duc de Wurtemberg n'en a presque pas d'autre, et de même un comte de Ludres. A cette nuance près que les maîtres se servaient d'étain « tonnant » ou de Flandres, à 4 francs le kilo[1], tandis que les domestiques mangeaient dans un métal à 1 fr. 30, appelé « étain commun », mélange où le plomb entrait pour les quatre cinquièmes, et par là même excellent pour remplacer les balles de fusil quand elles venaient à manquer dans un siège. Des temps féodaux aux modernes, l'étain avait baissé de prix; tel qui eût hésité à l'employer sous Louis XI ou François Ier,

---

1. En monnaie de nos jours, comme tous les chiffres de ce volume.

lorsque les assiettes coûtaient 4 et 5 francs et qui se contentait de les louer 5 centimes la pièce pour un grand dîner, se décida à en acheter sous Louis XV, lorsqu'elles ne se vendaient plus que 2 fr. 50.

On avait essayé sans succès, au XVIIe siècle, d'un alliage, — à 33 francs le kilo, — où l'étain raffiné, durci, acquérait l'éclat de l'argent. Cette composition se prêtait mal au façonnage en vaisselle armoriée et surtout à une refonte indéfinie, d'où l'étain, malgré ses défauts, tirait sa principale supériorité sur la faïence.

Si l'usage de la faïence, argile poreuse, enveloppée d'une poudre métallique que la fusion transforme en un émail imperméable et poli, mit deux cents ans à se faire préférer au métal, — depuis les premières œuvres de Bernard Palissy jusque vers la fin de l'ancien régime, — c'est que ces charmants spécimens, dont les collectionneurs se disputent à prix d'or les rares exemplaires demeurés intacts, revenaient beaucoup plus cher que la vaisselle d'étain, inusable et perpétuelle.

L'assiette de Nevers valait 2 fr. 50 sous Henri IV et le plat creux, ou « bassin », 9 francs. Sous Louis XV, l'assiette de Rouen, décorée, coûtait encore 5 francs et l'assiette blanche 2 francs. Avec cela, lourdes et fragiles, promptes à se casser ou à s'écorner, déplaisantes à la vue lorsque leur vernis éraillé laissait apparaître la terre jaune ou rouge dont elles étaient faites, ces inconvénients compensaient et au delà le flou précieux du décor et la douce harmonie des tons de l'assiette fraîchement sortie du four. Leurs fabricants avaient produit des chefs-d'œuvre; plusieurs s'étaient enrichis, anoblis même, témoin la permission donnée par la duchesse de Nevers à « noble A. de Conrade, faïencier, de tirer de la terre propre à faire de la vaisselle dans toutes les places communes des environs ». A Moutiers, le dernier de la dynastie des Clérissy, maitres-potiers de père en fils depuis 1632, devint baron en 1750, puis comte de Trévans.

Cependant la faïence restait trop onéreuse pour le peuple ; pour le riche, elle était une fantaisie, un « en-cas » de secours. Louis XV en avait à Trianon et s'en servait lorsqu'il allait y souper à l'improviste. Pendant cette éclipse passagère de l'argenterie où le Roi « agita de se mettre à la faïence » (1709), « tout ce qu'il y avait de grand et de considérable » à Versailles s'y mit en huit jours, à l'exemple des princes du sang, et vida les boutiques parisiennes de « terre vernie »; mais les courtisans, en obéissant au mot d'ordre parti d'en haut, affectaient de jouer au seigneur ruiné. Ils regardaient comme une déchéance les services de Rouen, même décorés de leurs armes. « M. le Premier Président, écrit la duchesse de Ventadour, est venu dîner chez moi et m'a trouvée en faïence » ; cette dame travaillait d'ailleurs à se faire rendre sous mains le montant de son argenterie, qu'elle avait donnée ostensiblement.

L'industrie de l'ancienne faïence, qui florissait dans les centres renommés de Nevers, Strasbourg, Rouen ou Marseille, a totalement disparu au xix⁰ siècle, remplacée par une industrie nouvelle qui n'a de commun avec elle que *le nom*. Les patrons, fidèles à des méthodes vieillies qu'ils se refusaient à changer, durent fermer peu à peu leurs fabriques. A Rouen, on comptait 18 faïenciers en 1786 ; à la fin du Premier Empire, il n'en restait plus. A la belle époque de Delf (1650), il s'y trouvait 43 manufactures occupant 10.000 ouvriers ; en 1764 il y en avait encore 29 ; en 1794 il n'en subsistait plus que 10. Il n'y en a qu'une aujourd'hui et l'on y fait... de la « faïence fine ».

Celle-ci, qui de l'ancienne n'a rien conservé, ni la substance, ni la « couverte », est d'une tout autre solidité. C'est la seule à peu près qui se fabrique dans les usines modernes de Gien, Sarreguemines. Lunéville, Longwy ou Choisy-le-Roi. Blanche comme la porcelaine, comme elle composée de kaolin, de sable et de feldspath et vitrifiée parfois comme elle, la faïence fine ne s'en distingue que par une certaine proportion d'argile champenoise ou étrangère qui s'oppose à la transparence.

Très supérieure à l'usage, cette faïence coûte dix fois moins cher que celle d'il y a cent cinquante ans. On est parvenu à établir de jolis services à 25 francs et la douzaine d'assiettes blanches communes, que l'on cotait 3 francs en gros, il y a un tiers de siècle, est maintenant cédée pour 1 fr. 25.

La même révolution s'est produite dans la porcelaine : lorsque, vers les dernières années du règne de Louis XIV, où, pour imiter la pâte de Chine, que les Hollandais importaient en France, Chicoineau avait fondé la manufacture de Saint-Cloud, la « pâte tendre », dont il était l'inventeur, constituait un luxe plus onéreux que l'argenterie : six tasses avec leurs soucoupes se vendaient 120 francs et un service à thé 1.400 francs. Ces chiffres élevés ne tenaient pas au prix de la matière, — quoique la pâte, d'une cuisine fort compliquée, revînt à 5 francs le kilo au xviii<sup>e</sup> siècle, tandis que la pâte actuelle de l'industrie vaut 0 fr. 12 ; — mais cette « porcelaine de verre » était au premier chef anti-industrielle, peu plastique et très pénible à façonner, surtout d'une cuisson pleine de hasards. A l'ancien Sèvres, commandité par le Roi et par M^me de Pompadour, qui espérait faire une bonne affaire, il fallait briser à la sortie du four les trois quarts des pièces. Un quart, un tiers au plus n'étaient pas endommagés. L'usage du kaolin, depuis 1769, et la création d'ateliers concurrents n'abaissèrent pas assez le prix des porcelaines pour qu'elles pussent franchir le seuil des foyers modestes.

Ce progrès s'est réalisé depuis quarante ans par une série de découvertes dues à la physique, à la chimie, à la science de l'ingénieur qui ont radicalement transformé l'industrie céramique. Il en est résulté un accroissement énorme de la production; elle a doublé de 1880 à 1890 et triplé de 1890 à 1910. Cependant, évaluée en argent, la fabrication accuse une hausse peu importante; c'est que chaque objet a singulièrement baissé de prix : à Limoges, qui compte 40 manufactures, dont une seule livre par jour 20.000 assiettes, le même service de 12 couverts en porcelaine fine décorée de fleurs, qui valait 300 francs en 1870 et 120 francs il y a vingt ans, coûte aujourd'hui 60 francs. Porcelaine ou faïence, si l'humanité est toujours soumise par la loi de nature à manger son pain à la sueur de son front, elle peut désormais manger dans une assiette propre.

Il n'en allait pas ainsi autrefois : les écuelles du peuple étaient en bois, ainsi que ses cuillers et ses gobelets; la domesticité n'en avait pas d'autres chez les princes. A la réception de Philippe de Valois par le duc de Bourgogne, il est acheté 20.000 écuelles de bois pour la suite; sans doute les maisons royales en avaient-elles à profusion. Mais comme cette vaisselle de bois coûtait aussi cher qu'aujourd'hui la faïence blanche ordinaire — 0 fr. 15 environ, — les paysans, les ouvriers n'avaient pas le moyen de renouveler souvent ce matériel aux graillons tenaces, assez dégoûtant à l'user.

Argent, étain ou bois, ces trois types nettement tranchés du service de table de jadis, ont également disparu. L'ennui d'un travail constant, assez parfait et assez bien dissimulé pour que les ingrédients et les outils qu'il exige ne communiquent aucun mauvais goût au métal, a détrôné les assiettes d'argent au profit de la porcelaine, chez les riches — sauf dans les diners de cérémonie — et, pour les mêmes motifs, l'étain a été abandonné par la classe bourgeoise, devenue plus raffinée. En effet, quoique les seigneurs cossus eussent des argentiers, ceux-ci n'avaient pas le loisir de se livrer, dans l'intervalle des repas, à ce brunissage laborieux à la pierre, faute duquel l'assiette d'argent, livide et mal débarbouillée, rayée en tous sens et balafrée par les traces du couteau, devient une somptuosité assez malpropre.

Certes il subsiste encore, quant à la valeur vénale et au mérite artistique, autant de distance dans notre république, entre certaines pièces conservées du vieux Sèvres et le biscuit blanc de nos faïenciers, qu'il pouvait y en avoir entre le « bassin » de vermeil d'une princesse du Moyen Age et l'écuelle de bois du vilain. Mais ces porcelaines si rares, et si chères lorsqu'elles sont authentiques, ceux-là même qui les possèdent n'oseraient s'en servir pour boire ou pour manger. Ce sont des objets de vitrine dont le rôle actif est terminé. Pratiquement, les Français du xx<sup>e</sup> siècle mangent tous dans des assiettes à peu près pareilles de matière et d'aspect. Leur émail procure au prolétaire une jouissance positive de confortable, tandis que les privilégiés n'ont plus à cet égard qu'un agrément assez artificiel de vanité.

Nulle part ce phénomène n'est plus sensible que

dans la verrerie. Non seulement le verre était connu
de toute antiquité, non seulement les artistes de la
Rome impériale le maniaient avec une souplesse
merveilleuse, témoin le célèbre vase de Portland ou
la coupe de Novare, faite de deux pâtes engagées
l'une dans l'autre, mais certains procédés du temps
passé font le désespoir de nos maîtres actuels.
Byzance et les Vénitiens avaient importé chez nous
des produits aux formes sveltes, où l'or se mariait
aux fleurs, aux médaillons, aux arabesques; à leur
imitation, des verriers de Montpellier et de Saint-
Germain fabriquaient, dès la Renaissance, des
pièces charmantes, dignes de rivaliser avec ces modèles; pourtant la majorité des Français sous
Louis XIV n'avaient encore ni verres à boire, ni
bouteilles, ni miroirs, ni même des vitres. Paris possédait, à la fin du xvii<sup>e</sup> siècle, une corporation de
*chassissiers* qui garnissaient les fenêtres de carreaux
en papier.

Les nations voisines n'étaient pas mieux pourvues
que nous et sans doute quelques-unes l'étaient
moins. Un Anglais, de passage à Boulogne en 1763,
note avec éloge que « le Français ne boit pas à une
coupe où peut-être douze sales bouches ont bu
avant lui, *comme c'est la coutume en Angleterre*;
chacun a son propre gobelet qu'il remplit à son gré
de vin et d'eau... » Le dîner auquel il est fait ici allusion était donné par un bourgeois aisé, on y passait à la fin du repas des rince-bouche. Dès longtemps la communauté des verres était mal vue dans
un certain monde; « je ne bois pas volontiers en
verre commun », disait Montaigne. Mais parmi le
peuple, on n'avait de verres que lorsqu'on servait du
vin; pour l'eau chacun buvait à même la cruche
posée à l'extrémité de la table.

Jusqu'à Louis XVI les seuls gobelets répandus étaient d'une pâte verte, opaque et grossière, semblable à celle de nos bouteilles d'aujourd'hui; vers 1782 on parvint à les établir en verre blanc pour le même prix. Ce n'étaient pourtant pas les « manufactures » qui manquaient; la France d'il y a deux et trois cents ans en comptait peut-être plus que la France actuelle; la Normandie seule avait une douzaine de verreries. Ce ne devait pas être la matière première, sable ou chaux, qui faisait défaut; seule la soude, qui entre pour un quart dans la composition et que l'on tirait jadis des cendres des plantes marines, était beaucoup plus coûteuse.

Mais ces verriers, qui savaient faire des coupes de formes multiples, les orner d'oiseaux et de fleurs, les poser sur des piliers en lacs d'amour, n'étaient pas parvenus à établir *à prix abordable* de simples gobelets en verre blanc. Le gobelet de bois, au Moyen Age, variait de 0 fr. 15 à 0 fr. 70. Le « godet » de verre se payait de 1 fr. 20 jusqu'à 0 fr. 30. Celui-ci devait être bien médiocre et peu engageant pour n'avoir pu se faire préférer, par les classes bourgeoises, au fer-blanc ou à l'étain. Lorsque apparut, au commencement du XVII<sup>e</sup> siècle le « cristal raffiné », j'ignore s'il se composait comme aujourd'hui d'un tiers d'oxyde de plomb (minium) ou d'autres substances; mais je vois que le verre de cristal valait près de 3 francs; il ne pouvait donc être de vente courante.

Les bouteilles étaient aussi un article de luxe. Celles de verre semblent inconnues jusqu'à la fin du XIV<sup>e</sup> siècle; il s'en fait pour les riches en argent ou en ivoire, et plus modestement en diverses peaux, comme les outres antiques : 5 à 6 francs étaient le prix d'une bouteille d'encre en cuir (1384). A cette époque, les bouteilles de verre, destinées au vin, se vendaient 10 francs ; elles ne valaient plus que 2 à 3 francs au milieu du xv<sup>e</sup> siècle et 0 fr. 60 au début du xvII<sup>e</sup>; mais elles demeurèrent à ce chiffre jusque vers la fin de l'ancien régime. Sous la Restauration, les bouteilles et les verres communs valaient encore trois fois plus cher que de nos jours.

Ce qui caractérise notre xx<sup>e</sup> siècle, ce n'est pas l'apparat ou l'élégance du service ; nous avons même renoncé à des complications qui ravissaient nos aïeux. Nous ne plaçons plus sur la table, comme au Moyen Age, des fontaines d'argent d'où le vin sortait par la gueule de lions et de léopards ; nous ne cachons plus sous les buffets des hommes chargés de remplir les tuyaux de statuettes truquées : femmes de métal dont les mamelles versaient de l'hypocras, fleurs de lis d'où le lait jaillissait à flots et petits enfants pissant de l'eau de rose. Cependant nos artistes contemporains ne le cèdent en rien aux verriers de jadis et peut-être un Emile Gallé les surpasse-t-il dans les irrisations, les métallisations, les flambages, la jaspure, dans un talent de ravir au profit du cristal les coloris des matières précieuses translucides, de lui attribuer la parure des élytres de certains scarabées. Nous fabriquons encore des verres à 125 francs et des carafes à 400 francs la pièce ; mais ce que nous avons et ce que nos ancêtres n'ont pas connu, ce sont des verreries qui font la carafe moulée à 0 fr. 25 la pièce et des verres à pied, « à jambe tirée », dont le prix descend à 7 centimes et demi.

Pourtant les verriers actuels sont mieux payés que leurs devanciers ; les salaires, depuis trente ans, ont encore augmenté de 60 °/₀. Le travail est moins long et moins rude, mais le matériel, depuis les fours de fusion de la pâte jusqu'aux innombrables

machines qui la mettent en œuvre, s'est complètement transformé. Au lieu de 500.000 francs de combustible, représenté par 20.000 tonnes de houille
que dépense annuellement telle usine modèle comme
Baccarat, s'il lui fallait travailler avec les appareils
anciens chauffés au bois, 90.000 hectares de surface
forestière suffiraient à peine à l'entretenir.

La production s'est accrue dans une mesure beaucoup plus large que le chiffre d'affaires ne semble
l'indiquer. Une seule manufacture, à Rive-de-Gier
(Loire), fabrique 40 millions de bouteilles par an, et
si, dans l'industrie de la cristallerie, Baccarat a
passé depuis quatre-vingts ans de 800.000 francs à
8 millions de ventes annuelles, il n'en faudrait pas
conclure que la somme de marchandises livrées à la
circulation a seulement décuplé; elle est vingt-
cinq ou trente fois plus grande, parce que dans ce
même laps de temps le prix moyen de chaque objet
s'est constamment abaissé.

# CHAPITRE IV

## La cuisine moderne. — Ses variations.

Variations de la cuisine suivant les goûts depuis 700 ans. —
Le « potage à la ci-devant Condé » sous la Terreur. — Cuisine fortement aromatisée du Moyen Age. — Abus des
épices et leur prix excessif. — « Cher comme poivre », de 30
à 50 francs le kilo. — C'est un goût de riche; 711 francs
d'épices pour 1.160 francs de viande. — Les ragouts épicés
bannis de la gastronomie du xvii<sup>e</sup> siècle. — Sous Louis XV
on risque encore sa vie pour exporter des plants de muscade. — La cherté du sel créée par voie coercitive : les
gabelles; le soi-disant « faux-sel ». — Les Français, jadis,
ne mettaient pas d'huile dans leur salade. — Anciennes
huiles locales, rares et sujettes à rancir, remplacées par la
multiplication des olives et par l'invention de l'huile comestible de coton. — Vinaigre d'alcool remplaçant les mauvais
verjus. — Le sucre, aliment nouveau, les confiseries et
confitures mises à la portée des classes laborieuses. —
Ce qui a changé c'est la *quantité* et non le *prix* des
dépenses; c'est le *train* et non pas le *coût* de la vie.
— Erreurs enracinées dans l'opinion par le budget tout
fantaisiste, tiré d'une lettre de M<sup>me</sup> de Maintenon; il en coûtait beaucoup plus cher pour vivre sous Louis XIV qu'aujourd'hui, à parité de jouissances. — D'Aubigné avait
122.000 francs de rente. — Le prix de la table chez les
grands seigneurs; Candale, Pont-Courlay, Ribeaupierre,
comte de Montbéliard, duc de Savoie. — Affinement des
goûts. — Importance relative de la table suivant les budgets. — Le rôle de la nourriture s'amoindrit chez le seigneur
et le bourgeois avec les siècles. — La table du riche a

changé de *prix*, celle du peuple a changé de *nature*. — Variations depuis 120 ans des *substances* et des *procédés* dont usent les Français pour s'habiller, se meubler, s'éclairer, se chauffer, voyager, etc. — Comment la foule recueille nécessairement le bénéfice des créations nouvelles.

Depuis sept cents ans les goûts ont varié et la cuisine a suivi les évolutions du goût ; cela n'offre qu'un intérêt anecdotique et il n'est d'aucune conséquence sociale que nos pères, au xv<sup>e</sup> siècle, aient aimé les œufs à l'eau de rose, les tartes au cochon de lait, les tripettes au safran ou le poisson au lait d'amande, et que nous ne les aimions plus. L'institution du pâté n'est plus assise peut-être sur des fondements aussi larges et rassurants qu'au temps où elle comptait 42 variétés distinctes, et nous ne nous piquons plus de faire des pâtés assez vastes pour renfermer sous une seule croûte toute une basse-cour.

Nous avons perdu le secret des 17 sauces énumérées par Taillevent, le maître queux de Charles VI (1394), et celles même dont la composition nous est connue, comme la « sauce à l'eau bénite », faite d'eau de rose, de verjus, de gingembre et de marjolaine, ne nous tenterait peut-être pas. D'autres sauces, d'autres mets, qui les ont remplacés à des dates postérieures ont pareillement disparu sans laisser de trace : la politique fut étrangère à ces événements. La Révolution de 1789 avait pu modifier la structure de la société française, elle n'avait pas changé les noms des ragoûts et, sous la Terreur ou le Directoire, on demandait dans les restaurants du Palais-Royal un « potage à la ci-devant Reine » ou « à la ci-devant Condé ».

Nous pouvons noter d'ailleurs que, lorsqu'on parle

de la passion du Moyen Age pour la cuisine fortement pimentée et aromatisée, cela ne doit s'entendre
que d'une élite assez fortunée pour s'offrir le luxe
des épices, venues à grands frais de cet Orient mys-
térieux, « séjour des fées », qui produisait le poivre,
la cannelle, la muscade, la girofle et le safran. Le
prix de ces condiments et la profusion incroyable
avec laquelle on en usait dans toutes sortes de plats,
de boissons et de confiseries, eût suffi à établir une
démarcation profonde entre la table des riches et
celle du peuple.

« Cher comme poivre », disait le proverbe ; le
poivre était l'objet des tributs féodaux, levés parti-
culièrement sur les Juifs à raison d'un kilo par
maison ; aussi, pour donner idée de l'opulence
inouïe d'un comte de Limoges, l'on contait que
chez lui le poivre était amoncelé en tas énormes,
« comme du gland pour les porcs », et que l'échan-
son y puisait pour les sauces par pelletées entières.
Le poivre, qui ne se vend aujourd'hui, malgré le droit
de douane de 2 francs, que 4 à 6 francs le kilo au
détail, coûtait du x111e au xvi* siècle de 30 à 50 francs
de notre monnaie.

C'était la meilleur marché de toutes les épices.
La cannelle ou le gingembre de 40 à 80 francs le
kilo, les clous de. girofle ou la muscade de 60 à
160 francs, valaient *dix fois plus cher* que de nos
jours et le kilo de safran se payait de 250 à 500 francs[1].
Comme on en mettait beaucoup et partout les
épices qui, dans le budget culinaire d'un bourgeois
de 1913, ne tiennent qu'une place inappréciable,
étaient l'un des gros chapitres de la table des pri-

1. Ces chiffres sont tous exprimés en monnaie de nos jours
suivant la règle constante de l'auteur. (Voir la note de la page 18.)

vilégiés. Montaigne nous parle d'un roi de Tunis « dont les cuisiniers farcissaient la viande avec des drogues odoriférantes de telle somptuosité, qu'un paon et deux faisans se trouvèrent revenir », sur ses comptes, à plus de 2.000 francs actuels; et, « quand on les dépeçait, non la salle seulement mais toutes les salles de son palais étaient remplies, d'une très suave vapeur ». Il y a là quelque exagération sans doute; mais dans un grand banquet offert en 1514 par le sire de la Trémoille, à côté des viandes qui montent ensemble à 1.160 francs, les épices figurent pour 711 francs.

Encore la plus précieuse d'entre elles, le safran, n'entre-t-il que pour 62 grammes dans cette fourniture où la cannelle dominait. Au xviiᵉ siècle, bien que, dans *le Joueur* de Regnard, un « docteur en soupers » porte ses épices sur lui,

> Ayant cuisine en poche et poivre concassé,

les ragoûts épicés furent bannis du monde gastronomique, en France du moins, et ce qui eût passé cent ans avant pour *un éloge* devenait *une raillerie* sous la plume de Boileau, lorsqu'il faisait dire par l'amphitryon du *Repas ridicule :* « Aimez-vous la muscade? on en a mis partout! » D'autres pays demeurèrent fidèles à l'ancienne mode; de ce nombre était l'Allemagne au temps du Grand Frédéric, qui affectionnait la cuisine incendiaire et se formalisait si ses convives n'en mangeaient pas.

Les épices qui représentaient un très fort chiffre d'affaires, inlassablement disputé par plusieurs corps d'État au temps où une livre de muscade coûtait plus cher qu'un cheval de labour, demeurèrent, quant à l'importation en Europe jusqu'à la fin du règne de Louis XV, un monopole jalousement

gardé par les Hollandais. On ne versait plus de
sang pour conquérir du poivre, comme à l'époque
de la découverte du Cap, mais on risquait encore
sa vie pour exporter des plants de muscades. L'intendant de l'Ile-de-France envoya aux Moluques
en 1769 une corvette de guerre; elle s'empara de
quelques centaines de pieds de muscadiers et de
girofliers qui périrent presque tous. Deux ans après,
il recommença avec deux vaisseaux; les Hollandais
armèrent de leur côté pour se défendre, mais trop
tard et les deux navires revinrent chargés d'un
butin pacifique d'arbustes arrachés à Ceylan et au
Malabar. Plantés dans le jardin royal de l'île, ils
donnèrent des muscades françaises, expédiées à la
Cour en 1779, dont une fut présentée solennellement
à Louis XVI.

Si la baisse moderne des épices n'offre guère
d'intérêt aujourd'hui où riches et pauvres n'en
usent guère, il n'en est pas de même du mouvement des prix d'autres substances, telles que le sel,
le sucre, l'huile ou le vinaigre. Nous devons à leur
vulgarisation la « cuisine unifiée », uniformisée, dont
se nourrissent nos contemporains. C'est la bonne
révolution, *créatrice et extensive*, gratifiant la foule
des biens qu'un petit groupe seul possédait. La
révolution contraire, *compressive et suppressive*, qui
s'efforcerait d'anéantir les biens, apanage de quelques-uns, faute de pouvoir les donner à tous, aurait,
en admettant qu'elle fût praticable, le grave défaut
d'être inconfortable pour la masse. Le but à atteindre est donc d'augmenter la somme des jouissances
que le travailleur peut se procurer avec le prix de sa
journée. Et par quels moyens, sous quelles influences
peuvent être accrues ces jouissances?

Nullement par l'élévation artificielle des salaires

*monnayés*. Prît-on soin de tarifer les marchandises par des lois de maximum, à l'exemple des rois du Moyen Age ou des assemblées de la Révolution, ce serait *comme si l'on pensait élever la température en chauffant le thermomètre*. Les choses rares seront toujours chères, les choses produites en petite quantité seront toujours rares, les prix ne sont qu'un thermomètre et, tant qu'on ne peut décréter l'abondance, qui est la « cause », il est bouffon de prétendre décréter le bon marché, qui est « l'effet ».

Par voie réglementaire et coercitive, on peut toutefois *créer la cherté* : c'est le résultat qu'avait obtenu l'ancien régime avec l'impôt des gabelles. Nous avons encore des « gabelles » en 1913, puisque, sur les 45 millions de francs par an que déboursent les Français pour leur sel, 33 millions entrent dans les caisses de l'Etat. Mais les Français du temps de Richelieu, — quoique deux fois et demi moins nombreux, — payaient 130 millions de francs. Cette charge, qui serait peu de chose pour les citoyens de notre République, — le chocolat seul leur coûte davantage, — était, pour les sujets du xvii⁰ siècle, d'autant plus rude qu'elle était inégale : plusieurs millions d'entre eux devaient payer le sel 3 fr. le kilo, — on sait qu'il vaut aujourd'hui 0,20 à 0,25 centimes au détail ; — certaines provinces étaient absolument affranchies de l'impôt ; d'autres en étaient partiellement exemptes, de sorte que le prix du sel variait du simple au quintuple, à quelques lieues de distance.

Cet état de choses subsista jusqu'à la fin de la monarchie : sous Louis XVI, le sel qui, au sortir des marais de Saintonge ou des mines de Franche-Comté, avait une valeur marchande de 4 à 6 centimes le kilo, se vendait 0,26 centimes à Boulogne-sur-Mer, 0,60 centimes en Alsace, 0,90 centimes en

Lorraine, 1 fr. 80 en Bourgogne et plus de 3 francs à Paris, dans toute l'Ile-de-France, la Haute-Normandie, l'Orléanais, le Berry, l'Anjou et, en général, dans les pays dits de « greniers d'impôts »; ici, les habitants, contraints de prendre tous les ans une certaine quantité de sel, taxée par le fisc à proportion de leur famille, étaient au régime de la consommation obligatoire et n'avaient pas le droit d'économiser outre mesure ce précieux condiment.

La recherche du faux-sel entraînait une inquisition vexatoire chez les contribuables, exposés, pour quelques centaines de grammes de sel non estampillé dont ils se trouvaient détenteurs, à une amende minimum de 600 francs. La fraude prenait des allures de bataille, mettant aux prises des bandes de 50 *faulx-saulniers* en armes avec des compagnies régulières d'infanterie, et le sel qui, au temps de Necker, rapportait au Trésor 120 millions de francs et en coûtait 160 au peuple, demeurait l'une des colonnes des finances françaises. Les plaintes, depuis si longtemps provoquées par cet édifice odieux de l'ancienne gabelle, n'avaient pu la condamner encore à disparaître.

Elle disparut pourtant, mais il y fallut une et même deux Révolutions; car les gouvernements postérieurs à 1789 avaient persisté à grever le sel (cette marchandise de 2 francs le quintal) d'un impôt de 30 francs, réduit en 1849 à 10 francs. Pour le journalier d'autrefois, le prix actuel eût été un bienfait notable. Ce bienfait alimentaire est le seul qui soit dû à « la Politique », dont l'intervention ici fut efficace, parce que le sel avait été précédemment majoré, par la Politique elle-même, à cinquante fois sa valeur. C'était une *prohibition qui cessait;* ce n'était pas une *richesse qui se créait.* L'Etat ne saurait en créer aucune par voie législative; ce n'était pas lui qui pouvait inventer le vinaigre d'alcool, l'huile de coton et le sucre de betterave.

Ne pas mettre d'huile dans la salade semblerait bizarre aujourd'hui; pourtant, la majorité des Français n'en ont jamais mis pendant des siècles. Les Danois, au dire de notre ambassadeur Deshayes de Courmenin, en 1630, décoraient leurs salades de trois grains de sucre; on se contentait chez nous de sel et de gousses aromatiques avec du verjus de petit vin, de cidre ou d'oseille. Il se faisait aussi des vinaigres de chicorée et de sureau. Le vinaigre de vin, suffisamment alcoolique, se payait le même prix au moins que de nos jours; mais aujourd'hui le vinaigre de vin ne représente qu'un dixième de la consommation. Les neuf autres dixièmes, — 550.000 hectolitres environ, — sont des vinaigres d'alcool, très économiques et parfaitement sains.

Les oliviers, comme les vignes, étaient au Moyen Age infiniment moins nombreux dans nos départements du Midi qu'ils ne le sont présentement. Il s'expédiait des huiles de Provence à Paris, mais fort peu; elles revenaient trop cher. Quoique les transports eussent augmenté au xviii° siècle, les bonnes qualités se payaient dans le Nord jusqu'à 6 francs le kilo et moitié plus en général que les produits authentiques de notre époque. Aussi les épiciers ne se faisaient-ils pas faute de les falsifier avec des huiles d'œillette ou de pavot, bien que cette dernière fût proscrite, sous peine d'amende, comme « narcotique et pernicieuse ». Du reste, beaucoup des anciennes huiles d'olive, mal épurées, mal raffinées, n'étaient nullement comestibles, les Méridionaux les employaient à l'éclairage; elles rancissaient aussi vite que les huiles de noix ou de navette.

La production de l'huile d'olive a pris en France une extension considérable; nous importons en outre un fort contingent d'Italie et d'Algérie; mais, si la consommation de l'huile a décuplé depuis cinquante ans dans notre pays, nous le devons surtout à l'huile issue de la graine de coton, dont la saveur se distingue à peine de l'huile d'olive, maintenant surtout que le consommateur supporte rarement le goût spécial du fruit. Comme cette « huile blanche » coûte au plus 1 fr. 40 le kilo, tout le monde peut en mettre dans la salade. C'est une solution parcellaire de la « question sociale ».

L'accession de tous aux gâteaux et aux confitures en est une autre. Le législateur eût en vain nationalisé les usines et les outils, aboli la propriété individuelle, voire la monnaie, tout cela n'eût pas doté le prolétaire d'un seul kilo de cassonade supplémentaire, si la science et l'industrie n'eussent inventé le sucre de betterave et transformé la fabrication du sucre de canne.

Sous les noms de « sucre de Babylone » ou « de Damas », de *caffetino* ou de sucre musqué, cette denrée précieuse se vendait en moyenne 30 francs le kilo du xmᵉ au xvᵉ siècle. Elle nous venait de Madère ou des îles de la Méditerranée, de Constantinople ou des Indes, par l'Égypte, après plusieurs transbordements et maints détours; le centre de la France se fournissait à Genève. Le sucre blanc pour les tartelettes, prodigalité que le poète Eustache Deschamps reproche aux femmes d'introduire dans les ménages, était un insigne d'opulence et, si l'on ne passait le « drageoir » d'argent, à la fin des grands dîners, qu'aux personnages les plus qualifiés, c'est que les dragées, à 30 ou 40 francs le kilo suivant leur finesse, étaient une friandise assez précieuse. Il en allait de même du pignolat, du *manu-christi*, de la pâte de roi et de tous les bonbons que nos épiciers prodiguent pour quelques sous aujour-d'hui, dans les plus humbles hameaux, et que l'apo-thicaire dosait jadis solennellement pour quelques tables privilégiées.

Le pharmacien était, comme on sait, jusqu'au xviiᵉ siècle, l'unique détaillant du sucre, l'une des meilleures branches de son commerce. L'on disait, en manière de proverbe, de celui à qui il manquait une chose essentielle — tel un chancelier privé des sceaux — qu'il ressémblait « à un apothicaire sans sucre ». Quoiqu'il eût baissé au xviᵉ siècle à 10 francs le kilo et, depuis l'exploitation des Antilles au xviiᵉ siècle, à 6 et 5 francs, prix auquel il se maintint jusqu'à la fin de l'ancien régime, le sucre, devenu dans la bourgeoisie aisée objet de dépense courante bien qu'onéreuse, demeurait inabordable pour les classes laborieuses : « Grâce à Dieu, écri-vait un fonctionnaire de Louis XV, le peuple des campagnes ne tombe pas dans la mollesse; le sucre reste chez le pharmacien, les plus riches fermiers en ont seuls quelque peu bien serré dans leur armoire. »

Il existait entre la cassonade ou *moscouade*, géné-ralement employée, et le sucre raffiné un grand écart de prix et peut-être de qualité. Soit que les sucres bruts d'autrefois titrassent moins de degrés, soit qu'on les traitât moins bien, toujours est-il que de 100 kilos de cassonade l'on ne tirait que 67 kilos de raffiné. Cette question du raffinage fournit, depuis Henri IV jusqu'à Louis XVI, la matière de copieux rapports administratifs; elle fut l'objet de contentions perpétuelles entre la France et la Hol-lande, puis entre nos colonies d'Amérique et la mère patrie et, à l'intérieur, entre diverses villes, telles que Rouen, Orléans ou La Rochelle qui se disputaient âprement le monopole.

Les premiers « affineurs », sujets de « Messeigneurs les Etats » des Provinces-Unies, qui avaient « dressé des instruments » sur divers points de notre littoral, non sans exciter, en leur qualité de huguenots, les défiances du gouvernement de Louis XIII, furent concurrencés plus tard avec succès par la Guadeloupe et Saint-Domingue. Au lieu de « se contenter, dit un mémoire virulent de 1685, de cultiver le sucre que la France leur fait la grâce d'aller prendre dans leurs plantations mêmes », ces îles eurent l'audace « de nous vouloir bailler lesdits sucres tout raffinés ». On leur prédisait qu'en agissant ainsi elles réduiraient le fret de retour des navires, « qui vont leur porter du blé, du vin, des chairs salées, etc., et qui, découragés de faire cette traversée, « laisseraient ces gens, *à l'autre bout du monde* exposés à la disette et au manque de toutes choses ».

Il paraît que ces sinistres perspectives n'empêchèrent pas les Antilles de persister dans une industrie, sans doute bien modeste, car la cassonade l'emportait de beaucoup dans l'usage sur le sucre en pain. Quoique le miel, dont on s'était servi au Moyen Age en guise de sucre, eût baissé de prix depuis les temps modernes jusqu'à ne plus valoir que 2 fr. 50 le kilo sous Louis XVI — aujourd'hui 0 fr. 75 — il était totalement dédaigné au xviiie siècle. Malgré la préférence accordée au sucre pour ses qualités propres et sa supériorité saccharimétrique, la consommation française de 1779 n'était que de 380.000 quintaux; en 1831 elle avait à peine doublé — 749.000 quintaux. — Elle est, aujourd'hui, de 6 millions et demi de quintaux, soit de 16 kilos par tête.

C'est peu au regard des 40 kilos de l'Angleterre; c'est beaucoup par rapport aux 2 kilos de la France d'il y a quatre-vingts ans. Brillat-Savarin nous cite le mot d'un ami qui disait, au temps du blocus continental, lorsque le sucre était à 10 francs le kilo : « Si jamais il revient à 3 francs, je ne boirai jamais d'eau qu'elle ne soit sucrée ». En 1826, le sucre valait 2 fr. 50 à 3 fr. 20 le kilo, et, en 1840, à Paris, une livre de petits-fours se payait 4 francs.

J'emprunte ce chiffre aux comptes d'une famille de médecin aisé qui habitait dans le quartier de la Bourse et dépensait à cette époque une quinzaine de mille francs par an. En parcourant ces registres vieux de soixante-dix ans et promus déjà au rang de documents historiques, on est frappé de ce fait qu'au milieu du règne de Louis-Philippe le plus grand nombre des *denrées de luxe* coûtaient aussi cher qu'aujourd'hui et quelques-unes davantage, bien que le franc de 1840 vaille beaucoup plus que le franc de 1913.

Pour les dîners de 15 à 16 couverts qu'il donnait de temps à autre, et qui venaient de chez un marchand de comestibles en renom, ce ménage payait une dinde truffée 35 francs, un homard ou un pâté de foie gras 16 francs, un saumon ou un turbot 36 francs, un filet de bœuf 14 francs, un faisan et 4 pluviers 23 francs. Un « fromage glacé » lui était compté 10 francs, une gelée d'orange 7 francs. De même les vins et liqueurs, le Madère ou le Malaga à 6 francs, le Bordeaux et le Volnay à 4 ou 5 francs, le Champagne à 4 fr. 50, la Chartreuse à 8 francs la bouteille, ne paraissent pas différer des prix actuels.

A beaucoup d'égards, la famille dont il s'agit

vivait alors tout autrement qu'elle ne vivrait en 1913 et nous verrons plus tard, en étudiant les divers chapitres du budget privé, que ce qui a changé surtout, c'est *la quantité* et non pas *le prix* des dépenses ; c'est *le train* et non pas *le coût* de la vie. Au point de vue de la table, qui nous occupe ici, le résultat est plus sensible qu'ailleurs et il l'est davantage pour l'ouvrier que pour le bourgeois, parce que tous deux maintenant mangent de ces confitures que le premier ignorait jadis.

L'un et l'autre sont devenus d'ailleurs plus difficiles ; les petits bourgeois du Paris de 1780, afin d'épargner 10 sous de bois dans la cuisine, envoyaient leur viande aux fours des pâtissiers, à qui ils donnaient 2 sous pour la cuisson ; mais le rôti, souvent brûlé, se refroidissait au coin de la borne où les marmitons insoucieux le déposaient. En remontant le cours des siècles, un examen attentif de l'ordinaire des riches et du peuple démontre que nos pères, pour se nourrir *comme nous*, dépensaient *plus que nous* ; lorsque leur dépense est moindre ou seulement égale à la nôtre, c'est qu'ils mangent peu et mal.

Sans trop multiplier les exemples, je citerai la lettre bien connue où M^me de Maintenon dresse le budget de son frère d'Aubigné. Ce texte a servi maintes fois à démontrer le bon marché de la vie d'autrefois et il en démontre au contraire, *pour peu qu'on le lise avec soin*, la cherté et la rusticité relative. La nourriture journalière d'une maison de 12 personnes, dont 2 maîtres et 10 domestiques, est ici chiffrée à 42 fr. 35 de notre monnaie, — 12 livres 5 sols, — soit 3 fr. 50 par tête, somme qui semblerait au premier abord peu inférieure à ce que dépense en 1913 un ménage parisien de même situation sociale que celui de Charles d'Aubigné.

Mais M^me de Maintenon ne prévoit dans cette somme que le pain, le vin, la viande de boucherie, la volaille et les fruits. Elle ne parle ni du poisson, beaucoup plus cher alors que la viande, ni des légumes, ni du beurre, du lait, des œufs, du fromage, des entremets (gâteaux, confiseries), des liqueurs, de l'épicerie (huile, vinaigre, etc.). Or, la part de tout ce qu'elle passe sous silence représente aujourd'hui la moitié — 50 % — des frais de table dans les familles de la capitale, dont la nourriture revient à 4 francs par tête et par jour. A ne considérer qu'un seul des chapitres omis, l'épicerie, pour n'être pas aussi variée que de nos jours, n'en était pas moins très onéreuse en 1679, lorsque le sel valait 2 fr. 50 le kilo et les autres condiments à proportion. Les d'Aubigné devront borner leur ambition à 125 grammes de sucre pour la compote, — leurs dix domestiques aujourd'hui en mettraient chaque jour trois fois davantage dans leur café, — et M^me d'Aubigné ne prétendra pas avoir du beurre à déjeuner ni des confitures à la collation, prodigalités exorbitantes aux yeux de sa belle-sœur.

Toute distraction au dehors lui est du reste refusée : elle devra « s'amuser dans sa chambre, s'accoutumer à la solitude...; il ne conviendrait point qu'elle fût dans le monde », sans doute parce qu'elle a « un air d'emplâtre ». Quant au mari, il acceptera des dîners partout, « mais ne se piquera point d'honneur d'en rendre ». Cependant, malgré le programme ainsi tracé de rigoureuse économie, ce ménage du XVII^e siècle aurait forcément dépensé, pour se nourrir lui et ses gens, beaucoup plus que ne dépense aujourd'hui un ménage analogue pour vivre dans un confortable très supérieur. Cela tient à ce que plusieurs des articles n'absorbent pas du tout en 1913 la part qui leur était faite en 1679; une partie de ces aliments a baissé de prix, une autre a changé de nature.

Le chiffre global de M<sup>me</sup> de Maintenon est aussi fantaisiste, lorsqu'elle fixe à 41.400 francs — 12.000 livres — le coût annuel d'un train de maison où la table, l'éclairage et le chauffage entrent pour 20.700 francs, la toilette de Madame pour 3.450 francs, autant pour les gages et les livrées, autant pour le loyer et 10.350 francs « pour les habits de Monsieur, l'Opéra et autres dépenses ». Ce terme d' « autres dépenses » se trouve ainsi comprendre en bloc vingt chapitres très importants : voyages, aumônes, éducation des enfants, nourriture des chevaux, entretien des voitures, ameublement, maisons de campagne, etc. Dans un budget du type de celui-ci, ils eussent dépassé de beaucoup la somme qui leur était réservée.

La situation pécuniaire de celui qui allait devenir le beau-frère de Louis XIV n'a d'ailleurs pas de quoi nous inquiéter. La veuve de Scarron, depuis cinq ans marquise et déjà fort à l'aise, annonce son intention d'accroître les crédits insuffisants par des cadeaux ou des subventions en espèces. Elle avait obtenu des fermiers généraux, en favorisant le renouvellement de leur bail, une pension de 61.000 francs pour ce frère chéri, qui tirait un revenu égal du gouvernement de Cognac et de plusieurs autres emplois. Avec ces 122.000 francs de rente, d'Aubigné a pu braver sans peine les calculs erronés de sa sœur; mais l'histoire s'est longtemps abusée en les acceptant les yeux fermés; Voltaire lui-même, dans l'*Homme aux 40 écus*, s'y est laissé prendre.

Aux XVII<sup>e</sup> et XVIII<sup>e</sup> siècles, les grands seigneurs passaient des marchés, de deux à quatre ans, avec des pourvoyeurs qui s'engageaient à leur fournir, en quelque lieu de la France que ce fût, les denrées et marchandises nécessaires. L'un se chargeait de la viande et de la chandelle, l'autre du vin, du bois et du charbon, un troisième des fourrages; il y en avait pour les oranges ou citrons et pour les habits de livrées. Les fournitures étaient payées tous les trois mois. Ce système était commode mais coûteux, bien que les quantités fussent minutieusement calculées et dosées. La maison du duc de Candale (1650), composée de cinquante personnes, revenait en nourriture, chauffage et éclairage à 540 francs par jour, soit près de 11 francs par tête. Pourtant elle ne comportait nul coulage : 600 grammes de pain, un litre et demi de vin par personne n'avaient rien d'excessif.

Lorsque le cardinal de Richelieu, mécontent de son neveu de Pont-Courlay, le général des galères, qui avait excédé ses revenus, prend soin de régler lui-même sa dépense, il prévoit 15.000 francs par mois pour la table, la nourriture des chevaux et l'entretien de la maison (1630). C'eût été, pour les trente personnes auxquelles avait été « borné son train », une dépense journalière de 16 francs par tête dont les vivres feraient bien la moitié. Dans la propre maison du cardinal, les chiffres étaient plus modestes : la cuisine de vingt et un pages et de leurs quinze valets parait coûter, sans le vin ni le dessert, 4 fr. 50 par tête; mais le menu, en général des plus vulgaires, est assez court les jours maigres où l'exiguïté de l'omelette n'est compensée que par « un bon plat de morue ».

En province, à la campagne, lorsque le coût de l'alimentation semble modeste, il faut prendre garde que la cuisine est des plus médiocres : le comte de Ribeaupierre nourrit les hôtes de son domaine d'Alsace, au nombre de quatre-vingt-cinq, maîtres et gens, pour 2 fr. 50 par tête ; seulement la consommation individuelle ne ressort qu'à 250 grammes de viande et l'on usait moins de 3 kilos de beurre par jour pour quatre-vingt-cinq personnes, tandis qu'en 1913 un propriétaire rural en consomme *proportionnellement sept fois plus*, sans excéder d'ailleurs la dépense moyenne du châtelain d'il y a trois siècles.

L'ordinaire est-il plus abondant, comme à Turin chez le duc de Savoie (1698), où les filles d'honneur *avaient droit* à une ration quotidienne de 5 litres et demi de vin par tête que, j'imagine, elles n'étaient pas tenues d'absorber en personne ; la table est-elle plus soignée, comme à Montbéliard (1721), chez le prince de Wurtemberg, propriétaire de ce fief franc-comtois, la nourriture d'une cinquantaine de personnes ressort ici à 4 francs par repas, c'est-à-dire à 8 francs par jour. Les ordonnances de *maximum* de la fin du xvi⁰ siècle fixaient à 7 fr. 80 le prix d'un souper à la table d'hôte des auberges, et le code Michaud (1629) défendait aux entrepreneurs de festins de prendre plus de 15 francs par tête ; ce qui nous permet d'augurer que ces chiffres étaient souvent dépassés, même par les établissements modestes. A Paris, dans les cabarets de luxe fréquentés par la classe élégante, les clients qui voulaient boire de grands crus, être, comme on disait, « servis en rois et faire chère entière », devaient s'attendre à payer leur écot de 40 à 60 francs.

Un magistrat parisien, célibataire, pour s'épargner sans doute le détail d'une cuisine personnelle, s'abonne (1712) avec un entrepreneur à qui il paie pension. Cette « pension » ne comprend ni le vin, ni la viande comptée à part chez le rôtisseur, ni le sucre, le café, le chocolat ou les gâteaux, réglés directement à un pâtissier; elle ne comporte par conséquent qu'une partie de l'alimentation du maître, — dont les deux domestiques, un laquais et un cocher, s'entretiennent à forfait. — Son chiffre est néanmoins de 5 fr. 50 par jour; chiffre assez normal, puisqu'un personnage de moindre état, le secrétaire du duc de la Trémoille, a 6 francs par jour pour sa nourriture.

Au cours des siècles, la place tenue par chaque sorte d'aliment dans le budget domestique a varié, suivant son abondance et son prix, comme elle varie aujourd'hui sur l'échelle sociale, selon le degré d'aisance ou de richesse. Du Moyen Age au xviiie siècle les goûts s'étaient affinés : les gros menus d'un Dauphin de Viennois en 1350, ses entrées de « lard salé à la purée de fèves » suivies de « bonnes tripes cuites à l'eau » eussent paru bien peu délicates à un financier du temps de Louis XV qui avait tâté de la *garbure* ou du sanglier à la crapaudine, et dont l'appétit n'était excité que si l'œil était intrigué d'abord du contenu des plats qu'on lui présentait. Le « boichet », la nonnette de Dijon, n'était plus la friandise princière qu'elle avait été à la table de Jean sans Peur, où l'on n'en passait pas au menu fretin. Depuis quelques années avait disparu des salons l'« oublieux », le marchand ambulant de « plaisirs » ou d'échaudés, qu'au xviie siècle encore on hélait le soir à son passage et que l'on faisait monter pour régaler la compagnie.

Mais chez les bourgeois, dans un repas de corps de marchands ou de médecins, en province, le dessert consistait encore à servir à « chacun son biscuit » de 0 fr. 15 et « de même son pain d'épice » de semblable valeur. Quant au peuple, des choux à l'eau et au sel lui paraissaient un mets très suffisant. Indifférente à la *qualité* et, depuis le renchérissement des vivres au xvi° siècle, privée de la *quantité*, la masse de la nation ignorait les progrès d'une cuisine privilégiée dont les éléments premiers étaient inaccessibles à sa bourse.

Or, le même phénomène s'est produit dans tous les chapitres du budget populaire : si le travailleur avait vu seulement son salaire augmenter deux fois plus que le prix de ses anciennes consommations, il en pourrait consommer le double et ce serait déjà quelque chose. Mais on pourrait soutenir que la distance est toujours la même entre lui et les privilégiés de la fortune, que cette distance même a grandi, puisque les fortunes contemporaines ont triplé, quadruplé, et que les richissimes actuels sont six ou huit fois plus riches que ceux d'autrefois. Et l'on aurait beau dire que ces nouveaux aristocrates d'argent sont des parvenus du travail et de la démocratie, ce fait brutal n'en subsisterait pas moins : qu'eu égard à la somme des besoins satisfaits, l'inégalité irait croissant.

Mais les *substances* et les *procédés* dont usent les Français de 1913 pour s'habiller, se meubler, se chauffer, s'éclairer, voyager ou s'amuser, n'ont pas moins varié depuis cent vingt ans que les procédés et les substances dont ils usent pour se nourrir. De même que le pain, la viande, le poisson, les légumes, l'huile, le vinaigre, le sucre, les fruits, le vin, — sans parler des denrées exclusivement modernes, — consommés aujourd'hui par la masse de la nation, n'ont de commun que *le nom* avec les aliments ainsi désignés en 1789, de même une paire de draps ou de chaussettes, un costume ou un chapeau, des rideaux ou des tapis, des assiettes ou des cuillers, une bougie, une feuille de papier ou une gravure, tout en ayant gardé leur ancien sens, sont devenus, — et par la matière et par la façon, — des objets nullement comparables à ceux qui répondaient jadis aux mêmes besoins.

Peu importe qu'à de nouvelles acquisitions ait correspondu l'introduction dans le langage de *vocables nouveaux* : gaz ou calorifère, chemin de fer ou pétrole, télégraphe ou bicyclette; les *vieux mots* conservés recouvrent *tout autant de découvertes* et de révolutions.

Le succès de ces révolutions et de ces découvertes était nécessairement lié à une consommation intense. Le XIXe siècle ayant, pour produire en grand et pour transporter en masse, évoqué le Génie de la Force et déchaîné le Génie de la Vitesse, ses esclaves-machines l'entraînaient. L'offre énorme ne pouvait être absorbée que par le peuple innombrable ; et ce peuple, ne pouvant l'absorber qu'à très bas prix, la quantité créait le bon marché. Elle n'eût su exister sans lui. Par une conséquence forcée, le nombre, la foule urbaine et rurale, recueillit donc elle-même le plus clair bénéfice de ce gigantesque effort où elle collaborait de son bras.

Cet effort ne porta pas toujours sur des objets indispensables ; il ne fut pas aussi efficace pour toutes les matières, parce que l'on ne peut donner des lois à la Science et lui dire : « Tu créeras de préférence ceci ou cela ». Le progrès a multiplié les étoffes, le linge, le café, les journaux, les fruits secs, le poisson salé, les tapis, la faïence, les couverts de ruolz, les dentelles-imitation ou les voyages circulaires, plus qu'il n'a multiplié les œufs, les gigots, les bottines ou les vastes logis dans les cités surpeuplées.

Cela tient à ce que jusqu'ici la demande de ces derniers articles égale ou même surpasse la production ; car plusieurs, comme les souliers, ont haussé de prix depuis un siècle. Mais rien n'empêche de prévoir que l'élevage, le commerce et l'industrie mondiale, à l'aide d'engrais et de systèmes nouveaux, décuplent ou remplacent les bestiaux et les cuirs. Et si l'on n'a pas encore trouvé le moyen de réduire le coût des matériaux et de la main-d'œuvre pour la confection d'une maison, autant qu'on l'a fait, par exemple, pour la confection d'une chemise, d'une lampe ou d'un morceau de sucre, la création récente de railways électriques aura pour effet d'élargir, d'étirer le sol urbain, en supprimant la distance du centre des villes à leurs banlieues.

Le peuple n'a vu diminuer ou disparaître aucune de ses anciennes dépenses d'agrément, — cela lui eût été difficile, il n'en avait guère. — Quant aux dépenses désagréables, comme les obligations militaires d'acquisitions d'armes, de garde bourgeoise, et, plus tard, de logement des gens de guerre et de tirage à la milice, elles ont été remplacées par notre service obligatoire de trois ans ; fardeau sans doute aussi lourd, mais d'un effet plus utile pour le bon ordre général.

Un certain nombre de marchandises lourdes, encombrantes ou promptes à se gâter, comme le bois, la paille, les fruits, qui ne circulaient pas et se trouvaient parfois à vil prix au lieu de production, ont enchéri, avec les moyens de transport, pour les consommateurs du voisinage. Quoiqu'il subsiste encore, entre les prix de nos diverses provinces, des différences assez sensibles, il y en avait bien davantage aux siècles passés. La vie coûtait plus cher à Lille qu'à Paris sous Louis XIV. L'intendant de La Rochelle affirme qu'en Saintonge, la viande, le vin, le bois, sont infiniment meilleur marché qu'en Bretagne. Pourtant, entre certains prix de la Bretagne et de la Provence, il y avait un écart du simple au double.

Que l'on pût tenir sa maison à Boulogne-sur-Mer pour moitié de ce qu'il en coûte à Londres, comme nous l'apprend un Anglais sous Louis XV, le fait est possible ; mais que, suivant un autre voyageur, les auberges de Metz fissent payer 3 fr. 50 le logement et un bon dîner sous Louis XVI, tandis que, pour un mauvais dîner et une chambre, les aubergistes de Nancy exigeaient 15 francs, voilà qui paraît plus difficile à admettre. Les touristes sont enclins à généraliser et, lorsque le docteur Smollet nous dit qu'à Paris, en 1763, tout est deux fois plus cher que seize ans auparavant, bien que la manière de vivre fût restée la même, nous savons qu'il exagère; la comparaison des prix accuse seulement une hausse de moitié.

A cette époque (1767), les invalides canadiens, rapatriés en France, n'avaient pour vivre que la paie du soldat : 0 fr. 55 par jour, ou 0 fr. 33 avec le pain de munition en nature; pourtant, « ils sont bien portant et ne semblent pas dans le besoin ». Il fallait bien qu'ils vécussent alors avec ces 0 fr. 55 par jour ; certains manœuvres ne gagnaient pas davantage. Mais comment « vivaient-ils » ? Parmi la classe laborieuse d'aujourd'hui il y a vingt manières de « vivre », parce qu'il y a vingt catégories d'ouvriers et de paysans.

# CHAPITRE V

## Le logement. — Vicissitudes des châteaux.

L'étude du logement permet de deviner un peu les âmes de
nos aïeux. — La force, luxe le plus urgent de l'habitation
du Moyen Age. — Dans les châteaux forts les murailles
seules en prennent à leur aise; la place réservée à l'habitation est restreinte. — Prix d'une maçonnerie de remparts,
des travaux d'art et des bâtisses vulgaires. — Dépense pro-
bable de construction du château de Coucy d'après le cube
de ses murailles et la surface bâtie. — Prix respectifs de la
baronnie de Coucy, des comtés de Blois et de Clermont
(Oise) et du duché de Nemours (Seine-et-Marne). — Les
prix variés du mètre superficiel révèlent la différence de
structure des remparts. — Parfois, sur une même position
stratégique, deux forteresses appartiennent à deux familles.
— Manoirs allotis ou indivis entre deux seigneurs. —
Loyers des chaumières. — La généralité des nobles ne possèdent pas de véritables châteaux. — Bicoques façonnées en
gentilhommières. — Poussière de seigneuries. — Il y eut
plus de différence entre le xiiie et le xve siècle, au point de vue
de l'habitation, qu'entre la Renaissance et le siècle de
Louis XIV. — Josselin aux Rohan, La Rochefoucauld,
Biron, Randan, Saint-Germain, Montargis. — Les seigneurs
rasent leurs châteaux gothiques pour rebâtir sur les
anciennes fondations. — D'autres les remanient; ces adaptations absorbent des vies entières. — Les donjons devenus
porches d'honneur; Thouars, aux La Trémoille. — Maisons
de guerre servant de basses-cours et mourant pierre à pierre;
les Ordonnances royales n'y furent pour rien. — Un château
féodal vendu pour 400 francs et deux sacs de noisettes sous

Louis XVI. — Châteaux à louer à petits prix. — L'Absentéisme. — Madrid au Bois de Boulogne, Chambord, Brissac. — Nouvelles distributions. — Mainmise des hommes nouveaux sur les anciennes demeures; elle a été constante depuis sept siècles. — Pourquoi ces changements de maîtres frappent davantage depuis la Renaissance. — Les châteaux seigneuriaux n'ont été maintenus que par la richesse des « partisans ». — « A vendre un joli marquisat », dans les *Petites Affiches.* — Les châteaux étaient des dignités, autant que des propriétés. — Période de la « Magnificence » depuis le XVI<sup>e</sup> siècle. — Les architectes Pierre Lescot, Jean Bullant, Philibert Delorme, Primatice. — Chenonceaux, Ecouen, Anet, Azay-le-Rideau. — Fouquet à Vaux, Choiseul à Chanteloup, Paris-Monmartel à Brunoy. — « Tenir un état », signifier « son rang par sa façade ». — Prix des châteaux du XVII<sup>e</sup> siècle au XVIII<sup>e</sup> siècle. — Vigny, Chaumont, Serrant, Valençay. — Comptes de Gaillon au cardinal d'Amboise. — La passion ostentatoire.


Nous ne savons pas trop si l'âme de nos aïeux fut pareille à la nôtre; il faudra le travail de plusieurs générations pour la dévoiler davantage. L'histoire qu'on nous enseigne ne nous a pas là-dessus appris grand'chose. Pour mesurer l'énergie des hommes qui foulèrent avant nous ce sol de France, nous n'avons pas de dynamomètre ; aucun phonographe n'a enregistré leurs éclats de rire; nous ne pouvons jauger les tonneaux de larmes qu'ils ont répandues, et il n'est point de réactif chimique qui trahira la somme exacte de leurs vertus et de leurs vices.

Il faut nous en tenir au matériel, tourner autour d'eux. Comme la coquille nous révèle l'animal disparu, le bâtiment nous révèle l'habitant, l'idéal de l'homme visible qui mange, marche, se bat ou travaille. Cet idéal crée le milieu ou excite à le transformer ; mais le milieu à son tour influe sur l'idéal de vie, sur ce que l'on prise le plus à chaque époque et sur l'ordre et la nature des distances qui, suivant les époques, séparent les humains. Ce ne sont pas de simples chiffres, de simples rapprochements d'érudition morte, que nous fournit l'étude du logement, du sacrifice que l'on faisait pour lui, de son rôle dans la satisfaction des besoins intellectuels.

Cela permet de deviner un peu les âmes, car une évolution psychologique a modifié les conditions de la vie sociale, tandis que, d'âge en âge, s'accumulaient et se façonnaient si diversement, les pierres, la brique, le bois et le fer. Malheureusement, à la distance de plusieurs siècles, les toits de chaume, les plus intéressants de tous, puisqu'ils sont les plus nombreux, les millions de toits des inconnus de la glèbe et du pavé, sont ceux que l'on voit le moins. Eux aussi pourtant ont changé, aussi bien que les demeures superbes jadis insoucieuses de l'énorme masse sur quoi portait leur grandeur ; et des trois phases historiques qu'a traversées le logement, — Force, Magnificence, Commodité, — la dernière seule comportait des biens accessibles à tous.

De ces biens, le principal, au Moyen Age, était la sécurité. La Force était le Luxe le plus urgent, puisqu'elle garantissait tous les autres. Entre les riches qui pouvaient s'offrir ce luxe par la possession d'un château fort et les vilains du plat pays qu'abritait un toit sans défense, il y avait alors plus de distance qu'il n'en subsiste actuellement entre un Crésus et un indigent, du fait de leur logis respectif. Pécuniairement, l'écart était moindre aux temps féodaux entre le donjon et la masure qu'il ne fut aux temps modernes entre un palais princier et une cabane rurale, parce que le superflu des grands avait augmenté davantage que le nécessaire des petits.

Dans ces châteaux sauvagement dressés sur quelque éperon de falaise, au sommet de roches escar-

pées par la nature et le ciseau, la place réservée à
l'habitation était fort restreinte; seules les murailles
en prenaient à leur aise, leur largeur égalait parfois
celle de l'espace libre qu'elles encerclaient, de sorte
que le diamètre extérieur d'une tour était double de
celui du vide intérieur. Joignez à cela les voûtes des
étages, les parements des fossés et parfois une « chemise » de trois ou quatre mètres d'épaisseur, qui revêt
et protège le pied des constructions, il est clair que la
la maçonnerie absorbe la plus grosse part du devis.

Suivant le plus ou moins de proximité de la
pierre, le prix d'une maçonnerie de remparts variait,
aux xiii° et xiv° siècles, de 12 à 24 francs le mètre
cube en monnaie de nos jours[1]. Ces chiffres, plus
élevés que les nôtres, montaient à 35 francs le
mètre cube lorsqu'il s'agissait de travaux d'art, de
cathédrales ou de salles gothiques, avec sculptures,
ogives et colonnes; ils descendaient à 19 francs si
l'entrepreneur n'avait à édifier qu'une bâtisse vulgaire, dont les matériaux étaient moins solides. En
appliquant le prix moyen de 18 francs le mètre cube
aux châteaux dont les dimensions sont exactement
connues, nous arrivons à nous rendre compte, par
le prix qu'ils ont coûté à l'origine, de ce que les
barons féodaux mettaient à leur loyer.

Le château du sire de Coucy, dont nous admirons
encore les ruines, peut être considéré comme un
des plus illustres spécimens du genre. Le donjon, de
30 mètres de large au dehors, avait 16 mètres au
dedans et des murs de 7 mètres d'épais; sa hauteur
était de 50 mètres. Il contenait donc, des fondations
au sommet, avec les planchers voûtés, une masse de

1. Je rappelle au lecteur que tous les chiffres contenus dans
ce volume sont des chiffres traduits en monnaie actuelle,
d'après le pouvoir de l'argent. (Voir la note de la page 18.)

25.000 mètres cubes de maçonnerie d'une valeur de 450.000 francs. Les quatre tours d'encoignure, de beaucoup moindre importance — 20 mètres de large en dehors — et les deux grandes salles — l'une de 60 mètres sur 15, l'autre de 21 mètres sur 11 — où se trouvent les cheminées sculptées des neuf Preux et des neuf Preuses, « en partie modernes » décrivait Androuet du Cerceau en 1575, représentaient ensemble 31.700 mètres cubes, ou 571.000 francs.

Si bien que la maçonnerie du château de Coucy montait au total, en chiffres ronds, à un million de francs de notre monnaie. A combien s'élevaient les autres chapitres ? Si l'on admettait pour une forteresse de Thiérache, au temps de saint Louis, les proportions admises pour les maisons de location du Paris actuel, la part de la maçonnerie ne serait que de 40 °/₀ du devis; les terrassements en auraient absorbé 2 °/₀, la charpente (fer et bois) 18 °/₀, la toiture 5 °/₀, la menuiserie et les parquets 13 °/₀; le reste — 22 °/₀ — se partagerait entre la plomberie, la fumisterie, la peinture et la décoration, les glaces, les marbres, la quincaillerie, l'ascenseur, l'électricité et les honoraires de l'architecte.

L'ignorance où l'on était de presque tous les besoins que nous venons d'énumérer constituait une première économie; avec des plafonds voûtés, des planchers dallés et des escaliers de pierre pris dans l'épaisseur des murs il n'existait pas de charpente et fort peu de menuiserie. Le bois d'ailleurs était à bas prix. Si la porte d'entrée d'un château notable arrivait à valoir jusqu'à 1.500 francs, c'est à cause du fer dont elle était garnie, de ses gonds, de ses équerres, des barres à serrures et à verrous qui la maintenaient, et des centaines de gros clous à double pointe qui la hérissaient. La toiture seule revenait cher à qui prétendait couvrir sa terrasse en plomb, comme celle de Coucy, parce que le plomb — à 200 francs les 100 kilos — coûtait six fois plus que de nos jours.

En ajoutant un quart, soit 250.000 francs, au million de la maçonnerie on obtient une somme de douze à treize cent mille francs à laquelle peut être estimé le débours d'Enguerrand de Coucy pour bâtir cette demeure exceptionnelle. Au taux, ordinaire à l'époque, de 9 %, ce capital correspondait à un loyer de 122.000 francs.

Aucun autre seigneur en France n'était peut-être aussi chèrement logé et peu sans doute étaient aussi riches. En effet, la baronnie de Coucy, composée de 150 paroisses, fut achetée plus tard (en 1400) 12 millions de francs par le duc d'Orléans, qui avait eu pour moitié de ce prix le Comté de Blois, d'un territoire pourtant beaucoup plus vaste. C'est que la valeur d'un fief *en revenu*, — sans parler de sa valeur politique, — ne dépendait pas de sa superficie, mais du plus ou moins grand nombre de terres que le suzerain y possédait *en propre* et des droits lucratifs qu'elles lui rapportaient. Ainsi, dans la même région, le Comté de Clermont (Oise) ne rapportait que 225.000 francs (en 1514), quoiqu'il eût 1.669 fiefs dans sa mouvance; tandis que le duché de Nemours (Seine-et-Marne), d'une étendue beaucoup moindre, devait être d'un bien meilleur profit puisqu'il se vendait 22 millions de francs (en 1505).

Mais, précisément parce que Coucy fut le prototype de la magnificence féodale, on ne trouverait guère aucun « burg » qui lui puisse être comparé : Turenne par exemple, chef-lieu d'une puissante vicomté, est de dimensions cinq fois plus petites. Des murailles de 7 mètres de large n'étaient pas communes; je n'en ai, pour ma part, rencontré nul autre échantillon. Pour 24.000 francs seulement la comtesse d'Artois, en 1310, édifiait à son château de Bapaume la grande salle qui avait 27 mètres de long, 23 de large et 13ᵐ,33 de haut. Ici les murs n'avaient que 1ᵐ,66 d'épaisseur et le mètre cube de maçonnerie ne revenait pas à 11 francs de notre monnaie.

Les prix du mètre *superficiel* nous révèlent, par leur diversité même, la différence de structure des remparts; ce sont parfois de simples revêtements de briques appliqués sur des remblais de terre. Ils coûtent moins cher dans les petites cités que dans les « bonnes villes » parce qu'ils sont plus minces; et chez les châtelains, au Moyen Age, la massivité des murailles était le critérium de l'opulence, comme le furent aux temps modernes les lambris dorés ou les plafonds peints.

Dans ces donjons à l'accès situé parfois dans le vide, comme un perchoir ou un nid d'oiseau, abordables seulement avec une échelle ou par des courtines aussi dangereuses pour les défenseurs que pour les assaillants; dans ces logis-armures dont les sous-sols et les combles renfermaient tout le nécessaire de la vie : magasin de denrées ou « garnison », moulin, cour, puits, écuries et étable, une salle unique servait aux propriétaires de chambre à manger, à causer et à dormir. Confiants dans l'œil du guetteur qui veillait au sommet de la tour trivialement baptisée d'*Engoule-Vent* ou de *Froid-Cul*, les habitants défiaient les surprises, sinon les sièges; car les forteresses soi-disant imprenables ont toutes été prises plusieurs fois, du xiiiᵉ au xviᵉ siècle, après des assauts plus ou moins rudes et un blocus plus ou moins long.

Mais s'ils vivaient tranquilles, ils s'aperçurent

qu'ils vivaient mal sitôt que la guerre privée cessa d'être légitime et fructueuse. Ces maisons fortes étaient précieuses aussi longtemps qu'elles permettaient de dominer ou de se défendre : au xiv⁰ siècle une position stratégique était si recherchée qu'il s'y campait parfois deux forteresses, toutes voisines l'une de l'autre : dans telles localités comme Charlus ou Gimel, en Limousin, se voyaient un « château supérieur » et un « château inférieur » appartenant à deux familles différentes. A Miremont, en Auvergne, les mêmes murailles sont allolies entre deux seigneurs : chacun a son corps de logis flanqué de deux tours, l'une carrée et l'autre ronde; la chapelle, au dehors, demeure indivise avec une cloche particulière pour chacun. En Lorraine le manoir féodal se partage souvent en hauteur, par étages, ou en largeur, par le mur de refend de la grand'salle; tel héritier jouit de la moitié ou d'un quart.

Une simple tour, comme celle de Tulle, au xiii⁰ siècle, était possédée conjointement par plusieurs maitres, laïques et clercs, qui négociaient librement les parcelles dont ils étaient détenteurs avec les droits y attachés. Les droits cédés par l'un d'eux représentent un capital de 150.000 francs. Ce n'est plus de loyers qu'il s'agit alors, mais de rentes foncières. Au contraire, le « droit de retraite » à l'intérieur des remparts du logis seigneurial est bien, pour les villageois des environs, — pour les « retraihans », comme on les appelle à Epoisses (Bourgogne), — une sorte de loyer qu'ils paient en contribuant à l'entretien des fortifications : « Mes amis, que faut-il faire pour se sauver? demandait un évêque à des paysans en les catéchisant. — Monseigneur, il faut se retirer dans le château quand les gens d'armes *venont*. »

Pour apprécier comment étaient logés ces paysans dans leurs propres chaumières, on n'a point la ressource d'en mesurer les ruines, ainsi qu'on le peut faire pour les châtelains. Ces cabanes rustiques n'ont pas laissé de traces. Leurs prix de vente ou de location, relevés dans une trentaine de nos départements actuels, à Bruyères dans l'Aisne, dans l'Orne à Almenêches, dans le Nord à Wambrechies; dans la Dordogne à Saint-Pardoux, à Beaucaire dans le Gard, à Clavy dans les Ardennes, dans le Cher, l'Eure, Seine-et-Oise, etc., etc., montrent ces loyers oscillant entre un maximum de 110 francs et un minimum de 15 francs, et ressortant en moyenne à une quarantaine de francs par an. Ces chiffres, rapprochés du coût des matériaux aux mêmes époques, font augurer que ces maisonnettes étaient fort peu de chose; l'abondance du bois que chacun avait presque pour rien grâce aux droits d'usage et les prétentions très humbles des habitants expliquent ce bon marché des constructions rurales.

Beaucoup de gentilshommières étaient elles-mêmes des plus médiocres; on se tromperait fort si l'on imaginait la généralité des nobles au Moyen Age en possession d'un château véritable. Le prix de ces châteaux, qui varie de 400.000 francs à 15.000 francs, et qui, le plus souvent, ne dépasse pas une soixantaine de mille francs, était encore trop au-dessus des facultés de la masse des hobereaux. Sur 263 fiefs d'un arrondissement, dont le revenu nous est connu au XVIe siècle, il s'en trouvait un de 25.000 francs de rente, deux de 12.000 francs, six de 7.000 francs, onze de 3.500 francs, cinquante de 1.000 à 2.500 francs, soixante de 150 à 1.000 francs et 133 de moins de 150 francs de rente.

De cette poussière de seigneuries il en fallait

beaucoup, réunies en une seule main, pour constituer une honorable aisance : les filles de cette toute petite noblesse, à peine dotées, se mariaient dans la sous-bourgeoisie, ou la grosse paysannerie des bourgs du voisinage; les fils aînés régnaient dans un manoir de quatre pièces, flanqué d'une tour et de contreforts, entre lesquels pendait en échauguette une guérite dont la destination n'était point belliqueuse. Ces bicoques, ainsi façonnées en châteaux, sises au milieu d'un champ de blé, se vendaient une vingtaine de mille francs et il se trouvait 500 à 600 de ces patriciens champêtres, vivant maigrement sur leurs terres, contre 15 ou 20 familles de « haute noblesse », c'est-à-dire de noblesse que les hasards de la guerre ou de la faveur avaient enrichie et possessionnée.

Celle-ci, depuis la fin du xv<sup>e</sup> siècle, avait métamorphosé ses demeures. Inutiles, puisqu'ils ne pouvaient tenir plus de quelques jours contre une petite troupe munie de canons, les anciens types firent aux générations nouvelles l'effet d'obscures prisons. Non qu'il eût existé précédemment un modèle invariable, ni comme *style*, puisque de Philippe-Auguste à Louis XII trois gothiques successifs avaient pris la place du roman, ni comme disposition *militaire et tactique;* les villes fortifiées par Vauban et ses élèves, sur tout le royaume de Louis XIV, se ressembleront beaucoup plus que les donjons sortis de terre à quelques lieues d'intervalle et à quelques années de distance les uns des autres : d'une diversité infinie, élancés ou trapus, de trois ou de six étages, carrés, octogones ou en losange, parfois ronds du côté du précipice et rectilignes du côté du plateau, couronnés de plates-formes crénelées ou de toits aigus.

L'intérieur ne s'était pas moins transformé : tous les châteaux que nous englobons sous l'étiquette générique de « Moyen Age » et que, grâce au recul des temps, nous imaginons tous pareils, ne se ressemblent nullement. Il y eut plus de différence, *au point de vue des convenances de l'habitation*, entre ceux du milieu du XIV<sup>e</sup> siècle et ceux de la fin du XV<sup>e</sup> siècle, qu'entre ceux de la Renaissance et ceux du siècle de Louis XIV, bien que ces derniers, *au point de vue architectural*, n'eussent absolument rien de commun avec leurs prédécesseurs immédiats.

Josselin, par exemple, demeure patrimoniale des Rohan, qui semble, à nos yeux, une relique féodale, était, pour le sire de Rohan qui l'édifia vers 1480, un logis de goût tout moderne, fait pour remplacer le *vieux château* du même nom, dont Beaumanoir avait été le capitaine (1351), dont le connétable Olivier de Clisson avait augmenté les défenses (1400) et qui, déserté par les contemporains de Louis XI, vieillit dans l'abandon jusqu'à sa démolition en 1629. Les chevaliers du XIV<sup>e</sup> siècle avaient une première fois, comme à La Rochefoucauld, démoli les forteresses de leurs ancêtres du XII<sup>e</sup> siècle pour leur en substituer de nouvelles, aussi bien que, deux cents ans plus tard, leurs descendants repétrirent à leur mode les constructions gothiques.

Il est très rare de voir, comme à Biron, les ouvertures en plein cintre de l'époque romane côtoyer des fenêtres à meneaux, surmontées d'accolades du XV<sup>e</sup> siècle, qui voisinent elles-mêmes avec un pavillon du temps de Henri IV. Il est plus rare encore qu'une ample maison de campagne à vérandas, suivant les plans de la Restauration ou de Louis-Philippe, succède, ainsi qu'à Randan, à un *oppidum* très peu postérieur à Charlemagne, sans que rien soit resté debout qui rappelle les dix siècles d'intervalle. Est-ce parce que les bâtiments ont vécu comme les hommes sans respecter le passé et sans toutefois l'abolir? Toujours est-il que le plus grand nombre fut remanié lentement et sans trêve, avant comme après le xvi⁰ siècle. Mais ce qui caractérise, en opposition à l'idéal gothique, l'idéal de la Renaissance, c'est que le mot « château » qui, en latin, étymologiquement, voulait dire un « fort », perdit son sens belliqueux pour prendre dans la langue nouvelle une acception de noble beauté.

Ce changement d'objectif *dans les mœurs* précéda la révolution *artistique :* Gaillon fut bâti par le cardinal d'Amboise « à la moderne », écrit Du Cerceau en 1576, ce qui, pour nous, veut dire en gothique de 1500; mais ce qui, pour l'architecte de 1576, voulait dire *à la mode surannée*, en opposition aux châteaux tout récents et dans le goût du jour qui, eux, étaient dits « à l'antique » puisque, en effet, sous Charles IX, les bonnes copies de l'antiquité étaient la dernière nouveauté.

Georges d'Amboise, après avoir carrément rasé le Gaillon citadelle, qu'il avait hérité de ses prédécesseurs archevêques de Rouen, au lieu de reporter le Gaillon pacifique sur un terrain plus libre, où il eût pu donner à ses constructions tout le développement nécessaire, crut devoir se servir des anciennes fondations, et déploya vainement de grands efforts pour dissimuler les défauts du périmètre trop étroit qu'il avait subi. François I⁰ʳ fit de même à Saint-Germain et d'aussi brutales démolitions furent pratiquées alors, suivant leurs ressources. par Coligny à Tanlay (1540), par François de Béthune à Rosny, par Mornay à Villarceaux, par le prince de Gorrevod à Marnay (Franche-Comté), par cent autres ici où là.

Souvent, après avoir mis bas les murs cicatrisés des guerres anglaises, fraîchement troués des boulets papistes ou huguenots, avant l'achèvement des nouveaux toits l'argent manquait; il fallait suspendre. A Serrant (1516) une génération, arrivée à la moitié du corps principal, doit s'arrêter au perron. Les travaux n'y seront repris que cent ans plus tard (1636) par Bautru, qui commence les ailes : celles-ci seront achevées par de nouveaux venus au bout de soixante ans (1704).

La plupart des propriétaires en usaient avec plus d'économie; ils prenaient leur maison par la douceur. Ils avaient hérité, reçu en dot ou acheté des demeures lourdes et maussades; ils les manipulèrent en les démantelant : écrétant les bretesches crénelées, taillant des fenêtres dans les barbacanes allongées, élargies, perçant des lucarnes dans les toitures qu'ils finissaient par coiffer de campaniles. Quelques donjons, après des arrangements et des toilettes successives, passèrent comme à Esclimont, pavillons d'entrée ou porches d'honneur. Tels de vieux soldats devenus concierges. Les adaptations, les embellissements, absorbaient parfois une vie entière; ils furent plus ou moins bien faits, plus ou moins heureux: question d'aisance et de goût.

A des enceintes respectées, l'on additionna des bâtiments, galeries et commodités modernes, « propres pour loger », écrit Du Cerceau au sujet de Montargis; quoique les anciens donjons eussent paru très « logeables, » deux cents ans plus tôt. A Vallery sur l'emplacement des murailles gothiques partiellement abattues, le maréchal de Saint-André « leva deux corps d'hôtel », avec un pavillon de très belle ordonnance; et le reste du vieux château de guerre lui servit de basse-cour.

Cette substitution d'une architecture à l'autre se fit plus ou moins tardivement : la Ferté-Vidame avait encore, en 1635, ses deux antiques donjons, lorsque le premier duc de Saint-Simon acquit aux enchères cette maison couverte partie de tuiles et partie de bois, ou bardeaux, dont le mobilier ne valait pas 2.000 francs. Ce « gros château » ne fut démoli qu'après la mort de l'auteur des *Mémoires*, lorsqu'il passa au financier Jean-Joseph de Laborde, qui le remplaça par une somptueuse maison de plaisance. Samuel Bernard transforma de même le château de Méry-sur-Oise, dont il avait épousé l'héritière, M^lle de Saint-Chamans. Parfois quelque vestige du passé restait debout : deux tours à Meilhan, une à Saint-Aignan ou à Mouchy, celle-ci reliée à l'habitation par un couloir.

Le rasement des forteresses privées et des maisons « situées en bonne assiette, » dont l'histoire fait souvent honneur à Richelieu parce qu'il le prescrivit, ne s'effectua *nullement en vertu d'un édit royal*. L'opération que le ministre de Louis XIII avait confiée à des exempts commissionnés à cet effet, et investis du droit de requérir la force armée, ne porta que sur *un nombre tout à fait infime* de châteaux. Ce fut par une évolution lente et volontaire, sous l'influence des goûts et besoins nouveaux, qu'aux maisons à créneaux et à bastions succédèrent les maisons à statues et à terrasses. Jusqu'à la Révolution, le seigneur haut justicier conserva le droit de bâtir sur sa terre une citadelle *sans lettres du Roi*, et néanmoins on n'en connait aucun qui ait usé de cette licence.

Ceux des châteaux forts que personne ne se soucia de restaurer, et qui ne périrent pas de mort violente, tombèrent dans la décrépitude ; « déchus » après quelque siège, ou n'étant plus entretenus, ils moururent pierre à pierre. Les *Petites Affiches*, sous Louis XV, offraient la terre de Chaumont-sur-Ayre, composée de quatre villages, près de Bar-le-Duc, ajoutant qu' « un curieux se procurerait, *en démolissant le château*, des pierres d'une grosseur prodigieuse, et susceptibles de toutes sortes d'ornements, tant pour le dedans que pour le dehors d'une jolie habitation, parce que ces pierres, une fois travaillées, forment un marbre de la plus belle espèce ».

Le château de Bonaguil (Lot-et-Garonne), avec donjon de 54 mètres de haut terminé par une plateforme de 25 mètres de long, fut vendu, peu avant la Révolution, par son dernier seigneur pour 400 francs et deux sacs de noisettes. Les bois de la charpente étaient arrachés en 1840 par un entrepreneur peu archéologue. « Classées » aujourd'hui, inscrites au bureau d'assistance des Monuments historiques, ces murailles reçoivent une vague aumône qui les empêche de s'effondrer tout à fait. Souvent aux xvii° et xviii° siècles, dans un coin des fiers édifices délabrés dont nul ne prenait plus souci, gîtait quelque famille besogneuse du cru ; ou bien le fermier du domaine, — c'est le cas à Thouars, siège du duché de La Trémoille, — logeait seul dans le manoir chevaleresque.

Tandis que la terre de Coislin, produisant près de 18.000 francs de rente, est mise en vente en Bretagne, près de Nantes, la marquise de Coislin achète à Paris un hôtel, place Louis XV. Cette prédilection de Paris et de Versailles, que l'on a reprochée avec raison à la noblesse de Cour, ne lui était pas particulière. Les villes de province exerçaient alors la même sorte d'attrait sur la *local-gentry* d'alentour : « Il y a, dit un Anglais (1763), beaucoup de châteaux habitables dans un rayon de quelques milles autour de Boulogne-sur-Mer, mais la plupart sont vides. On m'a offert une maison complète, *en partie meublée*, avec un jardin (de 1 hectare 70 ares) en bon état d'entretien et deux prés pour foin ou herbe, » à 1.600 mètres de la ville et ayant une jolie vue sur la mer, pour 880 francs par an. « La noblesse n'a pas le bon sens de résider à la campagne, où elle peut vivre à petits frais et améliorer en même temps son bien. Elle laisse ses châteaux aller en ruines et ses jardins se transformer en pâtures et réside dans des trous obscurs de la haute ville, sans lumière, sans air ni confort. Là ces gens meurent de faim à la maison, afin de paraître bien habillés une fois par semaine, à l'église ou sur le rempart. »

L'*absentéisme*, comme on l'a nommé, ne fut pourtant pas général, même parmi les courtisans, puisque beaucoup de travaux furent exécutés et beaucoup de reconstructions entreprises au xviiie siècle en province ; tel le château de l'Hermitage, près de Condé, dans le Nord, que le duc de Croy avait abattu en 1749, à la mort de son père, réédifié sur nouveaux plans durant vingt-trois années, en y dépensant un million de francs, et que son fils à son tour rasa en 1785 pour élever une demeure plus importante à peine terminée en 1789.

Il est vrai que les propriétés créées à cette époque étaient situées le plus souvent dans un rayon voisin de Paris ; l'éloignement de la Cour, sous les Valois, c'était la révolte ; sous les Bourbons cela sent l'exil. A l'exemple de Louis XV, qui se déplace moins loin qu'un roi mérovingien à travers la France, mais tourne toujours dans le même cercle, de Versailles à Marly, Fontainebleau ou Compiègne, avec, pour remplir l'intervalle de ces « grands voyages », de petits séjours à Choisy, La Muette, Bellevue, Crécy ou Trianon, les princes du sang, les grands seigneurs se groupent dans les départements contigus à la capitale. Si La Rochefoucauld, avec ses trois étages de galeries ajourées et les sculptures féeriques de ses voûtes, est abandonné par ses maîtres pour Liancourt ou La Roche-Guyon, c'est que la notion du confort avait varié depuis le XVIᵉ siècle.

On ne jugeait plus, comme les contemporains de Charles IX, que ce fût « une chose digne d'admiration et la principale singularité parmi les plus exquis bâtiments de France, » de voir les offices de Madrid — au bois de Boulogne — « pratiqués dessous en même sorte que le dessus, ayant leur jour descendant du haut par quelques cadres ouverts au ras de terre », et quoiqu'un écrivain du même temps eût estimé les quatre grosses tours de Chambord, « garnies de toutes commodités, comme chambre, garde-robe, *privés* et cabinets », il fallait, pour s'y plaire, au siècle des boudoirs, y vivre en maréchal de Saxe avec un traitement princier et loger dans ses communs un régiment de mille cavaliers à ses couleurs. « C'est ici la fin d'un beau songe », disait en mourant le vainqueur de Fontenoy. Mais on s'explique aussi comment la gêne des propriétaires pouvait entraîner la ruine des demeures historiques, en voyant, sous le premier Empire, le « sénateur comte de Cossé », neveu et successeur du Brissac massacré en 1792, se bâtir modestement un logis dans la cour du château ducal inhabitable, qu'il renonçait à restaurer faute de ressources; travail énorme qu'un retour de fortune permit à la génération suivante d'entreprendre en 1844.

A la fin du régime féodal, lorsqu'ils cessèrent

d'être un besoin, les châteaux furent un titre : ils n'étaient plus redoutables, ils devinrent somptueux. Par eux, au lieu de dominer, l'on brilla; avec des murs à l'épreuve, non des balles, mais des écus. Aussi ces murs changèrent-ils de maîtres en même temps que d'aspect. Cette révolution qui fit, en architecture, du « tremeau » Moyen Age — partie de parapet entre deux embrasures —, le « trumeau » actuel, espace de mur entre deux fenêtres, fit, en histoire sociale, du châtelain en cuirasse un châtelain en veston. Depuis un Baudouin le Fourbe ou un Geoffroy le Barbu, spéculateurs en batailles du XIIIe siècle, jusqu'aux sires du XXe siècle, lutteurs d'usine ou de comptoir, des avènements successifs finirent par loger dans la « Tour de la Ligue », la « Chambre du Roi » ou le « Pavillon des Grâces », les illustrations de la Banque, des Chemins de fer, du Charbon, des Vins mousseux, des Sucres, des Tapis, des Engrais, de la Métallurgie et des Produits chimiques.

N'all z pas croire que la mainmise des hommes nouveaux sur les anciennes demeures soit un fait propre à notre temps. C'est un fait permanent depuis sept siècles et sans doute éternel. S'il parait plus saillant de nos jours, c'est parce que les « arrivés » d'aujourd'hui gardent leur nom et que les « parvenus » d'autrefois prenaient le nom de leur terre; un maître de forges achèterait aujourd'hui, de la descendance de Brantôme, éteinte dans la misère, l'immense domaine de Bourdeilles, qu'il ne se pareroit pas comme Jean Bertin, bourgeois de Périgueux, enrichi dans la fabrication du fer, acquéreur de cette seigneurie en 1730, des titres de comte de Bourdeilles, seigneur de Brantôme et premier baron de Périgord. Si ce transfert de propriété vous frappe

davantage depuis la Renaissance, c'est que les acheteurs, tous gens de finance, sont d'un autre métier
que les vendeurs, gens d'épée, tandis qu'au Moyen
Age ils étaient tous de profession militaire, la seule
qui permit aux laïques d'acquérir et de conserver.

Ne nous y trompons donc pas. Depuis trois siècles,
ces châteaux seigneuriaux, que leur valeur d'art ou
leur intérêt d'antiquité fait qualifier d'historiques
n'ont été maintenus, restaurés, embellis, que par la
richesse des partisans, pirates d'impôt et trésoriers
de l'ancien régime : soit que les gens de finance
aient fait très vite, dans leur descendance mâle,
souche de gentilshommes et de marquis qui achetèrent ces châteaux; soit qu'ils y aient été représentés par leurs filles, devenues marquises ou
duchesses, et, dans ce cas, leur nom roturier pouvait
ne pas être sur la porte, mais leur sang coulait dans
les veines des occupants de vieille extraction. Ceux-ci
eurent à s'en féliciter; car ce sang était souvent
de qualité supérieure, sang d'intelligence et de
volonté. La fille du nouvel enrichi n'apportait pas
seulement à son mari de l'or pour conserver une
habitation qui lui échappait, voire pour recouvrer
celle des ancêtres qui avait précédemment passé en
d'autres mains, — j'en pourrais citer d'illustres
exemples; — elle transmit plus d'une fois à sa race,
par atavisme, quelque peu de l'énergie ou de l'habi-
leté que le père avait dû posséder, pour réussir.

Pour qui avait le moyen de l'acquérir, un château
n'était pas seulement une propriété, mais une
dignité. On connaît l'histoire de Piron, assis sur un
banc dans une promenade devant la statue d'un
saint qu'il ne voyait pas, mais que les passants
voyaient et à qui ils ôtaient leur chapeau. Piron rendait le salut, le prenant pour lui et se félicitait d'être

devenu si populaire. Il ne se retourna que fort tard. Beaucoup d'hommes, que le hasard assoit ainsi devant la statue d'un saint, ne se retournent guère et meurent sans savoir que les honneurs dont ils jouissent sont rendus à leur dignité, au fauteuil sur lequel ils seyaient, à leur maison, à leur habit, c'est-à-dire à l'image qu'ils ont derrière eux. Ceux-ci sont des sots. Les sceptiques savent que les dix-neuf vingtièmes des passants saluent, non la grandeur et le mérite, mais seulement les marques extérieures par où l'on a coutume de signaler au vulgaire le mérite et la grandeur; aussi s'appliquent-ils dans la vie à s'asseoir toujours devant la statue d'un grand saint. Ceux-là sont des sages.

Qu'ils fussent sages ou sots, les financiers du xvııı° siècle étaient sollicités chaque semaine, en ouvrant leur journal, par les offres de vente d'une « terre ayant titre de comté », ou d' « un joli marquisat dont la seigneurie s'étend dans sept paroisses, avec beau château, grand parc, bosquets, belles eaux », etc. Quoi de plus engageant qu'un placement joignant le brillant à l'utile, comme celui du « château de Leugny, près d'Auxerre, de dix ou douze appartements, dont plusieurs sont lambrissés et parquetés, *avec toute justice, droits de banalités* et de dîmes. On pourra s'accommoder des meubles qui sont en bon état. Un des fiefs qui composent cette terre *donne entrée* aux États de Bourgogne ». Ce ne fut que tout à fait sur la fin de l'ancien régime que l'on vit des châteaux figurer dans la colonne des ventes de « biens en roture »; parce qu'ils étaient bâtis de fraîche date, sans plus de droits ou de privilèges qu'une maison de campagne d'aujourd'hui, et sans souci d'en posséder aucun; indice que la féodalité était bien malade.

Lorsqu'un pacifique fonctionnaire bâtissait au xvie siècle, son amour-propre eût souffert de n'être pas flanqué de tourelles; la mode ainsi perpétua, soixante ans durant, après les tours sérieuses, les tours de fantaisie. Les architectes aussi donnaient encore, par habitude, deux mètres d'épaisseur à des murailles de palais à l'italienne, témoin Serlio à Ancy-le-Franc. Ce n'était pas pour enfler leurs mémoires; leurs honoraires se réglaient à forfait. Chez le roi, ils touchaient un traitement annuel : Serlio, 6.400 francs; le Primatice, 9.600 francs; Pierre Lescot, Philibert Delorme et Jean Bullant, l'architecte des Tuileries, chacun 12.000 francs. A titre de gratification, il leur était octroyé de menus biens d'église : Lescot était « abbé » de Clagny, Delorme d'Ivry et Primaticcio de Saint-Martin de Troyes.

Mais s'ils ne furent pas « comblés de richesses » dans leurs personnes, comme le disent les dictionnaires biographiques, ces grands artistes de la Renaissance imprimèrent à l'habitation, dans leurs édifices « tout remplis d'œuvres jusqu'aux cheminées et lucarnes », un caractère de faste extérieur jusque-là inusité, qui se perpétua deux cent cinquante ans malgré les changements de style, et disparut avec le changement des mœurs au xixe siècle, pour faire place à d'autres orgueils, à d'autres concupiscences.

Ce fut, comme je l'ai dit plus haut, la période de la Magnificence, succédant à la Force, et devançant la Commodité. Ce goût ne fut pas apanage d'une caste, mais si général et si ambiant parmi la nation, qu'on ne saurait dire lesquels, des hommes d'argent ou des hommes d'épée, précédèrent les autres. Chenonceaux fut bâti par Thomas Bohier, intendant des finances, au même temps qu'Écouen par Anne de Montmorency et Anet, de Diane de Poitiers, ne fut pas antérieur à Azay-le-Rideau d'un ex-trésorier, Gilles Berthelot. Les rois même suivirent l'impulsion plus qu'ils ne la donnèrent : Louis XIV ne fit que réaliser à Versailles en plus grand, parce qu'il eut plus d'argent et de temps, tout ce qui d'abord à Vaux avait été rêvé par le bourgeois Nicolas Fouquet ; et lorsque déjà Louis XV, lassé de l'apparat, n'affectionnait plus que les « bonbonnières », Choiseul amplifiait Chanteloup et Paris-Montmartel augmentait Brunoy, à mesure qu'il augmentait sa fortune, jusqu'à y tenir, au dire des contemporains, « un état prodigieux ».

« Tenir un état », signifier son rang par l'étalage de sa façade, par les dômes et demi-dômes qui la surmontent, par les frontispices, attiques, frises, moulures et cannelures, soubassements et balustrades qui la décorent, par les cours, arrière-cours, perrons et portiques qui y donnent accès, par les communs d'ordonnance régulière qui l'encadrent, l'entourent et surpassent en pompe le corps de logis principal, — telles ces écuries « ridiculement belles » de Chantilly, couronnées d'une gigantesque Renommée de cuivre, — c'est là le but où tendent naturellement, et à l'envi les uns des autres, d'anciens laquais seigneurisés par le maniement des fonds publics, aussi bien que les fils des preux, assouplis aux révérences, tous coiffés de la même perruque et galonnés des mêmes broderies.

On peut être plus ou moins sensible à cette forme majestueuse de l'habitation, alors imitée de nous par toute l'Europe ; on ne peut nier qu'elle n'ait été réalisée avec une harmonie dans les proportions, un sens de la mesure dans les attributs et dans le détail, dont la perfection n'a point été égalée de nos jours. Tout cela coûtait gros; « ce sont les maisons qui ont écrasé la plupart des grandes familles », dit le duc de Croy, sous Louis XVI. Il semble bien que les hauts prix du xviii⁰ siècle correspondent à un progrès effectif de luxe et non pas à une simple plus-value foncière : au temps de la Renaissance, Vigny était payé 500.000 francs par le connétable de Montmorency (1550), Ermenonville 700.000 par un capitaine de Henri IV, Dominique Devic (1590), Méry-sur-Oise 625.000 francs par M. de Saint-Chamans. Chaumont seul, acquis par Catherine de Médicis, passe le million. Or, au siècle suivant, la construction de Choisy, par Mansart, coûtait 2 millions 500.000 francs, et, sous Louis XV et Louis XVI, Serrant se vendait 2.530.000 francs, Crécy, près de Dreux, 3.850.000, et Brunoy 3.340.000 francs.

Mais il est plus difficile de comparer, d'une époque à l'autre, le prix des châteaux que celui des maisons de la ville. On doit négliger les propos en l'air dont les contemporains se faisaient l'écho ; leurs chiffres sont souvent aussi exagérés que leurs descriptions : lorsque Dufort de Cheverny, frappé de la longue suite des bâtiments à Chanteloup, dit qu' « il lui fallait *vingt minutes* (!) pour se rendre, par les corridors, de la chambre où il logeait à l'appartement de l'abbé Barthélemy », nous avons peine à croire, connaissant le toisé des appartements, qu'il ne s'arrêtât pas un peu en route.

De plus, les châteaux se vendaient avec le domaine qui en dépendait et dont la contenance variait beaucoup à peu d'années de distance : la terre de Valençay, payée 168.000 francs en 1418, 408.000 fr. par les d'Etampes en 1451, 1.140.000 francs en 1745 et 1.364.000 francs en 1766 par un fermier général,

M. de Villemorin, n'avait peut-être pas au xv⁰ siècle sa superficie du xviii⁰, et sûrement pas les 10.500 hectares, acquis par M. de Talleyrand, qu'elle comprenait en 1848; parce que le précédent propriétaire y avait réuni 7.500 hectares des terres de Vœuil et de Luçay.

La seule base d'appréciation est un devis ou un compte détaillé, comme celui de Gaillon, dont la construction en douze ans (1497-1509) coûta 3 millions de francs au cardinal d'Amboise et où deux autres millions furent dépensés par l'archevêque Nicolas Colbert, l'un de ses successeurs, en agrandissements et en jardins. Georges d'Amboise, le Richelieu de Louis XII, qui laissa en mourant 46 millions de fortune, ne se ruina pas au ministère comme Choiseul, qui perdait 6.600.000 francs pour avoir oublié de faire ajouter un mot à l'ordonnance royale le gratifiant de ce cadeau.

Bien que Choiseul fit tout un peu légèrement, même les communs de Chanteloup, dont le plancher un jour s'effondra, parce qu'on avait creusé un fossé au pied des murs en omettant d'étayer leurs fondations, les prodigalités de ce grand seigneur qui choqueraient notre siècle calculateur et un peu mesquin, trouvèrent ses contemporains pleins d'indulgence. Ils comprenaient cette passion ostentatoire, que nous jugeons si frivole et que nous ne comprenons plus. Ce que nous appelons « gaspiller sa fortune », Mᵐᵉ de Choiseul, née Croizat, cette duchesse de naissance si modeste et si haute d'âme dans l'adversité, l'appelle, dans une fière lettre à Louis XV, « manger neuf millions au service du Roi », et Mᵐᵉ de Dino raconte que l'exemple de Choiseul à Chanteloup détermina Napoléon Iᵉʳ à payer le domaine de Valençay à son ministre Talleyrand, « afin qu'il y fît de même, invitant les ambassadeurs étrangers dont on serait content ».

L'ombre du tableau, c'est l'égoïsme ingénu de cette société dorée, où les hommes d'Etat croyaient remplir une mission en se logeant le plus superbement possible, mais où personne ne croyait avoir mission d'améliorer le logement de la majorité des Français. Chanteloup, vendu 8 millions de francs au duc de Penthièvre, quelques années avant la Révolution, revendu 468.000 francs en 1798 à un chef d'escadron qui ne paya pas, puis 402.000 francs à Ouvrard, en 1802, démoli enfin en 1823 par des spéculateurs, c'est le symbole des pompes évanouies de l'ancien régime, remplacées par une conception nouvelle de la vie. C'est aussi l'exemple de la valeur fragile des habitations de luxe : sous Louis XIV, la princesse Palatine avait acheté 1.850.000 francs le Raincy, dont les revenus suffisaient à peine pour l'entretien. Il fut vendu à sa mort 650.000 francs.

# CHAPITRE VI

## Les Jardins et les Parcs.

Les jardins du Moyen Age. — Damiers et « roues ». — Les carrés du Louvre. — Hommes jardineurs de René d'Anjou. — La jardinière de Charles V. — Les tonnelles de l'hôtel Saint-Pol. — Importation italienne du « jardin français ». — Les jardins à l'entreprise. — Blois; les treilles de Thomery; Fontainebleau, les Tuileries. — Merculiano, Jérôme de Naples, Quentin l'Africain. — Les Mollet. — La Quintinie. — Les Richard à Trianon. — Les orangers apportés de Provence. — Commerce des fleurs. — Prix du kilo de roses et du millier de boutons au Moyen Age. — Les espèces se multiplient au xviiie siècle. — Prix des arbres fruitiers et d'agrément. — Le Nôtre, « grand architecte des jardins ». — Versailles, immense logis de verdure. — Les eaux; cascades, miroirs, panaches. — Les statues et vases d'art en marbre et bronze. — Machine de Marly. — Vaux, Tanlay, Chantilly. — La dépense des jardins est égale à celle de l'habitation dans les grands domaines des xviie et xviiie siècles. — Les statues de Marigny à Ménars. — Les marbres de Versailles. — Les serres de Louis XV. — La création des « parcs » est toute moderne. — Le jardin « chinois » ou « anglais » depuis 1763. — Les « fabriques », « kiosques », « solitudes », « îles d'Amour ». — Les « hameaux » de Trianon et Chantilly. — L'*abîme* chez M. de La Trémoille, le *Murmure* chez M. de Lauraguais. — Le sens du pittoresque est récent dans l'humanité; il comporte un degré avancé de progrès. — En quoi consiste le luxe des jardins modernes.

De nouveaux luxes du château moderne étaient les jardins et les parcs, à peu près ignorés du Moyen Age, bien qu'ils eussent été connus des anciens. Je ne parle pas des jardins suspendus de Sémiramis et des plantations pharaoniques, ni du parc d'Académos, terrain sec où poussaient seulement des systèmes philosophiques; mais à Rome l'*hortus* qui, dans la loi des Douze Tables, avait désigné un petit enclos de légumes, s'appliqua sous les empereurs aux villas de Tibur, à celles de l'Esquilin ou du Pincio.

Les jardinets du xiii<sup>e</sup> siècle, tels qu'ils apparaissent sur les miniatures ou qu'ils sont décrits dans les chansons de geste, ne rappellent en rien avec leurs petites plates-bandes et leurs pots de fleurs blancs et rouges, les portiques à colonnes ou les viviers de marbre d'un Mécène ou d'un Lucullus. Les préaux ordonnés dans l'enceinte du château fort sont de minuscules damiers de sable et de gazon, parfois une « roue » — corbeille de fleurs ronde — « habillée » de clisses de bois. Les vergers, hors des murs, clos de briques ou de branchettes tressées, sont un assemblage d'arbres à fruits, d'herbes médicinales ou potagères, avec quelques fleurs et un banc de gazon où viennent s'asseoir les « suaves pucelles » échappées par une poterne basse. Le Roi au Louvre a quatre carrés de sauge, hysope, lavande et giroflées, avec un parterre de rosiers et un de lis. Chez Mahaut d'Artois les groseilliers dominent et la duchesse de Bourgogne, dans son « Jardin-Madame », a surtout des fraisiers et beaucoup d'ail.

12.

L'entretien de ces parterres se faisait à petits frais. Le roi René d'Anjou prenait des « hommes jardineurs » à 5 francs par jour pour nettoyer ses allées; mais il les employait rarement. Charles V eut d'abord une simple jardinière, payée 1.200 francs par an [1]; sur la fin de sa vie, ce prince ami du faste avait à l'hôtel Saint-Pol, aux appointements de 5.000 francs, un jardinier, Philippart Persant, auteur de tonnelles en treilles couchées et enlacées, fort admirées en leur temps. Le duc de Bedford, pendant l'occupation anglaise, bouleversa ces jolies choses et les remplaça par de gros ormes, chèrement amenés par eau au port de l'Ecole. La somme allouée au jardinier de Charles V semblera fort modeste lorsqu'on saura qu'elle n'était pas destinée à rémunérer seulement ses services personnels. C'était un forfait; il devait là-dessus solder ses aides, ensemencer les choux et les courges aussi bien que les marjolaines, le pourpier et le romarin, planter, — sinon fournir — les iris et les lauriers et renouveler les mottes de tourbe des pelouses.

Au xvie siècle fut importé d'Italie ce qui devait s'appeler le « jardin français ». Son point de départ était les vieux parterres et allées symétriques, se coupant à angle droit, ouvert ou aigu; la nouveauté consista à donner pour cadre, aux broderies et compartiments de verdure et de fleurs, les lignes d'architecture de l'habitation qu'elles épousèrent, tandis qu'au loin les « galeries de charpenterie », recouvertes de lierres avec arcades variées, créaient une perspective monumentale.

Les Italiens avaient su les premiers développer ce

1. En monnaie de nos jours, en tenant compte du pouvoir d'achat des métaux précieux aux différentes époques. (Voir la note de la page 18.)

thème avec succès. L'un d'entre eux, dès Louis XII, est mandé pour tracer des jardins où la maçonnerie et la menuiserie jouent autant de rôle que l'horticulture. A côté de Thomas de Lyon, le jardinier ordinaire du cardinal d'Amboise, payé 1.670 francs, travaille en 1506 le dessinateur Merculiano qui reçoit pour six mois 2.700 francs. Ce dernier, ou son fils, traité sous François I<sup>er</sup> de « Messire » Passello de Merculiano, est un artiste. Il partage avec son compatriote Jérôme de *Naples* un budget annuel de 9.400 francs pour le « grand jardin de Blois » (1531), dont il est seul chargé l'année suivante; traitement assez mince, puisqu'il devait subvenir là-dessus aux frais d'entretien.

Même système à Fontainebleau, où Quentin l'Africain touchait 3.200 francs par an pour « l'Enclos de l'Etang » (1541), et aux Tuileries dont Bernard de Caruessequi avait l'entreprise (1570) pour 3.600 francs, sous titre d' « intendant des plants ». Lorsque le travail laissait à désirer, ces jardiniers-ingénieurs étaient pécuniairement responsables : sous Louis XIV, à Saint-Germain, François Francini avait pour 4.150 francs le soin des fontaines et des grottes ; mais « vu le dépérissement de la plupart d'entre elles », dit-on en 1679, il ne recevra que 2.770 francs. Pour les mêmes causes il n'est payé que 1.550 francs, au lieu de 2.100 francs à la veuve Bellin, chargée du potager de ce château. Ainsi exécutée à la tâche, dans le détail, la besogne était hiérarchisée au XVII<sup>e</sup> siècle sous la haute direction de Le Nôtre et de La Quintinie, appointés chacun à 14.000 francs.

La France alors dépassait tellement les étrangers qui l'avaient initiée à cet art, elle nationalisait si bien le jardin par des dynasties de maîtres, héréditaires dans leur profession, — depuis celle des Mollet qui débutèrent à Anet, jusqu'à celle des Richard qui finirent Trianon, — que l'Italie à son tour rendait hommage à notre suprématie. Durant la guerre de la Succession d'Espagne, la coalition antifrançaise dont il fait partie n'empêche pas le duc de Savoie de rétribuer largement des Français en Piémont pour être surintendants et gouverneurs des parcs, jeux d'eaux et jardins de ses résidences de Turin, Miraflori et Veneria.

Chez les bourgeois, le jardinier était un ouvrier à la journée, employé à la taille des arbres, à l'ébourgeonnement ou autres tâches, moyennant un prix variable, depuis 3 fr. 60 pour le patron en été jusqu'à 1 fr. 50 pour les « garçons » en hiver. A ceux-ci sans doute le travail manquait souvent, puisque *les mêmes jardini rs*, lorsqu'ils étaient *à l'année*, se contentaient encore de 180 à 220 francs de gages dans les derniers temps de l'ancien régime. Applicables à des capacités ordinaires, ces émoluments étaient dépassés par les véritables horticulteurs; mais ils expliquent comment, pour 1.000 à 1.500 francs par an, sous Louis XIV, les châtelains de l'Ile-de-France trouvaient à passer marché pour l'entretien global de leurs propriétés. Fleurs et légumes, il est vrai, étaient encore des plus simples.

Ils avaient progressé depuis le règne de François I<sup>er</sup> (1537), où le Roi payait 360 francs pour faire porter à Meudon, *au mois de juillet*, des artichauts, des asperges « et autres diversités d'herbages et fruitages », poussés dans le jardin de Blois et qui, vraisemblablement, n'étaient pas encore mûrs à Paris. C'est de ce temps aussi que date le chasselas des treilles royales de Thomery (1532), « la façon des vignes lez Fontainebleau », plantées et « conduites » par Jehannot-le-Bouteiller pour une somme de 9.600 francs.

Le goût de l'exotisme en horticulture s'était répandu depuis cette même époque, où l'on avait dépensé 1.540 francs pour envoyer « quérir des orangers en Provence », jusqu'aux orangeries monumentales de Versailles et de Clagny, peuplées de mille arbres en caisse. On citait au xvii° siècle les collections des ducs Mazarin et de Créquy, de la duchesse de Verneuil, de M. de Beringhen le premier écuyer. Le commerce des fleurs, sauf en Hollande pour les tulipes, était fort peu de chose. C'est un chiffre fantaisiste que celui de M^{me} de Sévigné, écrivant qu'à la réception du Roi par le prince de Condé à Chantilly il y aura pour 10.000 francs de jonquilles! On eût été bien embarrassé de les trouver dans le Paris de 1671.

Les espèces de fleurs se multiplièrent et se perfectionnèrent durant cent cinquante ans : « Les plus belles, dessinées pour le recueil de Gaston d'Orléans (1630) au Muséum d'histoire naturelle, sont telles, dit Buffon, qu'aujourd'hui un jardinier de village n'oserait pas les cultiver ». Mais leur prix demeurait assez bas. Au Moyen Age, la mode si répandue des « chapeaux de roses », c'est-à-dire des couronnes dont se paraient les convives dans les festins et qui souvent faisaient l'objet d'un hommage féodal, n'était pas un usage onéreux au prix de 3 fr. 75 *le kilogramme*, que valaient à Paris les roses de Provins. Chez la rosière du Parlement, sous Charles IX, 6 fr. 50 était le tarif du *millier* de boutons de roses. Sous Louis XV, la *Petite Bouquetière de Paris* vendait ses bouquets de 0 fr. 60 à 1 fr. 20 ; « encore fallait-il qu'ils fussent beaux ». C'était le prix réel et marchand *pour les dames*; des messieurs la même bouquetière se vantait d'obtenir dix fois plus; mais sans doute en leur laissant croire qu'elle céderait quelque autre chose avec ses fleurs.

Les arbres fruitiers, poiriers, pommiers, pêchers, abricotiers, de 1 fr. 50 à 2 fr. 50 le pied, suivant leur force, ne semblent pas avoir renchéri aux temps modernes. Ils coûtaient souvent davantage — jusqu'à 3 fr. 75 — aux xiv⁰ et xv⁰ siècles, dans les campagnes de Normandie, que ceux de Catherine de Médicis aux Tuileries, ou ceux des vergers seigneuriaux et bourgeois du temps de Louis XV. Les ifs « taillés en palissade » — 4 francs la pièce — valaient plus que de nos jours. Du moins dans le Nord, car les chiffres différaient sensiblement suivant les provinces, pour toutes les essences : un poirier se vendait en Flandre le double de son prix en Orléanais ; un mûrier allait de 1 fr. 20 en Languedoc jusqu'à 8 francs en Picardie, et les pépiniéristes qui faisaient à Paris le commerce des plantes rares devaient exiger d'un « arbre chinois », un peu plus des 2 fr. 50 qu'il se payait à Avignon.

Plantes et fleurs sont un luxe créé par nos serres chaudes, fort peu comparables à ce que l'on nommait pompeusement ainsi au xviii⁰ siècle. Celles que Louis XV avait installées à Trianon et Paris-Montmartel à Brunoy, en profusion, et dont le Roi et le financier étaient aussi fiers l'un que l'autre, n'avaient pas changé depuis l'invention attribuée au xiii⁰ siècle à Albert le Grand. Avec ces grands vitrages adossés à des murs « dans lesquels il y avait des fourneaux », on obtint, dit-on, le 1ᵉʳ février des pêches grosses comme le bout du petit doigt », dont la maturité est demeurée problématique, et vingt ans plus tard ces constructions avaient disparu, telles qu'un jouet encombrant.

Ce qui était impérissable, ce que la postérité ne s'est pas lassée d'admirer, c'est le jardin français, le glorieux jardin de Le Nôtre qui, au parterre naïf du xvi⁰ siècle, tantôt isolé et gauchement confiné dans un coin du château comme un potager, tantôt étouffé comme un préau de cloître par des limites trop proches et trop massives, substitua cette conception géniale : un palais, un vrai palais de plein air.

C'est pour avoir mal compris la pensée de celui qu'on appelait « le grand *architecte* des jardins » et celle de ses émules ou disciples, que tant d'auteurs modernes et non des moindres, à commencer par Alfred de Musset, se sont plu à railler ces *édifices* de verdure dont Versailles offre le modèle. Leur reprocher de violenter la nature, de l'assujettir à l'obéissance dans les lignes rigides et la forme tyrannique des bosquets, c'est comme si on reprochait au créateur d'une habitation de pierre de contraindre les matières brutes à se façonner suivant ses plans.

Qu'est-ce, en effet, que cette architecture immense où tout est vivant, les murs, le sol et les toits ? Une construction végétante, non bâtie mais plantée, non maçonnée mais taillée, cent fois plus vaste que le château fermé qu'elle enchâsse et prolonge de toutes parts. Les salons, galeries et cabinets de charmilles, tantôt voûtés de feuillage en ogive, tantôt entresolés en berceaux, les tapis alternés de fleurs et de gazon, le mobilier surtout : les statues, les groupes, les vases de marbre et de bronze, tout cela constitue de merveilleux appartements de parade ou d'intimité, dont les hôtes trouvent réunis, à quelques mètres de distance, les charmes de l'ombre et du soleil.

Ces « jardins » sociables, qui ne prétendaient pas plus être des forêts vierges que nos maisons à cinq étages ne sont des grottes naturelles, visaient dans leurs moindres détails à plaire avant tout aux yeux. « Vous avez entendu dire, écrivait un Anglais, que Louis XIV regrettait de n'avoir pas de gravier propre aux allées, couvertes d'un sable mou et blanc. C'est une erreur, il y a beaucoup de gravier entre Paris et Versailles ; mais les Français, qui aiment la clarté et l'éclat, préfèrent ce sable comme plus gai et plus agréable et ne s'aperçoivent pas que sa réflexion est très pénible ». Sans doute le caillou eût été dur au marcher et inutile, dans ces allées où l'on ne voyait personne les jours de pluie ; la blancheur du parquet de sable était plus « habillée », plus en harmonie avec le décor de ces salons de plein vent.

Ne donnez point à ces « jardins » superbes un nom générique qu'ils partagent avec les « courtils » villageois ; appelez-les des *logis extérieurs*, et vous reconnaitrez que leurs alignements géométriques masqués par la perspective, leurs étoiles, leurs demi-lunes, leurs quinconques et leurs boulingrins sont moins froids et moins monotones que l'enfilade des chambres, même lambrissées de marbre et plafonnées de peintures, dont se compose le logis intérieur.

Comme celui-là, les logis-jardins ont des jours ouverts sur le dehors, soit par de petites fenêtres, les « Ah ! ah ! », coupures de murailles avec sauts-de-loup qui surprennent la vue, soit par de larges baies panoramiques où l'œil s'accroche sur des lointains de montagnes, de lacs ou de mer, qui constituent l'ambiance nécessaire du genre. C'est même dans le choix d'un milieu approprié que gît l'écueil, pour le jardin comme pour la maison, parce qu'il se trouve sur la terre moins de sites grandioses que de plaines insignifiantes et que la « nature » offre beaucoup de paysages manqués.

J'allais oublier la caractéristique du jardin de
Le Nôtre : c'était d'être animé par les eaux. Cette
partie fut son triomphe ; nous ne l'y avons pas
égalé, et ce que notre temps a produit de plus parfait en ce genre est la restitution, minutieusement
poursuivie par un millionnaire d'un goût très sûr,
des cascades, fontaines, miroirs et vasques du château de Vaux. Pour remplir le réservoir gigantesque
qui devait les alimenter, Fouquet avait détourné une
rivière. Ces « effets d'eau » vive, tombante ou jail-
lissante, ces nappes, ces urnes, ces « buffets » de
cristal fluide, ces jets et panaches mesurés qui mo-
tivaient la présence et réglaient le maintien d'une
multitude de sylvains, de tritons, de dryades,
d'animaux réels ou fabuleux, debout, couchés ou
accroupis, en marbre, en bronze, en plomb doré,
exigeaient un volume considérable de liquide.

A Tanlay, chez le surintendant d'Emery, le canal
avait 28 mètres de large sur une longueur de
650 mètres. Amener l'eau de très loin souvent et la
faire monter à hauteur suffisante exigea un déploiement d'ingéniosité vraiment remarquable, avec les
mécaniques rudimentaires dont on disposait. La
dépense fut à proportion ; mais il fallait de l'eau à
tout prix : ce fut une angoisse extrême à Versailles
lorsqu'on craignit l'échec de la machine de Marly
qui avait coûté quatorze millions ; sans plus attendre, on se retourna d'un autre côté ; l'adduction de
l'Eure fut décidée et les travaux, parmi lesquels la
construction d'un aqueduc que l'on voit encore,
inachevé, au milieu du parc de Maintenon, s'éle-
vèrent à trente et un millions de francs.

Ces deux sommes réunies, — 45 millions, — équi-
valaient aux trois quarts des soixante millions auxquels était évalué le canal du Languedoc et, sur

le total de .deux cent cinquante-quatre millions de francs qu'en un demi-siècle (1664-1715) absorba Versailles, bien que la distinction soit assez difficile à faire entre les jardins et les bâtiments, — beaucoup de matériaux et de salaires, confondus dans les comptes, s'appliquant aux uns et aux autres, — je ne serais pas surpris que la part du dehors fût presque égale à la part du dedans.

Le château de Ménars (Loir-et-Cher) fournit à ce sujet un piquant exemple. Son propriétaire du xviii⁰ siècle, M. de Marigny, frère de M^{me} de Pompadour, avait orné le parc d'une quinzaine de statues et de groupes, dus au ciseau des meilleurs artistes de son temps. De nos jours, lors d'une vente publique, ces quelques marbres, qui formaient un lot réservé, dépassèrent 330.000 francs, environ le tiers du prix du château et du domaine tout entier. Les objets d'art ne coûtaient pas aussi cher à Louis XIV, qui achetait les marbres bruts et les faisait tailler par des sculpteurs à l'année : un Bacchus, d'après l'antique, était payé 14.400 francs à Coysevox; les vases de Marly revenaient à 2.650 francs en marbre, à 550 francs en plomb; c'était peu, mais il en fallut des milliers pour le *parc* de Versailles.

« Parc » était un vieux mot qui, pour désigner une chose nouvelle, avait changé de sens. Dans son acception du Moyen Age, c'était une enceinte quelconque pour la chasse, close de murs, comme à Vincennes, ou plus simplement de haies et de fossés; le sol y demeurait à l'état de labours, de bois ou de lande, et le plus grand nombre des châtelains n'en possédaient pas. Le parc n'était parfois qu'un verger. On disait, en 1409, du château de Marcoussis, bâti par Jean de Montaigu, l'opulent ministre de Charles VI, qu'il possédait un « grand parc de *quatre hectares* », planté d'arbres fruitiers et garni de fossés à poissons et d'une basse-cour. Cent ans plus tard, sous Louis XII, l'amiral de Graville décuplait cette surface.

Lorsqu'aux temps modernes toute maison bourgeoise prétendit posséder aux champs « un jardin honnête, où il y eût du couvert », les riches, pour constituer des parcs d'agrément et de promenade, achetèrent tout autour d'eux, morceau par morceau, des pièces tellement divisées auparavant qu'il s'y voyait *jusque sous les fenêtres du château*, comme à Bourbilly (Bourgogne), 45 propriétaires différents sur 30 hectares. Ainsi procéda Georges d'Amboise au xvi<sup>e</sup> siècle, à Gaillon, pour 400 hectares, qui furent vendus en 1815, avec la futaie qui les couvrait, 500.000 francs à une compagnie de marchands de bois. Si quelques parcs de l'ancien régime ont été ainsi dépecés depuis cent ans, il s'en est créé bien davantage de nouveaux et beaucoup d'anciens ont été augmentés, autour d'habitations notables qui n'en possédaient jusque-là que de fo   réduits.

Seul, le type singulier dont la seconde moitié du xviii<sup>e</sup> siècle s'est engouée, sous le nom de « jardin chinois » ou « anglais », a complètement disparu. Pour nous, les épithètes de français ou d'anglais, appliquées aux jardins, désignent simplement un ensemble de lignes droites ou courbes, celles-ci plus simples, suivant les sinuosités du terrain et exigeant de moindres frais d'exécution et de tenue. Tout au contraire, le « jardin anglais », tel que l'entendaient ses propagateurs à la fin de Louis XV, était le plus artificiel et le plus alambiqué du monde.

« On ne peut trop remarquer, écrivait-on en 1775, qu'il ait fallu connaître la Chine pour apprendre à imiter la nature; il est singulier que nous ayons tant tiré de là et qu'il ait fallu que nous allions prendre le *bon goût* si loin. Il y a environ trente ans que les jardins de la Chine ont commencé à prendre un peu en Hollande, surtout en Angleterre, et ce n'est que de la dernière paix (1763) que, la bonne compagnie française s'étant mise à voyager en Angleterre, — l'anglomanie régnait alors à Paris et la francomanie à Londres, — en a rapporté ce nouveau ton ; si bien qu'on l'imitait partout avec enthousiasme. » Il ne manqua pas de seigneurs, comme le duc d'Aumont, à Magny-Guiscard, qui culbutèrent des jardins de Le Nôtre pour les remplacer par la « vraie et riche mode » anglo-chinoise. A la Chine, du reste, l'on ne prit guère que le kiosque et ce fut la moindre des « fabriques ».

Lorsqu'un critique disait alors d'un paysage « bien composé » : « la gauche du tableau est occupée par une *fabrique* », le lecteur savait que cela signifiait un temple, une tour ou quelque ruine d'architecture. Aujourd'hui, ce sens est en train de s'abolir, parce que les « fabriques » ont cessé de plaire, aussi bien en peintures que dans les jardins. Sous Louis XVI, elles étaient à outrance à la ville dans les Folies Beaujon, Boutin, Monceau, comme à la campagne à Ermenonville, chez M. de Girardin, à Mortfontaine chez le président Le Peletier, à Sceaux ou à Liancourt.

Les « solitudes », les labyrinthes, les « îles de l'Amour » ou des Jeux étaient sursemés de chapelles gothiques, de moulins hollandais, de minarets et de pagodes. Les mêmes gens qui, pour mieux « imiter la nature », plantaient des arbres morts, « parce qu'il y en a dans les champs », rassemblaient sur un étroit espace des semblants d'obélisques et des huttes de paille, des tombeaux de

« héros » avec devises, des embryons de « forteresses » où un soldat unique aurait eu peine à se
tenir debout. Tout était exigu, sauf les prétentions
des propriétaires qui, seuls, n'eussent pas eu le droit
d'en rire. Mais personne ne riait alors de ces inci-
dents voulus qui « faisaient à merveille ». Chacun
voulut copier le fameux « hameau » de Trianon ou
celui de Chantilly avec son petit moulin, sa petite
ferme et ses « petits jardins de paysans ». Les
masures contenaient de riches salons pour « faire
surprise ». L'on admirait ici le « canal des roses »,
ailleurs la « grotte de Saint-Antoine » succédant,
par une heureuse transition, au « cabinet de Flore ».
Cela passait pour extrêmement « chinois ».

Des « morceaux exquis » étaient, chez le prince de
Condé, l'*Abîme*, chez le duc de la Trémoille, le
*Murmure* et chez M. de Lauraguais un « *volcan* d'un
grand effet ». Des chutes d'eau indigentes humectaient des rocs, rochers et rocailles de toute dimension; car de rochers nul n'aurait pu se passer, il
s'en voyait pour toutes les bourses. Ces rochers
étaient philosophiques autant que poétiques : « Ce
qui m'enchanta le plus à Attichy, dit le duc de
Croy, est une idée absolument neuve, le rocher
transpirant ou distillant goutte à goutte, par un
siphon caché. Il me parut qu'on pourrait y graver
à l'antique : « L'eau qui tombe perce le plus dur
« rocher; c'est ainsi que l'amour durable tire son
« fruit de la persévérance »; réflexion à la Joseph
Prudhomme, où se résume l'esprit de ces jardins
tendancieux.

Il est bien vrai que le sens du pittoresque est
récent et qu'il a fallu un degré avancé de progrès
pour l'acquérir. L'humanité barbare avait tout son
saoul de cette « nature » hostile, qu'elle avalait de

force; tout son effort tendait à la vaincre et à en sortir. C'est seulement après l'avoir maîtrisée et domestiquée que l'homme se prit à admirer en artiste les montagnes, les forêts, les rivières et la mer elle-même, qu'il ne craint plus. Les touristes affluent aujourd'hui au milieu de ces Alpes que les armées romaines trouvaient si rebutantes et que les anciens traversaient avec tant d'ennui et d'effroi; ils jouissent de ces rudes spectacles, par contraste avec la civilisation banale que les générations successives ont si péniblement accumulée. Mais il est curieux de constater que le premier pas fait dans l'amour du « simple », sinon du « sauvage », ait conduit tout d'abord ceux qui voulaient échapper aux pompes du jardin français à des recherches plus conventionnelles encore et moins raisonnables.

Ainsi entendus, les jardins anglais étaient aussi onéreux que leurs prédécesseurs; de ceux-ci, en effet, la création seule coûtait cher; la dépense annuelle y était relativement modérée. L'entretien des jardins de Versailles et de Trianon, y compris le potager du Roi, ne coûtait que 190.000 francs vers la fin du règne de Louis XIV; joignez-y 106,000 francs pour les « fontaines » de Versailles, vous obtenez un total d'environ 300.000 francs. Or, s'il n'existe aucune propriété privée qui puisse se comparer à Versailles, au point de vue du capital initial, il en est plusieurs en France, de nos jours, dont les frais d'entretien égalent ou *dépassent* ceux des jardins du grand Roi; on en pourrait citer telle qui représente pour son possesseur une moyenne de 500.000 francs de débours annuel.

Cela tient d'abord à la hausse des salaires : depuis ceux du savant horticulteur, à qui incombe ici la direction supérieure, beaucoup mieux payé que

Le Nôtre ou La Quintinie, jusqu'aux simples garçons jardiniers appointés au double de ceux du xviie siècle. C'est aussi que le luxe moderne a évol ; celui des plantes, des fleurs et des primeurs est incomparablement plus développé que jadis. Il est presque sans limites pour qui prétend faire venir d'un autre hémisphère des arbres rarissimes en pleine force, fournir sa collection d'orchidées de sujets uniques, à 2.000 francs la pièce, obtenir les fruits précoces avec ces amas de houille qui remplacent ou devancent le soleil et reproduire à volonté, dans des serres de dimensions propices, les fleurs difficiles dont les connaisseurs sont épris.

Ici comme partout, l'extrême faste contemporain, plus compliqué que celui de nos aïeux, a le caractère discret, j'allais dire secret, qui sied à une époque jalouse, et se passionne pour l'aristocratie du « phénoménal », si naturelle à un peuple démocratique.

Il est des cas où le « plaisir de rareté » est indéniable, lorsqu'il s'agit de certains biens dont la foule ne peut user sans leur enlever une partie de leur charme : il serait sans doute plus agréable pour chaque Parisien de posséder le Bois de Boulogne à soi tout seul, ou avec un petit nombre d'amis, plutôt que d'en partager aux jours de fête la jouissance avec 500.000 propriétaires. Mais c'est justement la gloire du Progrès d'avoir créé cet encombrement en rendant accessible à tous la promenade jadis éloignée.

Les seules jouissances que n'éprouveront jamais l'*universalité* des êtres sont les jouissances *exceptionnelles*; M. de La Palisse est le seul qui l'eût remarqué; personne autour de nous ne s'y résigne. Oserions-nous bien rire de cet enfant jaloux qui refuse les pâtisseries offertes à la table de famille en disant avec rage : « Le seul gâteau que je veuille, c'est celui que mon frère a mangé ! » Il est des jouissances négatives, on ne les nivellera jamais ; pour beaucoup de nos contemporains, la seule privation vraiment insupportable, c'est de penser qu'il puisse exister un plaisir auquel ils ne goûtent pas.

# CHAPITRE VII

## Loyers gros et petits dans les villes.

La sécurité par cotisation. — Le droit de cité dans les villes
du Moyen Age. — Obligations imposées aux membres de ce
phalanstère. — Le service de la milice peut être considéré
comme une portion du loyer urbain. — Formalités qui res-
treignent les locations. — Hôtels et rues fortifiés. — Paris
demeura longtemps, sous le rapport de l'édilité, un groupement de villages. — La Beauté tout à fait indépendante de
la Commodité. — Les hôtels princiers et les maisons d'ouvriers ont disparu plus complètement que les châteaux
forts. — Le loyer de l'hôtel de Nesle, comparé aux gros
loyers du Paris actuel. — Les loyers des petits marchands.
— La taxe contemporaine sur les loyers ne tient pas
compte de la valeur en capital des habitations. — Loyers
parisiens des ducs d'Orléans et de Bretagne, des comtes
Palatins et d'Artois au xiv<sup>e</sup> siècle. — L'hôtel Saint-Pol. —
Loyers du duc de Guise, du cardinal de Bourbon, au
xvi<sup>e</sup> siècle; du duc de Longueville, de la reine Marie de
Médicis, du chancelier de Sillery, du duc de Bellegarde au
xvii<sup>e</sup> siècle. — Les loyers de la place Royale. — Surface,
consistance et distribution des logis de 9.000 à 2.000 francs
sous Louis XIII et Louis XIV. — Maison de Racine. — La
rue Sainte-Avoye et la place Vendôme sous Louis XV. —
L'hôtel d'Avaray et les maisons du faubourg Saint-Germain.
— Prix des terrains au xviii<sup>e</sup> siècle; leur enchérissement
depuis 1760. — La création des « boulevards », de la place
de la Concorde et de la rue Royale. — Prix de vente des
hôtels sur les façades de Gabriel. — Hôtels du faubourg
Saint-Honoré et du quai d'Orsay. — Les maisons de Paris,

sur un espace donné, ont beaucoup diminué en nombre parce qu'elles sont plus vastes. — La division moderne en appartements. — Habiter en « porte-cochère ». — Les maisons à « allées » forment les cinq sixièmes des immeubles parisiens sous la Régence. — Nouveauté du portier. — Subdivision des loyers parisiens actuels inférieurs à 500 francs. — La hausse des petits loyers depuis quatre-vingts ans, d'après les chiffres payés par la population indigente depuis 1829 jusqu'à 1910. — Les loyers ouvriers sous Louis XV; les « montées » détaillées, par étages, entre plusieurs sous-locataires.

Trop pauvres pour se payer des donjons individuels, les habitants des villes s'étaient ceinturés par cotisation d'un rempart commun, à l'entretien et à la défense duquel ils s'obligeaient à concourir de leur poche et de leur personne. A ce titre, on peut considérer à la fois comme un impôt, ou comme une portion du loyer urbain le service de la milice locale. La ville du Moyen Age n'est pas, comme les nôtres, accessible au premier venu. Les « frères et sœurs de loi », « les enfants de famille », ainsi que s'appellent les citadins dans les coutumes, formaient un phalanstère fermé.

Pour y avoir droit de résidence il ne suffisait pas de payer la taxe d'« habitage » réduite de moitié en faveur de ceux qui ont pris femme dans la commune; et ce n'était point assez de résider, fût-ce depuis cent ans, pour posséder l'aptitude légale aux honneurs et fonctions consulaires. Les habitants eux-mêmes, pour louer leurs maisons à des étrangers, doivent parfois obtenir l'autorisation de la communauté. Ces étrangers sont-ils « gens de considération »? il faut, avant de « les recevoir pour concitoyens », l'assentiment du parlement de la province. Sont-ils enfin, « après avoir demandé cette faveur avec instance et à genoux », investis du droit de cité, les nouveaux admis n'ont pas seulement à payer le « droit de bourgeoisie »; ils sont tenus souvent de posséder le tiers de leurs biens meubles dans la ville, ou de l'y faire transporter sans délai. De même qu'il existe un droit d'entrée, il en existe un de sortie, à payer par les pères de filles indigènes qui vont habiter ailleurs avec leur mari.

Ceux qui, sans se munir au préalable de ces privilèges, « quittent leur lieu de naissance pour se retirer dans les villes », auront beau y être depuis longtemps domiciliés, ils seront toujours sujets à l'expulsion sommaire. Ordre pourra leur être intimé par les échevins de « vider les lieux et d'aller s'habituer ailleurs ».

Ce particularisme, qui subsistait encore, bien que relâché, au xviie siècle, avait été fort strict au Moyen Age. En retour de ces avantages qui les constituaient en commun propriétaires de leur cité, les bourgeois étaient tous astreints à sa garde, sans distinction de caste ni de condition. Les ecclésiastiques sont tenus à faire le guet en personne; à Angers ils sont formés en troupe et ont pour chef un abbé notable.

C'était un usage général dans toute l'Europe. Dans le Midi de la France, la charge de capitaine est unie souvent à celle de premier consul; partout elle est obligatoire pour qui est désigné par le conseil municipal, et nul ne peut démissionner sauf pour « incommodité de vieillesse ». Obligatoire aussi était l'exercice de la pique, de la hallebarde, plus tard du mousquet, dont un « joueur de hautes et basses armes », payé par la ville, donnait des leçons. Chacun s'équipait et parfois devait fournir ses munitions. Aux patrouilles de nuit hebdomadaires

les riches, en temps normal, se substituaient des
portefaix et autres salariés, qui se chargeaient de
« servir à la garde » cinq ou six maisons; aux époques de troubles, les gens de toute qualité, conseillers et présidents de parlements eux-mêmes,
faisaient la ronde en personne. On voit de petites
villes au xvi⁵ siècle, où le bourgeois qui « abandonne le guet » est mis « dans une fosse de fossé »
au pain sec pendant trois jours.

A ce prix, on obtenait la sécurité vis-à-vis
du dehors et, pour se la mieux assurer au dedans,
certains hôtels avaient leurs retranchements, certains quartiers avaient leurs barricades permanentes;
d'où cette locution, aujourd'hui singulière, « ouvrir
la porte d'une rue ». Ces rues, sans alignement et
longtemps sans pavage, n'étaient pour la plupart
que de tortueux corridors dont beaucoup à Paris
n'avaient pas 4 mètres de large. Paris lui-même,
quoiqu'il eût changé de peau depuis le milieu du
Moyen Age, n'avait guère de trottoirs à la fin du
xviii⁵ siècle; ce qui rendait toutes les rues péril-
leuses. « Ceux qui font les lois roulent carrosse,
disait Mercier, et dédaignent les plaintes de l'infanterie. »

Le Paris dont Boileau nous a décrit les « embarras »
dans une de ses satires de jeunesse (1662) était, au
point de vue de l'éclairage, de l'eau, de la propreté
et des égouts, plus semblable à la capitale des premiers Capétiens qu'à celle de notre République.
C'était un groupement de villages, sous le rapport
de l'édilité comme au point de vue de la justice, que
prétendaient y exercer cinquante pouvoirs juxtapo-
sés et concurrents : abbayes et prieurés, chapitres,
hôpitaux et collèges, à titre de seigneurs primitifs
des hameaux englobés peu à peu dans ses murs.

Il faut évoquer ces villes informes, sales et nues, où Dieu seul était bien logé dans sa cathédrale gothique, pour mesurer avec quelle amplitude les besoins des hommes peuvent varier d'intensité ou de nature; combien le sens de la Commodité est indépendant par exemple de celui de la Beauté, puisque l'énorme New-York. avec ses cinq millions d'habitants, ne possède pas un seul monument grandiose et que le petit Paris de saint Louis a su bâtir Notre-Dame. Ces citadins du Moyen Age ou de la Renaissance, avec les faibles moyens pécuniaires et mécaniques dont ils disposaient, ont mis sur pied des joyaux de pierre, de fer et de bois, par lesquels ils comptent encore et vivent dans la mémoire de l'humanité; mais ils ne savaient tenir leurs rues ni droites, ni propres, ni sûres et des épidémies meurtrières les désolaient périodiquement, faute d'hygiène. Le Confortable moderne, dont nous sommes si fiers, ne serait-il que chimère, puisque tant de générations n'en ont pas soupçonné l'existence?

Dans ce cadre urbain du xıvᵉ siècle, les maisons populaires, serrées les unes contre les autres, ne différaient guère des logis ruraux si ce n'est par un détail : elles se présentaient à la rue non de face, mais de profil, par le pignon, sur lequel ouvrait au rez-de-chaussée l'allée d'accès et l'échoppe, au premier une ou deux fenêtres, puis un grenier dont les deux pentes s'unissaient avec celles des toits voisins, pour recueillir l'eau des pluies, que des gargouilles saillantes allaient verser en douche, au milieu de la rue sur le dos des passants. Tel était le type des immeubles qui, suivant leurs dimensions, leur quartier, et suivant aussi la prospérité ou le malheur des temps, depuis Philippe-Auguste jusqu'à Louis XII

(1200 à 1500) se louaient à Paris de 50 à 500 francs de notre monnaie [1].

Des boulangers, des bouchers, des épiciers paient de 120 à 320 francs ; des plâtriers, des charpentiers de 40 à 334 francs ; des savetiers, pelletiers, barbiers de 77 à 435 francs ; des fourbisseurs, gainiers, « sergens » (huissiers) ou apothicaires de 64 à 470 francs. Il va de soi que le loyer de ces ouvriers ou marchands varie dans la même profession, selon les ressources et l'achalandage de chacun, du simple au décuple, et qu'il se voit des maçons logés pour 54 francs rue des Marmousets (1358), et d'autres pour 412 francs, rue du Vert-Bois ; commé il se voit des loyers de « femmes amoureuses » à 166 francs, rue d'Autriche, et d'autres à 1.170 francs rue Saint-André-des-Arts (1490). Il se voit même des « chambrettes à fillettes » pour 51 francs, rue de la Harpe ; car les maisons se détaillaient, et, pour 28 francs, au xiiie siècle, on louait un étage rue Pavée (1286).

Cet étage, il est vrai, ne représentait qu'une chambre ; car il ne suffit pas de rapprocher les loyers anciens des modernes, il faut aussi comparer les logis auxquels ces loyers correspondent, aux temps passés et actuels, afin de savoir si, *pour un prix égal*, les logements sont pareils, ou meilleurs, ou moins bons. Or, il ne subsiste plus guère d'habitations privées remontant au Moyen Age. Même les hôtels princiers de la capitale des premiers Valois ont disparu beaucoup plus complètement que les châteaux forts de cette époque. Il n'en est plus trace dans le Paris de 1913 : toutefois, les descriptions,

1. Comme tous les chiffres cités dans ce volume, lesquels sont traduits et exprimés en monnaie de 1913, d'après la puissance d'achat actuelle des métaux précieux. (Voir la note page 18.)

mensurations et dessins des âges postérieurs nous en donnent une idée assez précise.

Il est moins aisé de reconstituer le *home* d'un prolétaire ou d'un petit bourgeois, contemporain de la guerre de Cent ans ou de la Renaissance. Il faut pour cela comparer les maisons entre elles, en deviner l'importance et les dimensions par le coût des matériaux qui, lui, nous est exactement connu. Ce dernier critérium n'est pas infaillible : on ne saurait dire que les immeubles urbains se vendent, et, par conséquent, se louent, pour le prix qu'ils ont coûté ou coûteraient à construire. Au contraire, suivant qu'une ville se peuple ou se vide, suivant qu'au sein d'une même ville tel ou tel quartier gagne ou perd la vogue, les constructions existantes enchérissent ou diminuent sans mesure et sans aucun rapport avec leur dépense initiale.

Nous avons sous les yeux des exemples topiques de ces fluctuations dans le triplement récent de certains loyers des environs de l'Opéra où tel joaillier paie 360.000 francs par an la jouissance de son magasin; tandis que le Palais-Royal, siège du commerce de la bijouterie avant 1870, a vu ses arcades, disputées alors pour 6.000 francs chacune, tomber graduellement à 1.000 francs sans trouver toujours preneur à ce taux.

Pour les mêmes causes, sous le règne de saint Louis (1254), une *maison avec cour*, sise sur le *Petit-Pont*, se louait 6.500 francs, bien qu'elle ne pût être que fort exiguë, comme le montrent les miniatures du temps; sans doute était-elle précieuse pour le trafic et le change, non loin des tours du Châtelet, au pied desquelles naquit « la Bourse. ». Mais à la même époque, rue Montmartre (1260), hors de la porte Saint-Eustache, une maison avec jardin de 3.400 mètres ne se louait que 1.440 francs.

Le plus gros loyer de Paris au Moyen Age fut celui de l'Hôtel de Nesle. Sa valeur vénale, car il changea trois fois de propriétaire au xiv^e siècle, montre aussi de quelles hausses était alors susceptible un immeuble parisien. Vendue 204.000 francs en 1321, puis 430.000 en 1330, cette demeure, qui occupait au bord de la Seine l'emplacement actuel de la Monnaie et de l'Institut, fut acquise, en 1381, par le duc de Berry, oncle de Charles VI, moyennant 720.000 francs, somme que vinrent accroître encore les embellissements du nouveau possesseur. Trop à l'étroit dans le château crénelé qui avait suffi à la fameuse Marguerite de Bourgogne, le duc de Berry y annexa des tuileries, le « jardin des Arbalétriers » et divers terrains adjacents dans le faubourg, hors des fossés de Paris. Sur les uns il édifia de nouvelles galeries, avec jeu de paume, « librairie » et chapelle; sur les autres, il fit faire un jardin, « le séjour de Nesle », relié à son hôtel par un pont-levis.

Ces dépenses, auxquelles il fut pourvu par les dons royaux, montèrent à 390.000 francs; à 9 %, taux de revenu du xiv^e siècle pour les placements urbains, ce capital global de 1.100.000 francs, — en monnaie de jadis 30.550 livres tournois, — représenterait, pour le prince le plus fastueux du Moyen Age, un loyer de 100.000 francs, chiffre qui n'a été ni dépassé ni atteint dans les temps modernes, sauf par les rois.

Une valeur de 1.000.000 de francs n'est pas aujourd'hui bien extraordinaire à Paris. D'après les estimations, plutôt modérées, du fisc, il se trouve dans notre capitale 1.100 immeubles de 1 à 2 millions, 310 de 2 à 5 millions, 60 au-dessus de 5 millions de francs. Mais tous ne sont pas, il s'en faut, destinés à l'habitation. Un tiers d'entre eux sont des usines, des théâtres, des gares de chemins de fer, des bureaux, des magasins, des banques dont une seule a coûté 50 millions. Ces catégories mises à part, et en négligeant 15 arrondissements sur 20, il reste dans les I<sup>er</sup>, VII<sup>e</sup>, VIII<sup>e</sup>, XVI<sup>e</sup> et XVII<sup>e</sup>, c'est-à-dire dans ceux de la Madeleine, des Champs-Elysées, du faubourg Saint-Germain, de l'Arc de Triomphe et du Parc Monceau, quelque 800 logis de plus d'un million, dont 170 de 2 à 5 millions et 30 de plus de 5 millions.

L'intérêt de l'argent n'étant plus ce qu'il était au temps des Armagnacs et des Bourguignons, un loyer de 100.000 francs correspond à plus de 2 millions en capital et les 200 propriétés bourgeoises de cette valeur sont souvent occupées par plusieurs locataires différents. Il serait donc tout à fait inexact de dire qu'il y a 200 personnes, à Paris, dont l'habitation représente un loyer de 100.000 francs, mais il en est probablement une soixantaine. Or, il n'y avait qu'une seule personne dans ce cas, il y a cinq siècles et c'était un prince tout-puissant.

On ne saurait oublier que la statistique de l'impôt sur les loyers donne forcément des chiffres inférieurs à la réalité, parce que les immeubles habités par leurs propriétaires sont taxés par le fisc, non d'après leur *valeur en capital*, mais sur la base de leur *valeur locative*. Et, comme il n'y a pas de « locataire » *bourgeois* qui consentirait à payer annuellement plusieurs centaines de mille francs pour la jouissance d'un hôtel, quelque somptueux qu'il puisse être, il en résulte que telle opulente demeure dont la valeur *en capital*, jardins et bâtiments compris, est *officiellement* de 6.700.000 francs, ne figure sur les rôles de la contribution mobilière que pour une valeur *locative* de 106.000 francs, au lieu de 335.000 francs correspondant au revenu de la somme qu'elle a coûtée.

Cette distinction a son importance parce que, dans la comparaison que nous faisons ici du passé et du présent, nous avons évalué les loyers d'autrefois, urbains ou ruraux, aussi bien d'après le prix d'achat ou de construction des maisons, que d'après leur loyer effectif.

Sur cette base, le loyer le plus élevé du Paris ancien, après celui de l'hôtel de Nesle, fut de 65.000 francs, rue Saint-André-des-Arcs, pour l'hôtel d'Orléans, possédé (1421) par Amédée, premier duc de Savoie. C'était une manière de palais, avec lambris et plafonds de bois d'Irlande « de la même façon qu'au Louvre ». Il s'y remarquait un plus grand souci de luxe qu'à l'hôtel de Bourgogne, où Jean sans Peur couchait dans une chambre toute de pierres de taille, « terminée de mâchicoulis ». A l'hôtel d'Orléans, les précédents propriétaires, le duc, père du célèbre Dunois, et la duchesse (Valentine de Milan) avaient occupé chacun un étage du corps principal dont l'appartement se composait d'une grande salle, d'une chambre de parade — 16<sup>m</sup>,50 de long; — d'une grande chambre — 12 mètres sur 6; — d'une garde-robe, de cabinets — 7 mètres sur 4 — et d'une chapelle. Les croisées avaient 4<sup>m</sup>,50 de haut sur 1<sup>m</sup>,50 de large. Dans les sous-sols, les combles et les dépendances étaient installés le cellier, où se faisait l'hypocras, l'échansonnerie, la fruiterie, l'épicerie, et aussi la pelleterie, la maréchalerie et la fourrière, servant de remise aux « chariots branlans ».

Au XIV<sup>e</sup> siècle, les loyers princiers de la comtesse d'Artois (19.000 francs), de l'hôtel de Forez (13.000 francs) appartenant au duc de Bretagne, des hôtels de la Reine Blanche et du comte Palatin du Rhin, tous deux de 11.600 francs, s'appliquent à des logis où les plus grands personnages voisinaient avec de très humbles bicoques, dans les rues de la Tixeranderie, Saint-Jacques et de la Huchette. Rue Trousse-Nonnain, l'évêque de Châlons se déclarait fort incommodé (1368) par les femmes de mauvaise vie dont les asiles garnissaient ses entours. D'autres, pour avoir plus d'espace, s'étaient campés au milieu des vignes et des champs, dans les « cultures » Saint-Martin, Montmartre, du Temple ou rue des Fossés-Saint-Germain.

Sur le sol qui devait un jour former la place du Carrousel, dont le déblaiement ne fut achevé qu'au xixe siècle, des maisons démolies et reconstruites, des jardins et des ruelles, empiétant tour à tour les uns sur les autres, se succédèrent pendant cinq cents ans. A la place où s'élève aujourd'hui le monument de Gambetta, le surintendant Enguerrand de Marigny eut, au début du xive siècle, son hôtel qui, après bien des changements de maîtres et de structure, devenu la propriété du duc de Longueville, vit la belle duchesse Anne-Geneviève machiner la Fronde et distribuer les rôles à son mari, à son amant La Rochefoucauld et à son frère le Grand Condé.

Cette demeure fut expropriée en 1657 moyennant une indemnité de 1.140.000 francs pour les agrandissements du Louvre. A ce prix, un seul peut être mis en parallèle : les 940.000 francs payés par Marie de Médicis pour l'hôtel et les onze hectares de terrain du Luxembourg, dont le vaste parc subsista dans son entier jusqu'au Second Empire. La collec-

tion de bâtisses, connues sous le nom d'hôtel Saint-
Pol ou des Tournelles, dont Charles V et son fils
avaient fait leur palais et que Louis XI et François I<sup>er</sup> dispersèrent, n'avait pas, semble-t-il, coûté
aussi cher et leur superficie, comprise entre la rue
Saint-Antoine, la Bastille et le quai des Célestins
était moins étendue.

Il n'y avait pas eu, au xvi<sup>e</sup> siècle, de loyer plus
coûteux que celui du duc François de Guise
(34.200 francs) dans l'ancien hôtel du connétable de
Clisson; un autre grand seigneur, le cardinal de
Bourbon, ne paie que 20.000 francs rue des Bil-
lettes. Au cours du xvii<sup>e</sup> siècle, les chiffres les plus
élevés sont ceux des hôtels de Condé, rue Monsieur-
le-Prince, du chancelier de Sillery, rue Saint-Honoré
(35.700 francs chacun), du duc de Bellegarde dans
l'ancien hôtel Montpensier (32.000 francs) et du
maréchal d'Effiat, surintendant des finances, rue
Vieille-du-Temple (25.500 francs), en 1634.

Ce dernier, quarante ans après, avait baissé de
25 °/₀; dépréciation sans importance comparée à
celles que subirent, en certaines périodes, les maisons que l'on peut suivre à travers les âges : tel
immeuble de la rue Notre-Dame fut loué successivement 700 francs en 1241, 1.280 francs en 1295,
120 francs en 1369, 60 francs en 1442, 370 francs
en 1507 et 620 francs en 1558. A de si longs inter-
valles on peut supposer que la maison a été plusieurs fois remaniée; mais lorsqu'elle est demeurée
sans changement, comme les hôtels de la place
Royale qui baissèrent du xvii<sup>e</sup> au xviii<sup>e</sup> siècle, c'est
que la mode les abandonne.

Sous Louis XIII, la galerie quadrangulaire de « la
Place », — et chacun alors, sans être bien mondain,
savait que « la place » et « l'île » tout court signi-

fiaient la place Royale et l'île Saint-Louis, — était la promenade élégante. Les pavillons brique et pierre, qui en formaient le pourtour, contenaient les premiers « salons » dont ait parlé l'histoire : les « Messieurs du Marais » se donnaient rendez-vous chez M^me de Rohan et les « dix-sept seigneurs » chez Bassompierre. Le loyer du maréchal était le plus élevé — 16.300 francs —; celui du président de Potier-Blérancourt ne dépassait pas 9.800 francs, et tel autre 7.500 francs pour une façade de 15 mètres sur 54 de profondeur.

Les loyers de 10.000 à 20.000 francs qui, dans le Paris actuel, sont au nombre de 2.300, étaient cités au xvii^e siècle : ceux de l'ambassadeur d'Angleterre, rue de Tournon, et de Cinq-Mars, pour l'hôtel de Clèves, étaient de 15.000 francs et l'on blâma beaucoup la folie de M^me de Coislin, qui louait 19.500 francs l'hôtel d'Estrées, rue Barbette.

Les immeubles offerts dans les *Annonces-Avis* de 1633 comportent, pour 8.000 à 9.000 francs, 3 salles et 4 chambres, parfois avec mention de « belles peintures murales », cuisine, cour, une ou deux portes cochères, jardin souvent et toujours remises et écuries pouvant contenir de 5 à 11 chevaux; le tout situé dans les quartiers du Temple, du Louvre ou du Pont-Neuf. Pour 4.000 à 5.000 francs on a, place Maubert ou rue des Grands-Augustins, « grande salle, 4 chambres, bouges, cabinets, galerie, cour, caves, écurie pour 4 chevaux ». Pour 2.000 francs l'on peut encore avoir « 6 chambres avec cabinets, 1 pavillon avec études, 2 caves, 2 boutiques, cour et puits »; mais ici l'on n'a plus de « porte cochère ».

Cinquante ans plus tard, M. d'Aubigné comptait mettre 5.200 francs à son hôtel. M^me de Maintenon affirme qu'à ce prix « il sera fort beau »; que l'on doit trouver, pour 3.500 francs, « vers le quartier de Richelieu, des Petits-Champs, tout le tour du Louvre et toutes les petites rues qui aboutissent, de côté ou d'autre, à la rue Saint-Honoré. Vous pourriez encore, écrit-elle à son frère, si le Pont-Rouge est rétabli, vous étendre sur les quais. « Vous aurez toujours assez de logement dans une maison où il faut deux remises de carrosses et une écurie pour 8 ou 10 chevaux. » L'on ne sait ce qu'il advint de la location projetée; nous avons dit, dans le chapitre précédent, que le budget dressé par M⁰⁰ de Maintenon n'était guère sérieux; elle eût été bien empêchée de le mettre en pratique. Nous savons ce que l'on pouvait avoir à cette époque pour 3.500 francs.

C'était le loyer de Racine pour sa maison de la rue des Marais, qui existe encore, — elle porte aujourd'hui le n° 13, rue Visconti [1]. — Sa façade, percée de trois fenêtres remarquablement exiguës, offre un aspect assez morne; elle est élevée de deux étages, sous les combles; chaque appartement consiste en trois pièces de médiocre dimension, avec une petite aile sur la cour, d'où le logis tirait presque toute sa lumière. Si le loyer, qui baissa au xviii⁰ siècle, où M^lle Clairon n'y payait que 2.600 francs, est aujourd'hui monté à 12.000, c'est qu'une imprimerie a transformé la cour en un vaste atelier vitré. Toute la valeur de cet immeuble réside dans sa superficie de plus de 500 mètres, tandis qu'elle consistait, sous Louis XIV, dans le bâtiment mal conçu qui utilisait une faible part de ce terrain.

Tout en essaimant au Sud, jusqu'à la rue de Vaugirard, au Nord-Ouest jusqu'à la nouvelle enceinte, de la Porte Saint-Denis à la Madeleine, les classes

1. La plaque commémorative a été posée à tort sur le n° 21.

riches furent très lentes à déserter le Marais et les environs du Temple : quoique le maréchal de Luxembourg se fût bâti, sur l'emplacement actuel de la rue Cambon, un hôtel dont les jardins se prolongeaient jusqu'aux remparts; quoique, sur la rive gauche, la rue d'Enfer eût des hôtes de marque comme le prince de Salm-Kirbourg, la petite rue du Roi-de-Sicile où habitait le secrétaire d'Etat Chavigny n'avait pas perdu toute vogue et le duc de la Trémoille quittait. en 1745, la place Louis-le-Grand, sur la paroisse Saint-Roch, pour aller s'installer rue Sainte-Avoye, sur la paroisse Saint-Merry. Il payait là 12.300 francs par an.

Pour un loyer équivalent, place Vendôme, à la même date (1751), *les Petites Affiches* offraient une maison « grande et belle » à vendre 250.000 francs. Or, en 1910, la maison vendue le plus récemment place Vendôme dépassait le prix de 5 millions; au lieu que l'hôtel de la rue Sainte-Avoye, dont le loyer avait monté à 20.000 francs en 1788, époque où il était occupé par un avocat au Conseil, ne trouverait peut-être pas preneur à son chiffre d'il y a cent ans.

En effet, le quartier Sainte-Avoye est de tous celui qui a le moins progressé (8 % seulement) durant la période 1860-1910, où le revenu des maisons parisiennes a passé dans son ensemble de 400 à 950 millions de francs. Il est vrai qu'à Chaillot et à la Porte-Dauphine, la valeur locative est sept fois et quatorze fois plus élevée qu'il y a cinquante ans, tandis qu'elle est restée presque stationnaire dans le centre.

Dans le faubourg Saint-Germain, certains immeubles bâtis sous la Régence ont simplement doublé de prix, témoin l'hôtel d'Avaray, une des rares habitations parisiennes qui, depuis deux siècles, se soit transmise immuablement de père en fils jusqu'à nos jours. En 1718, le marquis d'Avaray, maréchal de camp, aïeul de celui qui fut le compagnon fidèle de Louis XVIII durant la Révolution, acquit rue de Grenelle un terrain de 2.500 mètres pour le prix de 104.200 francs. Ce taux de 41 francs le mètre semble excessif, comparé au sol maraîcher de la rue de Sèvres qui valait 1 franc en 1733 ; il était au contraire avantageux, rapproché des 66 francs que l'on demandait en 1707 pour un lot de 2.000 mètres au coin de la rue du Bac et du quai d'Orsay. Le placement n'était pas mauvais en somme, puisque en 1779 il se vendit du terrain à 93 francs rue de l'Université, aux environs de la rue de Solférino. Pour son hôtel, édifié entre cour et jardin, M. d'Avaray ayant déboursé 501.000 francs, cette demeure lui revenait ainsi à 605.000 francs. Elle n'est cependant pas estimée aujourd'hui plus d'un million, parce que, si le sol a théoriquement décuplé de valeur, ce serait à condition de remplacer l'hôtel seigneurial par une maison de location.

Ces capricieuses évolutions étaient impossibles à prévoir dans ce Paris à qui il avait fallu un millier d'années, de Charlemagne à Napoléon, pour grouper ses 600.000 habitants de 1810 et qui, depuis cent ans, en a conquis 2 millions de plus. Au temps où la capitale était à peine du *neuvième* de sa superficie actuelle, le cardinal de Richelieu la déclarait à son apogée, « digne de l'admiration d'un chacun comme la huitième merveille du monde ». Le pouvoir était hostile à toute extension ; les terrains à l'intérieur de la ville semblaient suffire, leur prix n'avait rien d'exorbitant. Ceux du Marais, aussi recherchés sous Louis XIII que ceux des Champs-Élysées actuels, valaient de 21 à 45 francs le mètre. Si l'on rencontre au commencement du xviiie siècle, pour une enclave de 66 mètres près du Châtelet, le prix de 127 francs, ou celui de 714 francs pour 40 mètres près de Notre-Dame, on ne peut faire état de ces parcelles minuscules.

Au contraire, depuis 1760 jusqu'à la fin de la Monarchie, la population afflue, les terrains enchérissent. « Ce qu'on tirait de pierres de taille était prodigieux, remarque en 1767 un contemporain, ainsi que le nombre des maçons employés, ce qui gênait dans bien des rues ». « On bâtit de tous côtés, écrit un autre sous Louis XVI; les entrepreneurs font aujourd'hui fortune; des corps de logis immenses sortent de terre comme par enchantement et des quartiers nouveaux ne sont composés que d'hôtels de la plus grande magnificence ».

Quand le loyer seul de ces hôtels nous est connu, comme ceux du baron de Talleyrand, rue de l'Université (20.000 francs), du comte de Bissy ou de la comtesse de Gramont, rue de Lille (14.000 francs), mais que nous ignorons leur superficie, il est impossible de discerner l'influence de la hausse du terrain sur les prix de location; mais lorsque de vastes immeubles de 800, 1.600, voire de 5.000 mètres de surface se vendent à la fin de l'ancien régime sur le pied de 150 et 250 francs le mètre, le long des « nouvelles promenades formées, dit aigrement Casanova vieilli, sur les faux remparts décorés du nom sonore de *boulevards*, » il est clair que la plus-value du sol intervient partout; aussi bien sur la place du Palais-Royal, où le mètre vaut alors 900 et 1.300 francs — au lieu de 25 francs au xviie siècle, — que près de la Madeleine où 4 hectares montaient en huit ans de 150.000 francs, à 600.000 francs

(1767-1775). Tels morceaux triplèrent de valeur en un an, dit Restif, « parce qu'ils furent mis en rue ».

De ce nombre fut la place de la Concorde : le financier Law, mort insolvable en 1729, bien que sa succession, liquidée seulement en 1776, ait laissé un excédent d'actif, possédait 19.200 mètres de terrain entre la chaussée des Tuileries, la rue Saint-Honoré et la rue Boissy-d'Anglas (autrefois rue de la Bonne-Morue). Ses créanciers s'estimèrent heureux de vendre au maréchal de Belle-Isle, sur le pied de 25 francs le mètre, ce lot dont le nouveau propriétaire céda le tiers environ à la Ville, pour une place projetée au bout du jardin des Tuileries et « destinée à recevoir la statue équestre de Sa Majesté. »

Ce fut sur cet emplacement que Gabriel édifia ses deux façades monumentales, chacune de 120 mètres de long. L'une d'elles, aujourd'hui occupée par le ministère de la marine, servit d'abord, comme on sait, de garde-meuble royal; l'autre fut morcelée entre divers particuliers. Le terrain seul fit l'objet d'une adjudication publique, les constructions, élevées par la Ville à ses frais, devant lui être remboursées par les futurs propriétaires. Le pavillon de droite et une travée de la colonnade, — 1.048 mètres carrés, — furent acquis, en 1776, à raison de 90 francs le mètre, par la marquise de Coislin qui y joignit deux croisées de la rue Royale avec 360 mètres sur le pied de 116 francs. Les cinq travées contiguës de la colonnade furent vendues au sieur Rouillé de l'Estang, sur la base de 140 francs le mètre, pour un carré de 800 mètres en façade, et de 70 francs pour 224 mètres en profondeur. Les autres adjudicataires obtinrent des conditions identiques.

Les terrains en bordure de la rue Royale trouvèrent moins aisément preneurs, parce qu'il restait deux maisons à abattre pour faire communiquer la voie nouvelle avec le faubourg Saint-Honoré. La Ville, s'étant engagée à les acquérir, céda pour 100 francs le mètre, en 1777, la superficie de 5.300 mètres qui lui restait à un entrepreneur auquel elle faisait une remise par avance des taxes de mutation à venir.

Dans la dépense totale de 9.500.000 francs, faite pour l'aménagement de la place Louis XV et comprenant les balustrades de maçonnerie, fossés, guérites, pavillon du fontainier et trottoirs (1 million 800.000 fr.), le pavage et la serrurerie (400.000 fr.), les murs et terrasses du jardin des Tuileries et les achats de terrains, figurait, pour les deux grands corps de façade, une somme de 3.120.000 francs (dont 600.000 de sculptures exécutées sous la direction de Guillaume Coustou). Le remboursement à la Ville par les propriétaires, stipulé à forfait 175 francs le mètre, était loin de couvrir les frais de ces constructions et la servitude architecturale qui leur était imposée ne fit pas obstacle à des profits successifs.

La plus récente transaction, dont un hôtel de la place de la Concorde ait été l'objet, fait ressortir le prix du mètre à 1.800 francs; elle concerne le pavillon de gauche avec deux travées de la colonnade, vendu par la famille de Polignac 2 millions 600.000 francs à la Société des magasins du Louvre pour l'exploitation d'une hôtellerie. Le comte de Crillon l'avait acheté, en 1788, à l'entrepreneur Trouard 600.000 francs. A la fin du règne de Louis XVI, ce dernier prix était encore exceptionnel; tout près de là, on offrait pour 300.000 francs, à l'entrée du faubourg Saint-Honoré, un grand hôtel avec jardin donnant sur les Champs-Elysées.

Le bon marché relatif de cet hôtel, qui vaudrait aujourd'hui sans doute plusieurs millions, tenait à ce que les Champs-Elysées étaient, à cette époque, la frontière du Paris habité. Mais au xiv° siècle, dans un quartier alors aussi excentrique, — entre le Louvre et les Tuileries, — un hôtel princier, avec 13.000 mètres de terrain, ne valait que 141.000 francs, tandis qu'en 1778, sur un emplacement d'environ 4.200 mètres, allant du quai d'Orsay à la rue de Lille (n°ˢ 82, 84 et 86 actuels), près du futur pont de la Concorde. l'hôtel bâti par le duc d'Havré lui revenait à 1.200.000 francs.

Par une lente évolution de la chaumière à la caserne, les maisons de Paris, sur une surface donnée, ont grandi *en taille* et par conséquent diminué *en nombre*. Les *Petites-Affiches* contiennent sans cesse sous Louis XV l'offre, dans les vieux quartiers, de « deux maisons contiguës qui n'en font plus qu'une », ou « d'une maison qui en composait ci-devant quatre ». Et le mouvement se poursuit de nos jours : dans les quartiers Saint-Germain-des-Prés, de la Monnaie, du Mail, Bonne-Nouvelle et Saint-Gervais, il y a aujourd'hui *moins de maisons* qu'en 1860. Lorsqu'on voit, aux derniers siècles, des immeubles loués de 1.000 à 2.000 francs à un épicier, un maître-cuisinier, un lecteur du roi, un sculpteur, ou de 2.000 à 3.000 francs à un parfumeur, rue Saint-Séverin ; à un drapier, rue du Petit-Four ; à un mesureur de bois, à un marchand de vin, même à un substitut du procureur général, rue des Blancs-Manteaux, l'on ne sait si ces immeubles sont *intégralement* occupés par leur locataire en titre.

S'il s'agit de personnages comme le marquis de La Vrillière ou le duc de Béthune-Charost qui paient, l'un 4.225 francs rue Saint-Thomas-du-Louvre, l'autre 11.400 francs rue Saint-Guillaume, ou si les bâtiments sont affectés à un usage déterminé : le collège de Sainte-Barbe (4.275 francs en 1738), le Jeu de Paume de la rue du Bouloi (8.700 francs en 1641), il n'y a pas de doute possible ; mais nous ignorons si le tapissier Jean Poquelin, père de Molière, pour sa maison de la rue Saint-Honoré (8.200 francs en 1638), ou si tel avocat, tel contrôleur de la Chancellerie, voire tel receveur général des Monnaies ou tel entrepreneur des bâtiments du Roi, ont payé seuls les 7.000, 9.000 et 10.000 francs par an qui leur incombent en personne. Et cette observation est nécessaire, parce qu'à ne considérer les maisons qu'en totalité, sans prendre garde qu'on les morcelait, on serait porté à exagérer beaucoup le nombre des gros loyers de jadis.

Si la hausse des loyers, depuis le Moyen Age jusqu'à la fin de l'ancien régime, n'avait pas correspondu à la hausse du sol, c'est que les maisons du peuple et de la bourgeoisie avaient perdu ce caractère de domicile personnel, qu'elles gardaient à la campagne et dans les localités secondaires, pour devenir des ruches humaines où chaque famille occupe privément un certain nombre d'alvéoles, sous la condition de payer son terme au propriétaire.

Cette division en appartements devait être difficile dans les hôtels construits sur les plans antérieurs à Louis XIII, où « l'on ne savait que faire une salle à un côté, une chambre à l'autre et un escalier au milieu ». On apprit de M<sup>me</sup> de Rambouillet à placer à l'extrémité du bâtiment ces escaliers de pierre, précédemment disposés en spirale avec une corde fixée au mur, dont la forme se modifia. On obtint ainsi une suite de pièces; car « plusieurs, sans être de grande qualité, remarquait Fontenay-Mareuil (1610), commençaient déjà à mettre une salle et une antichambre devant leur chambre ». On s'avisa au même temps de placer les portes et les fenêtres vis-à-vis les unes des autres et de faire celles-ci hautes et larges, descendant jusqu'au sol pour laisser jouir de la vue des jardins.

Les 4.000 maisons « à porte cochère », que Germain Brice (1718) apprécie en moyenne à 6.700 fr., s'élevaient parfois au triple sous Louis XVI, témoin l'hôtel de la rue de Vaugirard dont le marquis de La Blache payait 10.000 francs le premier étage, le rez-de-chaussée et le deuxième étant loués séparément à deux autres seigneurs pour 4.000 et 5.000 francs.

La « porte cochère » constituait, entre les deux catégories de logements parisiens, une démarcation profonde. On n'y pouvait renoncer sans déchoir. Il était presque ignoble de ne pas « demeurer en porte cochère ». Fût-elle *bâtarde*, c'est-à-dire trop exiguë pour le passage d'un carrosse, elle avait un air de décence que n'obtenait jamais *une allée*. « Celle-ci conduirait à l'appartement le plus commode qu'elle serait proscrite, fût-elle encore large et bien éclairée. Il y a des portes cochères obscures, embarrassées par des équipages, où l'on risque de donner de l'estomac dans le timon et dans l'essieu. Eh bien ! l'on préfère ce passage étroit à cette voie roturière qu'on appelle « allée ». Les femmes de bon ton ne vont point visiter ceux qui sont logés ainsi. » Cette morgue est-elle sans excuse? Mercier, de qui nous tenons ces détails, sous Louis XVI, ajoute : « Les allées des maisons ont ceci de vraiment incommode que tous les passants y lâchent leurs eaux, et qu'en rentrant chez soi on trouve, au bas de son escalier, un pisseur qui vous regarde et ne se dérange pas. Ailleurs on le chasserait, ici le public est maître des allées pour les besoins de nécessité. Cette coutume est fort sale et fort embarrassante pour les femmes ».

Ce type était, au temps de la Régence, celui des cinq sixièmes des maisons parisiennes, — 20.000 sur 24.000, — et plusieurs milliers de ces allées desservaient à la fois un immeuble de façade de 2.000 à 2.400 francs de loyer, et, dans le fond de la cour intérieure, une bâtisse masquée dont le prix était moitié moindre. Ces maisons se gardaient comme elles pouvaient. L'idée d'y mettre, et surtout d'y payer, un portier ne vint que fort tard : c'était encore, vers la fin de Louis XV, une nouveauté assez rare pour que le propriétaire la signalât et la fit valoir: « Appartement au premier, dans une maison neuve, *où il y a un portier* », disaient les annonces de 1760.

L'ouvrier du Moyen Age, dont le gain annuel était d'un millier de francs, se payait sans peine une maisonnette de 100 à 200 francs par an ; sa situation fut meilleure encore lorsque les loyers baissèrent prodigieusement au XV$^e$ siècle, en raison de l'abondance des logis vides, pendant que les salaires montaient à 1.200 francs. Mais du moment où le compagnon de métier ne gagna plus, à partir de 1550 jusqu'à la fin du XVIII$^e$ siècle, qu'une moyenne de 675 francs par an et que les moindres maisons parisiennes se louaient 350 francs, on devine qu'il dut renoncer à vivre sous un toit distinct.

Aujourd'hui, les trois quarts des locaux de Paris, — 735.000 sur 980.000, — correspondent à un loyer de moins de 500 francs ; la moitié d'entre eux, —

436.000, — n'atteignent pas 300 francs et près du quart, — 205.000, — sont inférieurs à 200 francs par an. Mais ils sont à peu près tous supérieurs à 100 francs. Un loyer de moins de 100 francs est présentement exceptionnel, puisqu'il n'en existe que 17.000 et que, parmi les pauvres même, vieillards, infirmes ou incurables, secourus *de façon permanente* par l'Assistance publique, *1 °/₀ seulement paient moins de 100 francs de loyer*, 74 °/₀ paient de 100 à 200 francs et 25 °/₀ de 200 à 300 francs. De cette population indigente, le sixième (16 °/₀) en 1886, — la moitié (50 °/₀) en 1856, — et les deux tiers (68 °/₀) en 1829, — mettaient moins de 100 francs à leur loyer. Et, bien que 100 francs de 1856 et de 1829 vaillent 140 et 160 francs de 1913, cette comparaison n'en rend pas moins sensible la hausse des petits loyers depuis quatre-vingts ans.

Le loyer moyen du ménage populaire, qui ressort de nos jours, à Paris, à 280 francs, peut être évalué à 140 francs sous Louis XV. M$^{lle}$ Godiche, la monteuse de bonnets, qui habite avec sa tante rue des Cordeliers, ne paie que 90 francs par an ; c'est pourtant une « bonne petite hardie » qui a des amoureux, nous dit dans ses *Contes* M. de Caylus. A ces prix minimes répondaient des locaux à l'avenant. — « Comment es-tu logée ? demande-t-on à la *Petite Éventailliste* de Restif. — Dans la rue Saintonge, chez la crémière, dans un trou, sur la cour, ous qu'on ne voit pas clair à midi. »

On traitait ainsi le plus souvent avec un principal locataire qui détaillait par étage la « montée », — ainsi nommait-on les escaliers étroits et raides, — et chaque étage, à son tour, était l'objet de rétrocessions entre trois ou quatre sous-locataires qui, sur le même palier, tenaient leurs baux les uns des autres. Qu'étaient ces logements modestes, comparés à ceux d'aujourd'hui? Qu'étaient-ils, non pas seulement à Paris, mais dans les villes petites et grandes de la province? Il n'en a été jusqu'ici que fort peu question; ce sont pourtant ceux des millions de ménages qui forment la majorité de la nation. Mais, pour en parler, il faut les reconstruire, connaître en détail les prix de chaque nature de matériaux et de leur mise en œuvre depuis sept siècles; c'est l'histoire que j'essaierai de faire dans le chapitre suivant.

# CHAPITRE VIII

## Ce qu'il en coûtait jadis pour bâtir. — Prix des matériaux depuis 600 ans.

Le logement est celui de nos besoins que les découvertes modernes ont le moins transformé *dans sa substance*. — La Loi peut détruire les palais, la Science seule peut embellir les chaumières. — Nous connaissons les anciens *loyers* mais non les anciens *logis*, qui sont détruits. — La gradation des loyers, dans une même ville, donne seulement idée de leur importance *relative*. — La seule méthode, pour arriver à une appréciation certaine, consiste à reconstruire par la pensée les maisons d'autrefois, en comparant au loyer le coût des matériaux et de leur mise en œuvre. — Si la construction coûtait jadis aussi cher que de nos jours, on pourra conclure que les loyers infimes devaient procurer des logements plus exigus.

Prix de la pierre de taille et des moellons depuis le Moyen Age jusqu'au xviiiᵉ siècle, comparés à leurs prix actuels : à Saint-Leu, Saint-Cloud, Conflans, Tonnerre, Craon (Mayenne), Bordeaux, Orléans, Nantes, Rodez, Clermont-Ferrand. — Les briques. — La chaux et les anciens mortiers. — « Terre à maçonner ». — Prix anciens du mètre cube de maçonnerie à forfait. — Peu de murs. — Maisons en pans de bois recouverts de plâtre. — Prix élevés du plâtre. — Variations des prix du bois de charpente. — La toiture; les lattes et clous à lattes. — La menuiserie, les planchers. — Couvertures d'ardoise, de plomb, de pierre. — Les toitures en chaume ont coûté, depuis six cents ans, à peu près autant que de nos jours. — Prix élevé de la peinture et des vitres. — Progrès et économies modernes, réalisés dans la préparation des matériaux et dans les frais de main-d'œuvre. — Les métaux ; serrurerie ; baisse de prix de 75 % du plomb, du cuivre et du fer.


Bien qu'il y ait quelque différence entre le « seigneur » d'aujourd'hui, qui descend d'automobile à sa porte pour gagner son appartement en ascenseur, et le riche propriétaire du Moyen Age, devant qui se baissait le pont-levis lorsqu'il rentrait à cheval dans son donjon, il semble que le logement soit celui de nos besoins que les découvertes modernes aient le moins transformé *dans sa substance.*

C'est en tout cas celui qu'elles ont le moins nivelé : visitez les taudis et les palais à Paris ou, dans les campagnes, certains châteaux et certaines chaumières ; allez, de chez ceux qui n'ont rien à perdre, chez ceux qui n'ont rien à souhaiter de ce qui constitue, dans l'opinion commune, le charme d'un foyer, vous vous demanderez si l'inégalité entre les hommes est jadis allée plus loin, et si la civilisation, au lieu de l'atténuer, ne l'a pas accrue en ce domaine.

Il est bien vrai que nous ne constatons ici aucune de ces innovations capitales qui ont révolutionné la nourriture ou le vêtement, l'éclairage ou les transports : un champ est trois fois plus prodigue de blé qu'il y a cent ans, mais une carrière n'est pas trois fois plus prodigue de pierres ; le tisserand fabrique dans sa journée vingt fois plus de mètres d'étoffe que jadis, mais le maçon n'édifie pas vingt fois plus de mètres de murs. Les privilégiés de la fortune ont pu payer tous les suppléments de confort ou de luxe dont le temps présent a doté leur demeure ; le peuple ne le pouvait pas. Il lui faut des progrès qui ne coûtent rien, ou peu de chose. Ce sont les seuls dont ses ressources limitées lui permettent de profiter.

S'il en est ainsi, si nous n'arrivons pas à créer les maisons plus aisément, par conséquent à moindres frais que nos pères, et que le coût du logement suive normalement le mouvement général des prix, personne ne pourrait être mieux logé sans débourser davantage; et comment la masse de la nation, qui vit de son travail, débourserait-elle davantage si la hausse des loyers est égale à la hausse des salaires?

Sommes-nous donc en présence d'une fatalité insurmontable? Car la Puissance Politique chasserait de leurs maisons une poignée de riches et confisquerait tous les immeubles à locataires dont les possesseurs tirent un revenu, que cela n'améliorerait en rien la condition de la généralité des Français, puisque ces logements, sous la main de l'Etat, seraient ce qu'ils étaient la veille : ni plus vastes, ni mieux aménagés, ni plus nombreux. Cela ne supprimerait même pas le loyer; parce que l'Etat et les villes devraient récupérer, sous forme d'impôts sur les occupants, les centaines de millions de taxes sur le capital et sur le revenu, directes ou indirectes, sur les ventes, donations, successions, que la suppression de la propriété privée aurait fait disparaître. L'Etat aurait à se procurer aussi, par voie de contribution, de quoi entretenir les maisons existantes; quant à en bâtir de nouvelles, cela serait difficile faute d'argent. La population, dans son ensemble, ne serait pas mieux installée et peut-être serait-elle moins à l'aise, vu le trouble apporté par une pareille spoliation.

La Loi, qui *répartit*, prétendrait en vain se substituer à la Science, qui *enfante*. La Loi peut détruire les palais, la Science seule peut embellir les chaumières. Si son œuvre n'a pas été, sur ce terrain de l'habitation, aussi efficace que sur d'autres, a-t-elle été vaine pourtant depuis six siècles et comment la mesurer ?

L'histoire des loyers ne suffirait pas à nous renseigner là-dessus. Le progrès *réel* ne dépend pas de leurs variations : Les loyers peuvent enchérir, sans que les habitations augmentent en confort ou en étendue; au contraire, ils peuvent demeurer stationnaires d'une époque à l'autre, tout en correspondant à un gîte plus vaste ou plus étroit. Pour savoir si les loyers d'autrefois, *exprimés en monnaie actuelle comme tous les chiffres cités dans ce livre*, procuraient aux classes ouvrières ou bourgeoises un logis identique à celui dont elles jouissent de nos jours, *pour le même prix*, il faudrait rendre visite à ce boucher de Soissons qui paie au xiiie siècle 1.320 francs, à ce pelletier de Mézières qui paie 54 francs[1] au xive siècle, à ce forgeron de Nantes ou à ce blanchisseur de Limoges qui sont logés, aux xve et xvie siècles, pour 97 et 161 francs. Il faudrait visiter les milliers d'autres artisans et marchands dont les loyers, dans une soixantaine de villes, nous sont connus... mais dont les maisons du Moyen Age sont détruites et ont été remplacées par de nouvelles qui, plus tard, ont elles-mêmes disparu.

Les villes sont vieilles, mais les maisons sont jeunes. A Paris, il n'en est pas une sur quinze qui compte seulement cent cinquante ans d'existence, — l'âge où, dans la futaie, on tue les chênes; — nous ne serions pas plus heureux en province si nous voulions comparer, avec les logis bourgeois d'aujourd'hui, les maisons du xvie siècle louées à Nimes

---

1. Tous les prix de ce volume, comme il a déjà été dit, sont exprimés en monnaie actuelle, d'après la puissance d'achat de l'argent.

513 francs à un médecin, à Grenoble 668 francs à un professeur de l'Université, à Lille 647 francs au greffier de la Chambre des comptes. Nous savons bien que les loyers ont beaucoup varié suivant les temps et les lieux, qu'à la même époque, au xiv⁽ᵉ⁾ siècle, quatre cardinaux à Avignon paient l'un 255 francs, l'autre 342, le troisième 1.490 et le quatrième 17.000 francs. Au xv⁽ᵉ⁾ siècle, à Lille, les prix vont de 74 francs à 3.600; au xviii⁽ᵉ⁾ siècle, à Bordeaux, ils oscillaient de 336 francs à 13.700 francs; à Lyon, de 315 francs pour une maison en pisé, habitée par un tourneur, jusqu'à 40.000 francs pour l'hôtellerie du Parc, la plus fréquentée en 1787.

La gradation des loyers nous donne bien quelque idée de leur importance respective dans une petite ville, comme Montélimar au xv⁽ᵉ⁾ siècle, où un drapier tient le premier rang à 578 francs; l'Hôtel de Ville vient ensuite à 500 francs par an, puis, le sénéchal, 316 francs; une auberge paie 138 francs, le régent de l'Ecole 117 francs, un boucher 80 francs et le « lupanar » 76 francs. Mais à Lille, au xviii⁽ᵉ⁾ siècle, nous ne pourrons tirer aucune induction de ce qu'un conseiller à la gouvernance paie 740 francs et un menuisier 825 francs; pas plus qu'à Lyon, de ce qu'un fabricant de soie paie 1.710 francs et un agent de change 8.500. Dans ces cités populeuses, des commerçants de même métier, des fonctionnaires de même titre, diffèrent profondément au regard de l'habitation, suivant leur degré d'aisance.

Entassât-on des chiffres, ils nous apprendraient quels étaient les *loyers* d'autrefois comparés aux nôtres, mais non pas quelles étaient les *maisons.* Or, ce qu'il nous importe de savoir, c'est surtout si les maisons ont changé. Nous nous formons quelque idée de ce que pouvaient être les immeubles de

300 ou 400 francs de location, occupés par la bourgeoisie, en constatant les prix atteints dans les
mêmes cités par les immeubles exceptionnels : soit
au XVIII$^e$ siècle, à Dijon, où l'hôtel destiné à l'intendant de la province se loue 13.700 francs, soit aux
temps antérieurs : 5.000 francs pour l'hôtel du comte
d'Egmont, à Arras (1568), 4.300 francs pour celui
du vice-chancelier d'Aragon à Perpignan (1461),
20.000 francs pour l'hôtel Hugues Aubryot à
Orléans (1397).

Mais ces exemples ne suffiraient pas à nous
éclairer, parce qu'il se rencontre d'autres personnages en vue logés pour 1.890 francs, comme M. de
Surlaville, gouverneur de Boulogne-sur-Mer (1768);
pour 2.600 francs comme le duc de Créquy, gouverneur du Dauphiné, à Grenoble (1632) et que la
maison de « Madame Anne », fille du duc de Bretagne, en 1480, est louée 950 francs à Nantes, alors
qu'il existait dans cette même ville des maisons de
2.000 francs de loyer.

Lorsque la contenance nous est connue, nous
nous figurons plus exactement et l'immeuble auquel
elle s'applique et les immeubles d'un prix inférieur.
A Mézières, au XV$^e$ siècle, où les loyers notés par
moi vont de 18 à 210 francs, une maison de *deux
mètres soixante centimètres de façade* sur 11 mètres
de profondeur, est louée 90 francs. Quelle doit être,
dans ces conditions, *la surface* des maisons d'un
prix inférieur qui forment la majorité, celle d'un
serrurier à 50 francs, d'un potier d'étain à 26 francs,
d'un charpentier à 18 francs? Elles n'ont évidemment que la largeur d'un étroit cabinet, d'une alcôve;
à peine y pouvait-on placer un lit.

Et ces dimensions invraisemblablement minuscules des « maisons » de petit prix nous sont con-

firmées par leur comparaison avec le loyer des simples chambres d'ouvriers qui ressort en moyenne à 50 francs par an — de 25 à 80 francs — à Troyes, à Orléans, à Nîmes, voire en de gros villages comme Rambervillers (Lorraine). S'il s'agit d'un local plus vaste, la chambre à tenir les assemblées d'échevins ou les écoles sera de 159 francs à Bourges (1468) et de 333 francs à Nantes (1517). Ces prix n'avaient pas augmenté aux temps modernes : une chambre d'étudiant se louait 34 francs à Rouen (1701), le même prix qu'une chambre de portefaix à Clermont-Ferrand (1695) ou à Mézières (1754) ; et l'on se demande ce que peut être celle qu'un sargetier paie 11 francs à Tulle (1664), lorsque à Nyons (Dauphiné) celle du médecin de ville vaut 78 francs, que Romorantin donne 94 francs pour celle qui lui sert de mairie (1733) et qu'à Etampes un boulanger doit 101 francs pour la sienne, à laquelle sans doute est joint un four.

Je ne parle pas des échoppes, « ouvroirs » ou logettes, parce qu'ici le privilège de situation et les chances de clientèle font payer 1.000 francs une boutique au Palais, à Paris, dans la salle des Merciers (1716) ; ou 1.026 francs à Lyon la boutique, avec chambre, d'un tailleur ; tandis qu'une échoppe de serrurier à Bordeaux se louait 126 francs (1679). Si les étaux de cordonniers ou savetiers valaient 44 francs à Orléans (1442), 156 francs à Paris (1590) ou 83 francs à Clermont-Ferrand (1709) ; ou si les « bancs » et places des bouchers allaient de 35 francs à Evreux, au xiv° siècle, jusqu'à 500 francs à Bordeaux au xvii°, cela ne tenait peut-être pas au luxe de ces « magasins » ni à l'espace plus ou moins vaste — 6 à 7 mètres carrés en général — dont ils disposaient. Il n'y avait pas ici de corrélation nécessaire entre le loyer et les frais de construction.

Pour les maisons, au contraire, si l'on fait la part du terrain et des vicissitudes historiques de hausses et de baisses que j'ai racontées précédemment[1], *en comparant au loyer* — c'est-à-dire à l'intérêt du capital qu'ils représentent, — *le coût des matériaux et de leur mise en œuvre*, aux temps passés et aux temps actuels, nous arrivons à reconstituer en quelque sorte les maisons de jadis, puisque nous en dressons le devis. Cela nous permet d'apprécier leur contenance et d'imaginer les conditions de vie de leurs habitants.

Cette méthode, appliquée à un immeuble isolé, à une localité distincte, à une époque précise, conduirait — pas n'est besoin de le dire — à des conséquences absurdes, parce que les loyers urbains subissent diverses influences dans leurs fluctuations. Mais, sans se flatter d'une exactitude mathématique, à laquelle de pareilles recherches ne sauraient prétendre, il est clair qu'il existe un rapport nécessaire entre le coût des maisons et le prix des matériaux. S'il apparaît que ces matériaux ouvrés ont coûté depuis six siècles, dans leur ensemble, autant que de nos jours, nous serons fondés à conclure : que les maisons ne pouvaient coûter moins cher qu'à la condition d'être plus exiguës; qu'à loyer égal leurs dimensions étaient sensiblement les mêmes et que les infimes loyers du temps passé procuraient des gîtes dont les pauvres aujourd'hui ne voudraient pas.

La hausse contemporaine est tout entière, — sauf à Paris, — la conséquence d'un progrès effectif : ce ne sont pas les prix qui ont monté, ce sont les habitations qui ont changé. Il faut d'ailleurs, dans cet

1. Voir *Découvertes d'histoire sociale*, pages 109 et 132. E. Flammarion, éditeur.

examen, tenir grand compte du taux de l'intérêt, si différent au Moyen Age et aux temps modernes : une maison qui se louait 270 à 300 francs représentait une valeur de 3.000 francs au xivᵉ siècle; elle représentait au xviiiᵉ siècle un capital de 5.500 à 6.000 francs. Un loyer de 300 francs procurait donc un moins bon logement au xivᵉ siècle qu'au xviiiᵉ en supposant que le terrain n'ait pas enchéri; puisqu'il correspondait à une maison moins chère et par conséquent plus petite.

Mais l'abondance croissante des capitaux, dont cette baisse du taux de l'intérêt fut un indice évident, eut pour conséquence de supprimer le « bail à cens » et, par conséquent, la petite propriété urbaine. Au Moyen Age, en vertu du « bail à cens », l'ouvrier devenait le plein et légitime propriétaire de la maisonnette qu'il occupait, à la condition de payer un loyer perpétuel, immuable jusqu'à la consommation des siècles. Si la maison prenait de la valeur, il profitait seul de cette plus-value; si elle tombait en ruines, il pouvait toujours l'abandonner, en fait sinon en droit.

Un marché si avantageux au preneur, si onéreux au bailleur, ne peut s'expliquer que par l'absence de capitaux. Il disparut au xviᵉ siècle avec l'accroissement de la richesse publique, pour les immeubles nouvellement construits et, pour les vieux logis, la hausse du terrain déposséda les ouvriers propriétaires.

Cette dépossession fut toute volontaire : ils vendirent, à Paris, peu à peu, au cours des xviᵉ et xviiᵉ siècles, leurs cabanes et leurs courettes de jadis, pour réaliser un bénéfice qui les enrichissait; comme ont fait depuis cinquante ans les propriétaires d'une maison de campagne avec jardin, dans les quartiers de Passy ou de Monceau, parce que sa valeur nouvelle représentait, dans leur budget, un loyer disproportionné avec d'autres jouissances qu'ils lui préféraient.

Aujourd'hui, malgré la révolution accomplie dans les transports, les marchandises lourdes ou encombrantes voient facilement doubler leur prix initial par un trajet de quelque longueur sur voie ferrée. On devine qu'il en coûtait gros de véhiculer à grande distance des matériaux de construction en un temps où, sans parler des modes de locomotion modernes, la navigation fluviale était fort entravée et où ce qu'on appelait des « routes » n'étaient que des pistes naturelles, trouées de fondrières en hiver. De là grands écarts dans les prix, d'une ville et d'une région à l'autre, car ces matières premières voyageaient fort loin : un entrepreneur obtenait de François Ier (1524) la permission d'enlever, sans payer les droits de sortie, et de mener en Angleterre 1.000 mètres cubes de pierre de Saint-Leu, près Senlis, 20.000 hectolitres de plâtre et 50 caisses de verre.

En France, à la fin du Moyen Age (1501) la pierre de Saint-Leu, brute, prise à la carrière, que le cardinal d'Amboise employait pour son château de Gaillon, ne valait que 18 francs le mètre cube et celle de Vernon 38 francs ; mais à Troyes (1488) la pierre de Tonnerre se payait, port compris, 90 à 100 francs le mètre cube. A Craon (Mayenne) un simple « parpain », pierre d'encoignure, valait 5 fr. 20, c'est-à-dire plus cher que de nos jours ; une pierre pour seuil ou linteau de porte valait de 8 à 13 francs ; à Perpignan, la marche d'escalier en pierre de Bais-cas se vendait 30 francs (1478).

Aux temps modernes, la pierre de taille de Saint-

Cloud, employée à Paris à la construction de la porte Saint-Denis (1678), revenait à 170 et 203 francs le mètre cube. Ce devait être un libage de choix, puisque la pierre de Saint-Leu coûtait 64 francs seulement à Versailles, pour le château, et que les murs du Louvre ou des Tuileries se payaient 50 francs le mètre *superficiel*. Je n'ai pas remarqué, au XVIIIᵉ siècle, pour le mètre cube, de chiffres inférieurs à ceux de Bordeaux (69 francs) ou de Tulle, en Limousin (80 francs), tandis que la même sorte de pierre était comptée 137 francs à Lyon (1748).

La pierre de Conflans, destinée aux façades de la place de la Concorde, figure au devis (1760) pour 120 francs le mètre cube, non taillé, rendu sur le port. Or, cette même qualité, cotée *officiellement* 116 francs dans la plus récente série de la ville de Paris et vendue *pratiquement* 94 francs, d'après les rabais constatés au *Moniteur de l'Entreprise*, se trouve être aujourd'hui meilleur marché que sous Louis XV. Quant au « banc tendre » ou « banc royal » de Saint-Leu, sa valeur est peu supérieure à ce qu'elle était sous Louis XIV.

La pierre de taille, aujourd'hui usuelle pour les façades, était d'ailleurs un luxe très rare, même dans les bonnes villes; son prix importait peu au vulgaire. Mais le moellon n'était guère moins coûteux que de nos jours : à travers l'incohérence apparente des chiffres au Moyen Age, depuis 1 fr. 20 à 2 francs la « voiture » dans les Ardennes ou la Franche-Comté, jusqu'à 8 francs à Paris ou à Orléans et 13 francs à Nantes; parmi des variations aussi brusques, aux XVIIᵉ et XVIIIᵉ siècles, de 1 franc la charretée à Rodez ou Clermont-Ferrand jusqu'à 5 francs à Nîmes, 8 francs à Bordeaux ou à Toulouse, il est aisé de discerner entre ces extrêmes que le *prix moyen* de la pierre à maçonner » — aux environs de 4 francs le mètre cube — était égal à ce qu'il est présentement sur l'ensemble du territoire français, soit que le transport, soit que l'extraction elle-même, plus onéreuse avec des outils moins bons et la poudre de mine plus chère, aient compensé le taux modeste des anciens salaires.

Il existait des briques à bon marché — depuis 30 francs le mille — mais si mauvaises et si mal cuites, que leur emploi n'offrait aucun avantage et, de fait, leur débit est insignifiant. La brique de bonne qualité valait de 80 à 100 francs le mille au Moyen Age; elle diminua aux temps modernes, surtout dans les ports de Boulogne à Nantes, où était importée par mer la brique de Hollande. Paris faisait venir la sienne de Bourgogne et la payait une cinquantaine de francs sous Louis XV. Dès le règne de François Ier avait commencé la mode des murs en fonds de briques, avec encoignures et croisées de pierre blanche, qui caractérisèrent le « style Louis XIII » ; mais cette construction, propre aux châteaux, n'avait rien d'économique et ne fut jamais populaire. Elle exigeait un mortier trop fin.

Or, la chaux, la simple chaux grasse des campagnes, que repoussent nos architectes et que remplacent chaque jour davantage la chaux hydraulique et le ciment, se payait jadis le double de son prix actuel. Pour les bâtisses vulgaires on se servait exclusivement d'argile délayée dans l'eau. Dans les villes mêmes, on se contentait souvent de « terre à maçonner » payée de 5 à 9 francs le mètre cube. Pour la chaux, d'ailleurs, on constate des écarts incroyables d'un lieu à un autre, depuis 1 fr. 50 l'hectolitre à Tours et en Lorraine, jusqu'à 8 francs à Dunkerque, 11 francs à Nîmes et 22 francs à Marseille. Aux dernières années de la Monarchie, où la chaux était plus répandue et à bien meilleur marché qu'aux âges antérieurs, les prix variaient encore du simple au double à Paris et du simple au triple entre l'Auvergne et le Berry.

A défaut de bons mortiers on faisait les murs plus épais ; ils tiraient la solidité de leur masse et, comme le mur de 1 mètre ou 1$^m$,50 n'exigeait pas deux ou trois fois plus de travail que deux ou trois murs de 0$^m$,50, puisqu'il ne comportait que deux parements au lieu de quatre ou de six, on obtenait des maçonneries à 6 fr. 25 le mètre cube en des localités où les matériaux étaient en abondance et où la façon n'était pas comptée plus d'un franc le mètre.

Les prix anciens de la maçonnerie dépendaient beaucoup de cette différence d'épaisseur : à Fontainebleau (1528) où les murs du château de 1$^m$,45 de large, ne se payaient que 12 fr. 35 le mètre superficiel, le mur des jardins, bien que *quatre fois et demie* moins épais, — 32 centimètres, — valait cependant 4 francs, chiffre d'ailleurs modique, puisque La Trémoille payait sur le pied de 6 francs le mètre la clôture de sa vigne, à La Ville-l'Evêque (1396) et Marie de Médicis 11 francs celle de son parc du Luxembourg (1625).

Le prix courant, en bonnes pierres, était de 11 à 12 francs le *mètre cube* en province ; à Paris (1703) les murs de 55 centimètres seulement étaient cotés 12 fr. 50, presque aussi cher que nos entrepreneurs de la capitale demandent, en 1913, pour une bâtisse de moellons ou de meulières avec mortier de chaux hydraulique.

Il se faisait du reste fort peu de murs à Paris : « La construction des maisons particulières en pans de bois y est presque universelle », dit le Mémoire des Intendants (1701). Pour les préserver du feu on les recouvrait de 2 à 3 centimètres de plâtre, en dehors et en dedans; la charpente était à bon marché et le bon plâtre était fort cher, de sorte que l'économie par rapport aux moellons était mince, mais le propriétaire gagnait ainsi du terrain; or, il y avait à Paris bien des maisons qui n'avaient pas 4 mètres de profondeur. C'est même à celles-là que l'édilité prétendit au xviiie siècle restreindre l'usage des pans de bois, tout en leur permettant de s'élever jusqu'à 16 mètres de hauteur.

Vers 1675 les plafonds recouverts de plâtre remplacèrent les grosses poutres apparentes, sans que pourtant le plâtre eût beaucoup baissé : l'hectolitre, dont le prix actuel est de 1 fr. 70, coûtait sous l'ancien régime 4 à 6 francs et l'on ne s'en procurait pas toujours à discrétion : le comte de Provence, qui en manquait pour son château de Brunoy (1781) s'adressait au lieutenant de police afin d'obliger les voituriers à marcher de force et payait 624 francs la maréchaussée qui escortait ces convois.

Dans l'ensemble de la France, au Moyen Age, le plâtre s'était en général vendu le triple de ce qu'il vaut de nos jours; mais le bois était à moindre prix. Suivant l'abondance des forêts dans la région, suivant sa qualité, son essence et l'usage auquel il était destiné, le mètre cube de bois d'œuvre pouvait dépasser 100 francs ou descendre jusqu'à 20 francs. Il avait beaucoup diminué au xve siècle par rapport aux prix antérieurs, — de 60 à 40 francs — pour remonter au xvie siècle. Les fûts superbes, d'où l'on tirait ces charpentes de cathédrales ou de châteaux, encore intactes aujourd'hui, dont nous admirons le savant édifice, n'étaient pas si communs que la vaste surface du sol boisé permettrait de le supposer. La preuve c'est le haut prix qu'atteignaient certaines forêts bien aménagées, comme celle de Clermont (Oise), où la coupe rapportait 3.000 francs l'hectare en 1533, chiffre qui passerait pour très avantageux de nos jours. Nous ne savons combien de terrain représentent les 100 pieds d'arbres que le cardinal de Bourbon obtient de prendre dans la futaie de Coucy pour son château d'Anisy ; pour la charpente des Tuileries, Catherine de Médicis se fit octroyer 10 hectares de la forêt de Neuville-en-Hez dans le Beauvaisis.

Là où le bois ordinaire équarri valait seulement 40 à 50 francs, les grosses poutres de chêne montaient à 90 francs. Le bois d'œuvre demeurait toutefois le meilleur marché de tous les matériaux ; son prix ne dépassait pas en moyenne la moitié de ce qu'il est de nos jours. Il en fut ainsi du moins jusqu'au dernier tiers du xviii° siècle ; car à Paris, sous Louis XVI, les poutres pour les constructions de luxe valaient 200 francs le mètre cube, les solives, les bois d'escalier et de lucarne de 130 à 160 francs, c'est-à-dire un taux supérieur à celui de 1913.

Les autres éléments indispensables de la confection d'un immeuble, les autres chapitres d'un devis, même du devis le plus humble, étaient de valeur égale ou supérieure à ce qu'ils sont de nos jours. Je n'ose faire passer sous les yeux du lecteur les prix de la toiture, de la menuiserie, serrurerie, vitrerie, plomberie ; j'ai scrupule de le rebuter par la longue énumération des chiffres, dont j'ai déjà peut-être abusé, et je préfère renvoyer les personnes soucieuses du détail aux tableaux où ces chiffres, classés et traduits en mesures et monnaies modernes sont publiés *in extenso*, pour le logement, comme ils l'ont été précédemment pour d'autres dépenses[1].

Suivant les révolutions de l'industrie ou des transports, les oscillations de ces chiffres furent parfois énormes : pour la toiture la plus courante jadis, celles de tuiles clouées sur lattes, les clous à lattes, au lieu de 3 ou 4 francs le mille, comme sous Louis XV, ou même 6 et 7 francs comme au Moyen Age, ne coûtent présentement que 0 fr. 50 le mille, parce qu'ici la profusion du fer combinée avec le progrès du machinisme ont réduit à presque rien cette marchandise naguère précieuse.

Les lattes ont elles-mêmes diminué, bien que le bois ait augmenté, parce que son débit est plus économique. C'est ce que l'on remarque aussi pour le chevron, qui valait au temps de la Renaissance le double du bois moins façonné, tandis qu'il coûte aujourd'hui le même prix; sans doute à cause des frais minimes du sciage à la vapeur. Dans la menuiserie on ne saurait expliquer comment nombre d'articles étaient aussi coûteux que de nos jours, sinon par ce fait que la part plus grande de main-d'œuvre compensait autrefois le bon marché de la matière.

On est surpris de voir qu'au château de Fontainebleau (1531) les « planchements faits sur les aires des salles, chambres et cabinets » se payent 18 francs le mètre carré, plus cher que nos planchers modernes à point de Hongrie les mieux soignés. A Paris, en 1714, d'après le tarif de l'Almanach Royal, les parquets avec leurs lambourdes étaient cotés 29 francs le mètre, et les planchers communs à Bordeaux, à Bourges, à Soissons, se payaient au xviii⁰ siècle de 3 fr. 50 à 9 francs; prix qui ne sont

1. Voyez le tome VI de mon *Histoire économique de la propriété, des salaires, des denrées, et de tous les prix, de 1200 à 1800.* (Chez E. Leroux.)

pas.inférieurs aux nôtres suivant l'essence des frises que l'on emploie. Le travail n'était d'ailleurs pas mieux exécuté, puisque d'opulents seigneurs, comme le cardinal de Richelieu, se croyaient obligés de commander à Paris le plafond de bois du corps de garde pour son château de Touraine, « parce que, dit-il, je désire qu'il soit beau et bien fait ».

Il était naturel qu'on ne couvrît guère en ardoise lorsque même dans le voisinage d'un centre de production comme Angers, sur les bords de la Loire, à Nantes ou à Orléans, le mille d'ardoises valait moitié plus et dans les localités moins favorisées, trois fois plus que de nos jours. Les riches couvraient parfois leur château en plomb, en lames de cuivre comme à Marnay (Franche-Comté), ou en pierre de liais de 10 centimètres comme à Saint-Germain, dont la toiture ressemblait à une pyramide.

Ces particularités offrent peu d'intérêt pour l'histoire des classes moyennes et populaires qui nous occupe ici ; tandis qu'il est fort curieux d'observer que les toitures en chaume ont coûté depuis six cents ans, à peu de chose près, tout autant que de nos jours : au prix de 5 fr. 50 le quintal, année moyenne, les trente kilos de paille, au mètre carré, qu'absorbe ce.genre de couverture correspondent aujourd'hui à 1 fr. 65 ; somme qui peut être regardée comme identique à celle que représenta d'ordinaire, du Moyen Age au XIX$^e$ siècle, le mètre de toit des chaumières françaises.

Suivant que tels ou tels matériaux ont baissé ou enchéri, leur usage s'est naturellement développé ou restreint : un officier de marine, médiocrement fortuné, ne pourrait sans doute plus s'offrir à Brest, ainsi que le commandant de Balleroy, en 1781, des boiseries à 5 fr. 50 le mètre ; mais la peinture à deux couches de son cabinet lui coûterait beaucoup moins de 1 fr. 80 le mètre carré que payait ce chef d'escadre sous Louis XVI, et surtout on ne lui compterait pas le vitrage à raison de 25 fr. 60 par croisée.

Au xvi⁰ siècle, le petit carreau de 32 centimètres valait 2 fr. 60 en verre blanc, quatre fois plus en verre peint et le panneau de verre neuf, en gros plomb, représentant des armoiries, devises ou « histoires », coûtait environ 400 francs. Si les vitraux ont peu baissé depuis la Renaissance, les vitres sont devenues vulgaires; elles ne sont plus un privilège de l'aisance et l'on ne répondrait plus au bachelier de Limoges, qui demandait où il devait déposer des exemplaires de sa thèse : « Allez dans toutes les maisons où vous verrez des vitres aux fenêtres ». C'est une des conquêtes de la Science que d'avoir fait pénétrer le jour dans les plus humbles demeures, dont les châssis de papier sacrifiaient jadis la clarté à la chaleur.

Ce progrès n'est pas le seul et si, comme je crois l'avoir montré par les chiffres, il n'en coûterait pas plus de nos jours que jadis pour bâtir une maison analogue à celle de l'ancien type; si, tout en doublant le salaire effectif des ouvriers du bâtiment, notre siècle est parvenu à ne pas augmenter les frais de la bâtisse elle-même, c'est que notre industrie guidée par la Science a su réduire le coût des matériaux. Le bloc de grès, mécaniquement découpé en tranches, poli au fil tordu, semble n'avoir plus rien de sa dureté indocile, lorsqu'on voit le perforateur à couteau circulaire isoler dans son sein une colonne cylindrique qui laisse, une fois retirée, un trou à sa place. Ces pierres taillées ou dégrossies, tel gros marchand de Paris en fait venir, de trente-trois centres de carrières, deux millions de mètres cubes par an.

La brique, par la compression et la qualité de la terre; le plâtre, par la cuisson dans les fours coulants à feu continu; la chaux hydraulique et le ciment, par le perfectionnement de la mouture qui ramène les matières à une complète homogénéité; l'ardoise, dont une seule maison d'Angers extrait et façonne 180.000 millions par an, sont devenus ou meilleurs ou moins chers. Dans la charpente, où le fer depuis cinquante ans se substitue au bois, où le bois lui-même vient de l'étranger, le sapin de Norvège, le chêne de Hongrie; dans la menuiserie où les portes, découpées en masse, assemblées par des femmes, n'exigent plus que quatre heures de travail au lieu de quinze, de nouvelles substances, une main-d'œuvre transformée, tendent à abaisser le prix de revient.

Pour l'édification des murs, depuis les plans inclinés que montaient patiemment la hotte au dos, les ouvriers du Moyen Age, jusqu'aux treuils actuels, mus électriquement à Paris au moyen d'un branchement sur le secteur, quelle suite de révolutions accomplies! Pour transporter et ériger les deux blocs qui forment le fronton de la colonnade du Louvre, les cordages seuls coûtèrent 5.200 francs. Et quoique, cent ans plus tard, l'architecte Soufflot, au Panthéon, eût employé, dit un contemporain, « la plus belle grue qui ait jamais été faite, capable de porter des pierres immenses, au moyen de deux hommes, à la plus grande hauteur », l'usage des appareils élévatoires était encore bien peu répandu.

Sous Louis-Philippe, pour monter chaque pierre à la chèvre, on devait fixer dedans, au préalable, un anneau de fer, « la louve », enfoncé de 8 ou 10 centimètres, longuement serré et scellé, dans lequel on passait le filin de chanvre. Il n'est pas besoin d'être bien vieux pour se rappeler ces interminables échelles que gravissaient les limousins, l' « oiseau » — auge — de mortier sur la tête, ou le long desquelles ils faisaient la chaîne, les moins vigoureux roulant les moellons sur leur poitrine, les autres, à bout de bras, les haussant jusqu'à leur camarade. Avec les pratiques d'il y a cinquante ans, on mettait trois mois pour une façade que l'on monte aujourd'hui en quinze jours. Il est vrai que ces innovations ne s'appliquent pas à la maisonnette rurale d'un étage et que l'on ne dispose, aux champs, d'aucune force électrique.

Pour les métaux, l'abaissement de prix moderne n'est pas moindre des trois quarts; le plomb valait 150 francs les 100 kilos, le cuivre 800 francs, le fer 80 à 100 francs à l'état brut. Façonné en « gonds à pendre huis », en croisées ou barreaux de fenêtres, il se payait jusqu'à 280 francs. Aussi le paysan n'employait-il pas le fer et usait-il même de serrures en bois, bien que la fonderie fût demeurée œuvre purement agricole et non manufacturière, jusqu'à la fin du xviii$^e$ siècle. C'était, en pays de minerai, une occupation d'hiver : le haut fourneau s'allumait à la fin des vendanges pour s'éteindre à la récolte des foins. Il suffisait à une consommation insignifiante : le Roussillon, qui passait au Moyen Age pour exportateur de minerai, expédiait en réalité, d'après les comptes du péage, une moyenne de 40 tonnes par an dans les provinces voisines. Sur le territoire qui correspond à notre ancien département du Haut-Rhin, la vente du fer, qui constituait un monopole, était d'environ 100 tonnes au début du xvii$^e$ siècle. Dans la France contemporaine, un district de même étendue en exige 150 fois davantage.

17.

Comme il fallait environ 1.700 kilos de bois pour un rendement de 100 kilos de fer, une forge moyenne absorbait à elle seule la production de 2.000 hectares de forêts. A mesure que les défrichements augmentèrent, beaucoup de hauts fourneaux disparurent. La main-d'œuvre contribuait à l'élévation des prix : Messarge, dans l'Allier, pour produire 150 tonnes de fer en 1794, employait, au dire du commissaire de la Convention, 500 personnes ; *le dixième* de cet effectif serait aujourd'hui suffisant pour une pareille quantité.

# CHAPITRE IX

## Complication des maisons modernes.
## Aménagement contemporain.

Le substantif « maison » s'applique aujourd'hui à des édifices incomparables à ceux des siècles passés. — Exemples des dimensions médiocres des anciens logements de hobereaux et de bourgeois. — Le type des maisons change dès le xviie siècle, beaucoup plus à Paris qu'en province. — Preuve par les loyers comparés. — La distribution nouvelle; les appartements de plain-pied. — Bon marché ancien de l'ornement artistique. — Jean Goujon, Germain Pilon, les façades du Louvre. — Dix-huit ans pour installer un salon. — Les appartements des seigneurs au château de Versailles. — Le confort. — « Retraits » odorants de Diane de Poitiers et de Catherine de Médicis à Saint-Germain. — Sous Louis XIV, on regarde comme une amélioration la suppression des « privés » à l'intérieur des maisons. — Les nouveaux « lieux à l'anglaise » à la fin du xviiie siècle. — Des sonnettes remplacent les « demoiselles » à appeler les gens. — L'eau; l'idée ne vient pas de canaliser au dedans les fontaines des jardins. — Les bains, les barbiers étuvistes, la machine à feu de Chaillot sous Louis XVI. — 14 mètres cubes pour 72 francs. — Le loyer actuel n'entre que pour deux tiers dans la poche des propriétaires. — Conséquences de la hausse du terrain. — Loyer d'un jardin de 2.000 mètres carrés à Paris sous François Ier, sous Louis XIV et aujourd'hui. — Le pauvre a des parcs et squares publics qu'il n'avait pas. —

Du seul moyen de faire baisser les loyers populaires. —
Comment il serait aisé de construire des habitations à bon
marché, donnant un revenu normal.


Puisque l'*histoire des matériaux* nous apprend que
les frais de construction n'ont pas augmenté, et que
l'*histoire des maisons* nous montre qu'elles ont beaucoup enchéri, nous en tirerons cette conclusion
naturelle que le substantif « maison » s'applique de
nos jours à des édifices fort peu ressemblants à
ceux qu'il désignait au Moyen Age ou même sous
Louis XIV. Les « maisons » diffèrent autant, dans la
suite des siècles, que diffèrent aujourd'hui de celles
d'un village des Hautes-Alpes, celles qui sont mises
en vente à la Chambre des notaires de Paris.

De là cette autre conséquence : puisqu'on ne pouvait se bien loger avec peu d'argent, le bas prix des
immeubles de jadis nous prouvera désormais leur
médiocrité relative. Et ceci est vrai pour toutes les
classes de la population : un diplomate franc-comtois raillait en 1619 les hobereaux de son pays qui
« s'accagnardent de père en fils au foyer d'une ché-
tive cabane façonnée en château... et se contentent
de l'abri d'une salle obscure et *dépavée* où les rats
font rage ». Les habitations urbaines n'étaient pas
moins modestes jusqu'à la fin du xvi⁰ siècle : à Poitiers, le logis des Herbert, famille puissante et grandement alliée de la bourgeoisie provinciale, se composait au rez-de-chaussée d'une *salle unique* de 7ᵐ,20
sur 11ᵐ,50, éclairée par deux croisées à meneaux
faisant vis-à-vis à une cheminée monumentale. Au
premier et au second étage cette surface se divisait
exactement en deux pièces de 5ᵐ,65 sur 7ᵐ,20; une
tourelle polygonale, en saillie, renfermait l'escalier
desservant les deux étages à l'aide d'un couloir exté-

rieur en bois, et c'était tout. Par ses pignons élancés, couronnés de fleurons fièrement galbés, par ses ornements multiples, culs-de-lampes et animaux divers, cet hôtel, démoli en 1887, était un morceau exquis d'architecture ; mais ses dimensions et sa disposition, de même les bancs en pierre qui garnissaient les embrasures des fenêtres et les carrelages en terre cuite qui supportaient le bousillage des planchers, révèlent les mœurs très simples des propriétaires.

Albert Dürer, dans son *Voyage aux Pays-Bas*, dit n'avoir pas vu, *dans toute l'Allemagne*, maison pareille à celle du bourgmestre d'Anvers qu'il appelle une demeure princière. Or, cette maison qui existe encore n'avait de remarquable que sa taille, alors exceptionnelle, aujourd'hui ordinaire à nos yeux. De fort piètres demeures suffisaient à des seigneurs qualifiés : à Nancy, l'hôtel des Ludres, sénéchaux de Lorraine, était une maison achetée en 1502 d'un marchand dans la grand'rue, pour 7.000 francs de notre monnaie[1].

« Il n'en coûte guère plus aujourd'hui, écrivait Voltaire (1754), pour être agréablement logé, qu'il n'en coûtait pour l'être mal sous Henri IV... A voir ce nombre prodigieux de belles maisons, bâties dans Paris et dans les provinces, on croirait que l'opulence est vingt fois plus grande qu'autrefois ». Voltaire n'avait pas compté avec les architectes ; la richesse s'était accrue, en effet, et si les maisons étaient mieux bâties et les appartements mieux distribués, les loyers étaient plus chers. C'est même parce que le type avait changé beaucoup plus à Paris qu'en province, que l'on payait au faubourg Saint-

1. Je rappelle au lecteur que tous les prix de ce volume sont des francs actuels, les anciennes monnaies ayant toutes été traduites en monnaies de nos jours.

Germain, pour nombre d'hôtels, plus de 15.000 francs par an et que les immeubles les plus exigus de la capitale rapportaient au minimum 400 francs, alors que l'on en trouvait encore de 70 à 85 francs à Nantes, Limoges, Boulogne, Nîmes ou Soissons, de 36 à 47 francs à Meaux, Evreux ou Clermont-Ferrand. Ceux-là étaient évidemment des masures ; ils consistaient en une simple chambrette.

Au temps de Voltaire, M^lle Deschamps, beauté célèbre et « danseuse dans les chœurs » à l'Opéra, avait rue Saint-Nicaise 10 pièces de plain-pied, consistant, d'un côté en salle à manger, antichambre et « pièces de compagnie », dont un « salon à trois fenêtres », le tout « orné de glaces » ; de l'autre en « appartement à coucher » avec les garde-robes et « cabinets de lieux à l'anglaise » (1760).

Ce dernier local était alors une rareté ; tandis qu'on trouvait assez fréquemment dans les *Petites Affiches* l'offre d' « appartements ornés de peintures de Largillière », en dessus de portes ou de cheminées ; et cela pour des logis assez communs, situés le long de voies médiocres où deux voitures pouvaient à peine se croiser, comme la rue Geoffroy-Langevin. Maintenant qu'un tableau de maître du xviii^e siècle se vend à plus haut prix que nombre de maisons du Marais, les peintures et sculptures d'art sont devenues un luxe à portée des seuls richissimes. Simple loi de l'offre et de la demande.

Le bourgeois avait décoré sa façade de moulures à grand relief, de cordons superposés, et de rinceaux de feuillage frisés qui ne lui coûtaient pas cher, au temps où un « maître-tailleur d'images » qui s'appelait Jehan Goujon faisait une tête de chérubin pour 36 francs, et une statue de la Vierge avec les quatre Evangélistes « à demi-taille » pour

1.900 francs; où Germain Pilon, autre « imagier », recevait 240 francs pour trois statuettes de marbre, et 2.500 francs pour trois figures d'un mètre de haut, en ronde bosse, sur marbre blanc (1559).

Sous les Valois on pouvait, à bon marché, passer pour un protecteur des arts : la frise de festons, « composée de fruitage avec petits enfants et oiseaux y entremêlés », qui orne le second étage de la cour du Louvre, fut payée 1.300 francs à Pierre L'Heureux et à trois de ses confrères. Deux autres artistes, pour 3.100 francs, se chargent d'une bonne partie des sculptures de la façade du Louvre, « du côté de la rivière », tels que mufles de lions et festons de chêne, K couronnés à l'impériale, enrichis de branches de lauriers, petits enfants nus et trophées d'armes antiques (1565).

Sauf quelques étrangers auxquels il fallait, pour les attirer, faire des conditions avantageuses — tels étaient alors par exemple les Florentins employés aux ouvrages de stuc, à raison de 320 francs par mois — les « artistes », peintres ou sculpteurs, qui ont décoré les hôtels et les châteaux des derniers siècles, touchaient des salaires un peu plus que doubles de ceux des manœuvres. Leur nombre, par rapport à une clientèle restreinte, ne leur permettait pas de monnayer plus haut leur talent. Aujourd'hui, au contraire, la foule des amateurs millionnaires qui achètent les tableaux et les bustes, se refusent à commander des objets d'art *immobiliers* en bois, en pierre ou en bronze, parce qu'ils les jugent trop coûteux. Aussi ne s'est-il rien fait, au xix<sup>e</sup> siècle, qui puisse être mis en parallèle avec des boiseries comme celles de l'hôtel de Penthièvre, dans la galerie fameuse où se tient annuellement l'assemblée des actionnaires de la Banque de France.

La mode y est aussi pour quelque chose : nos contemporains sont plutôt bibelotiers que créateurs et, moins sûrs de la stabilité des situations acquises, ils sont plus pressés de jouir que leurs aïeux. Qui voudrait de nos jours mettre dix-huit ans à installer son salon, comme le maréchal duc de Croy sous Louis XV? Il avait loué rue du Regard un hôtel tout bâti, avec le droit de mettre son nom sur la porte. « Ainsi, dit-il, je me faisais un superbe *Hôtel de Croy* à Paris, où il n'y en avait jamais eu ».

Après avoir travaillé depuis 1752 à la décoration de son rez-de-chaussée, il se félicite en 1770 que « son salon soit fini à la dorure près. Il était superbe, ajoute-t-il, de bon goût et ce n'avait pas été sans peine, car *il avait fallu tâtonner* pour si bien réussir, mon fils et moi, ayant été obligés de faire changer bien des choses. Les tableaux en bas-relief, les médaillons, les portes, furent des objets où nous eûmes honneur. La grande chambre à côté, différemment meublée et l'antichambre achevée furent très admirées, étant à grande perfection. C'était du beau et du cher »....

Ces confidences nous initient à la collaboration intime des grands seigneurs avec les artistes du xviiie siècle, d'où sont sortis ces hôtels du Faubourg Saint-Germain, déjà en grande partie disparus, vraies merveilles de goût par l'harmonie des proportions, la somptuosité noble et discrète. Le confortable seul y manquait, mais les propriétaires ne s'en souciaient guère : « Mes enfants étaient très haut et pas trop bien logés », dit l'un d'eux.

Qu'importent ces détails à des courtisans, heureux de se replier en des mansardes, s'ils « accrochaient du Roi » ce qu'ils appelaient « un appartement au château de Versailles »? Cette désignation pompeuse s'appliquait, pour les plus huppés, à quelques chambres minables qu'ils faisaient peindre et dorer à leurs frais. — Le Roi donnait seulement les lieux clos et couverts. Quelques débours qu'ils eussent faits, leur jouissance était précaire, malgré les « bons du Roi » et les « assurances » toujours révocables, s'il plaisait à Sa Majesté de changer quelque aménagement dans son palais. Aussi ces « privilégiés » tremblent-ils de perdre le logis exigu, souvent malsain et humide, mais qui « fait tout mon bonheur », dit l'un d'eux, parce qu'il resserre et maintient le contact avec le maître.

Un besoin nouveau, né au xviii° siècle, fut celui des citadins aisés de posséder une villa, une « guinguette » avec jardin *extra muros*. Vers la fin du règne de Louis XIV, les rives de la Seine, à 1.500 mètres de Paris, étaient encore solitaires; on s'y trouvait comme dans un désert. Cinquante ans plus tard les bords du fleuve, presque jusqu'à Marly, étaient garnis de plantations et de maisons élégantes.

Il se fit alors à Paris des appartements de location — spéculation nouvelle — assez grands pour offrir une douzaine de pièces de plain-pied, « la plupart parquetées ». Les parquets étaient l'objet d'une mention spéciale, comme les glaces et les cheminées de marbre, parce que le type ordinaire de maison *neuve* ne comportait encore que des logis carrelés et, sur l'âtre des cheminées, des tablettes de bois. La distribution intérieure demeurait assez barbare : les occupants s'en accommodaient : une famille demande, par la voie des journaux (1762), un logement qui ne dépasse pas 6.300 francs et spécifie qu'il devra se composer d'une *antichambre qui puisse servir de salle à manger*, d'une salle de compagnie, chambre à coucher, etc.

Les locataires actuels ont plus d'exigences, pour des loyers inférieurs : ils ne veulent dîner ni dans leur cuisine, ni dans leur antichambre, et ne se contenteraient plus, comme le bourgeois de Paris sous Louis XV, d'avoir dans la cour, à côté du puits à margelle, un « cabinet et siège d'aisances » adossé au mur et couvert en tuiles. La décence d'alors ne redoutait pas le plein air : dans les cabarets élégants, où la meilleure compagnie se donnait rendez-vous pour souper, les clients qui ont « envie de quelque chose », nous dit le comte de Caylus, vont au jardin et, sans distinction de sexe, se rencontrent dans un coin au clair de la lune.

Un détail assez digne de remarque est que les « privés », *intérieurs*, qui apparaissent vers la fin du xviii<sup>e</sup> siècle *comme une nouveauté*, sous le nom de « lieux à l'anglaise » que l'on ne manquait pas de mentionner dans les appartements offerts, avaient été usités durant tout le Moyen Age et jusqu'au xvi<sup>e</sup> siècle. Au château de Saint-Germain, il y avait des « retraits communs, avec sièges en maçonnerie en brique », dédiés à la foule des courtisans qui, d'ailleurs, négligeaient de s'y rendre, — il avait fallu mettre des cloisons en plâtre, pour empêcher que « des galetas on ne puisse faire ordure au haut des escaliers à vis ».

En outre, dans les appartements du Roi, de la Reine et des personnages de distinction, étaient ménagés des retraits particuliers que nous décrivent les Comptes des Bâtiments : celui de Diane de Poitiers, contigu à sa garde-robe, consistait en une tranchée faite dans le mur, remaçonnée ensuite, et éclairée par une petite lucarne à treillis de fer. Celui de Catherine de Médicis n'était pas plus compliqué. L'entrepreneur insiste toujours sur ce que

la maçonnerie a été *bien étoupée* et le siège soigneusement « enduit tout à l'entour, *afin d'ôter la sen-
teur dudit retrait* », comme il est dit pour celui que
« Monseigneur de Saint-André », — le maréchal
d'Albon, — devait avoir dans sa chambre.

Mais il est vraisemblable que ces « étoupements »
étaient vains, qu'ils n'ont jamais réussi à préserver
les logis des Valois d'émanations insupportables,
et que l'on regarda *comme un progrès*, sous les
Bourbons, *la suppression* de ces « commodités »
intérieures qui empoisonnaient les châteaux. La
preuve, c'est qu'elles disparaissent au xviie siècle
dans les habitations les plus somptueuses; Versailles
n'en avait pas, non plus que Marly, et il est clair
que si les architectes avaient remplacé chez le grand
Roi, par des centaines de « chaises » mobiles, les
retraits empestés des âges précédents, ce n'est pas
qu'ils reculaient devant la dépense, c'est qu'ils esti-
maient réaliser une amélioration.

A ces meubles de garde-robe de l'ancien régime,
les architectes de Napoléon et de Louis-Philippe
substituèrent des cabinets réellement « inodores »,
grâce à l'aération des fosses fixes par l'invention
du tuyau d'appel qui s'élève au-dessus des toits.
Plus récemment, ces water-closets, à réservoirs de
chasse d'eau, ont été multipliés en même temps que
les salles de bains. Tel châtelain vient d'en introduire
une vingtaine, annexés à presque toutes les chambres, dans un chef-d'œuvre de Philibert Delorme;
tel autre a trouvé le moyen d'en instituer encore
davantage dans la demeure historique d'un connétable de Montmorency.

Avouons-le, chers contemporains : cette noble
profusion est la marque distinctive de notre richesse.
Aux périodes de force et de magnificence succède

avec nous la période du confort. Notre style n'a guère chance de passer pour génial dans l'avenir, et nos cages en fer vitré ne susciteront sans doute aucune admiration. Mais nous serons, dans les annales de l'architecture, le siècle des water-closets, des salles de bains et des calorifères.

Les puissants d'autrefois ont eu les peintures, les dorures, les bronzes, les marbres, les sculptures ; mais ils gelaient dans leurs salles mal éclairées; ils ne savaient comment traiter leurs cheminées capricieuses « pour les garder de fumer », et ils n'avaient même pas de sonnettes. Avant cette invention, qui datait de Louis XIV, il y avait chez les riches, derrière la porte, assises sur un tabouret, des demoiselles pour appeler les gens et faire les commissions. M$^{me}$ de Maintenon, lorsqu'elle était la veuve Scarron, remplit cet humble office à l'hôtel d'Albret où elle logeait dans une « montée ». A la fin du xviii$^e$ siècle, on mentionnait encore, sur les offres d'appartements à louer, qu'il y avait « des sonnettes toutes posées ».

Notre confort n'est pourtant pas un bien plus certain que ne l'étaient jadis la magnificence et la force. C'est sans doute aussi une illusion, fondée sur la comparaison, sur l'habitude. Ainsi ce n'est pas le manque d'eau qui empêchait nos pères d'installer des canalisations intérieures dans leurs hôtels ou leurs châteaux, puisque les personnages opulents avaient, grâce à des machines hydrauliques, doté leurs parterres de fontaines qui « jetaient très haut et très gros », parfois jusqu'à la hauteur des combles, et que rien, une fois la dépense faite d'élever ainsi ces eaux pour le plaisir, ne leur eût été plus facile que d'en introduire à l'intérieur un peu pour la propreté. Mais la propreté laissait à désirer, même chez les princes : « Sa Majesté, dit une ordonnance de Henri III, veut que tous les matins avant qu'elle soit éveillée, l'on fasse balayer et ôter les ordures qui sont dans la cour, sur les escaliers et dans les salles de son logis, *sans qu'il y ait plus de faute* ».

Depuis la chute des civilisations grecque et romaine où les bains tenaient la place importante que l'on sait, leur usage avait été en diminuant. On voyait encore beaucoup d'étuves publiques au xiiie siècle; au xve, bien des maisons, « en lesquelles soulaient avoir étuves à hommes » n'en possèdent plus. Les 33 « barbiers-*étuvistes* » de la capitale, au xviie siècle, s'ils ne se contentent pas « de faire le poil », aspirent, malgré les « barbiers-chirurgiens », à « s'entremettre en l'exercice de la chirurgie », ou s'ils exerçaient le métier de « baigneurs », leurs établissements avaient un rôle moins innocent que l'enseigne ne le ferait supposer. On trouvait chez eux, sur les bords de la Seine, des distractions de divers genres, d'où peut-être le sobriquet d' « huissiers de la *Samaritaine* », qui désignait les proxénètes au temps de la Fronde.

Non que les bains fussent totalement tombés en désuétude : Catherine de Médicis avait des étuves au deuxième étage de son hôtel, près de Saint-Eustache. Les baignoires étaient de « grandes cuvelles en bois », comme il en est fourni, pour 133 francs, à la reine de Hongrie dans les Flandres (1533). Anne d'Autriche avait une « cuvette en argent à laver les jambes » du prix de 2.300 francs, et l'on voit même à cette époque une grande cuve d'argent de 20.000 fr. Sous Louis XV, c'était en cuivre que se faisait, chez les riches, la baignoire avec sa chaudière et ses robinets, dorés parfois d'or moulu.

Versailles, dans toute sa splendeur, n'eut sous

Louis XIV qu'une baignoire honoraire, vasque immense en marbre du Languedoc, où personne jamais
ne se plongea et qui, déménagée plus tard, sert
aujourd'hui de bassin, au milieu d'une pelouse, dans
la propriété de l'*Ermitage*, au bout du boulevard de
la Reine. A Chanteloup, chez le duc de Choiseul, en
pendant à la chapelle, existait dans la cour un
« pavillon des bains »; c'était un rite nouveau,
mais rarement pratiqué, faute d'eau à discrétion.

Ce bien, aujourd'hui banal dans les plus modestes
logis des grandes villes, fut ignoré de nos devanciers immédiats : les bains coûtaient 2 francs à
Paris en 1825, le même prix qu'en 1525, sous François I<sup>er</sup>. Aussi en usait-on modérément : ils figurent
pour 46 francs par an, sous Charles X, dans les
comptes de ménage d'un maréchal de France qui
payait, en outre, annuellement 100 francs à son porteur d'eau.

Sous Napoléon III, le porteur d'eau coûtait
72 francs chez un grand médecin de la rue des
Petits-Champs. A raison de 10 centimes « la voie »,
— prix usuel des fils de l'Auvergne pour les seaux
qu'ils montaient sur leurs épaules, — ces 72 francs
représentaient 14 mètres cubes. A 0 fr. 35 le mètre
cube, — prix actuel de la Compagnie des Eaux, —
ils correspondent à 206.000 litres.

Une gazette humoristique du temps de Louis XIII
se divertissait de l'entreprise, amusante à ses yeux
par excès d'invraisemblance, d'un « soi-disant ingénieur qui avait installé un moulin à vent au haut
d'une maison, en l'île Notre-Dame, pour fournir aux
bourgeois un muid d'eau (268 litres) par jour ». Sa
machine finie, il n'ose, dit le nouvelliste, la faire
tourner, parce qu'elle ébranle tout l'immeuble, « et
l'on doit recourir comme auparavant à la porteuse

d'eau ». Quelques puits commençaient alors à être garnis « d'un artifice, afin de tirer l'eau », c'est-à-dire d'une pompe. Quant aux sources de Belleville, des Prés-Saint-Gervais et de Rungis (près Berny), canalisées jusqu'au Louvre, elles ne servaient qu'à quelques grands personnages, autorisés à établir sur la conduite des branchements dont le diamètre variait avec leur dignité ou leur faveur.

Vers la fin de la monarchie (1782), on construisit au bout du Cours la Reine la « grande machine à feu », qui devait puiser l'eau de la Seine et la refouler, par un tuyau de 0ᵐ,66, jusqu'à un réservoir établi sur les hauteurs de Chaillot, d'où elle serait distribuée dans tout Paris. « C'est bien de l'embarras, dit un contemporain, et je doute que Paris prenne assez à la chose pour que la compagnie concessionnaire puisse en tirer profit ».

La complication moderne des maisons, les jouissances multiples que l'on paie désormais avec le logement, rendent bien difficile la comparaison des loyers de deux époques, parce qu'ils ne s'appliquent pas aux mêmes choses : il en coûte plus de faire ou de réparer un ascenseur qu'un pont-levis. Il est admis que, par suite des charges, — impôts, concierges, assurances, eau, gaz, chauffage, etc., — le loyer actuel, le gros loyer surtout, n'entre que pour les deux tiers dans la poche des propriétaires, le 3ᵉ tiers étant déboursé par eux en frais. Les constructeurs avisés avouent que ces débours sont très profitables : certains menus détails, certains perfectionnements qui majorent le devis de 10 ou 15 %, exercent assez de fascination sur le public pour permettre de louer les appartements avec une plus-value de 50 %.

Ici, néanmoins, la hausse des loyers résulte d'un progrès positif ; au contraire, elle est accompagnée

d'une perte sous le rapport du terrain, devenu plus
exigu. Les habitants ont toutes leurs aises, mais c'est
le bâtiment qui n'a plus les siennes. L'enchérissement du sol a eu pour effet de réduire l'espace non
bâti, les grandes cours, les vastes communs et les
jardins, c'est-à-dire ce cadre d'air indispensable, que
des déblaiements onéreux ont rendu depuis soixante
ans aux monuments publics : Notre-Dame, la Tour
Saint-Jacques ou le vieux Louvre se livrent ainsi à
notre admiration plus librement que jadis, parures
conservées d'un autre âge, semblables à des curio-
sités apportées de loin. Mais les édifices privés ont
perdu ce cadre, parce qu'il serait trop voyant.
Ceux-là mêmes, parmi les richissimes qui pourraient le payer, n'osent avoir assez de terrain pour
loger leurs palais d'hier, lesquels, gauchement pompeux, étouffent dans un emplacement étriqué. Rien
n'a été omis pour les embellir... sinon le vide étendu
que l'importance de leur taille commandait aux
alentours et d'où les vieux hôtels tiraient leur
dignité, leur gloire.

Le terrain était un élément de dépense dont les
seigneurs d'autrefois ne se préoccupaient guère.
Dans nos grandes villes quadruplées, quintuplées
depuis cent ans, — en 1801, Lyon avait 109.000 habitants, Marseille en 1780 en avait 76.000 et Bordeaux
83.000 ; — dans Paris surtout, le terrain arrive à
représenter une somme égale et parfois supérieure
à celle de la maison de rapport qui l'occupe. Valeur
bien capricieuse d'ailleurs : dès le règne de Louis XVI
un appartement de quatre pièces coûtait six fois plus
cher autour du Palais-Royal qu'auprès du Luxembourg. De nos jours, le mètre vaut 1.040 francs dans
le quartier Gaillon et 24 francs dans le quartier
Saint-Fargeau. Il vaut, dans telle avenue, 600 francs

du côté de l'ombre et 1.000 francs du côté du soleil.

Remarquons qu'il n'existe aucun rapport entre le prix et le charme positif des choses : à Paris, la possession d'un jardin de 2.000 mètres carrés, qui représentait un supplément de loyer de 690 francs sous François I<sup>er</sup> et de 4.000 fr. sous Louis XIV, dans un quartier à la mode, en représente 80.000 aujourd'hui. Or, ce jardin est toujours le même *intrinsèquement*, et la jouissance *relative* qu'il procurait à l'habitant des rues étroites et tristes de jadis était supérieure ; le contraste était plus grand pour ce privilégié entre la verdure qui lui appartenait en propre et la laideur ambiante des voies publiques, qu'il n'est pour le Parisien de 1913 qui se promène dans de larges avenues plantées d'arbres et rencontre un peu partout des fleurs et des gazons banaux.

La classe riche avait des promenades privées qu'elle n'a plus ; le peuple au contraire a des parcs et des squares qu'il n'avait pas ; leur total atteint la centaine. Cette évolution s'est faite librement, *par l'accroissement de la richesse générale* qui, d'une part, a poussé les détenteurs de terrains à se restreindre volontairement pour se procurer d'autres plaisirs, de l'autre a permis à la Ville de tirer de ces loyers grossis des contributions avec lesquelles elle s'est transformée. Le citadin actuel, qui n'achète plus de lanterne « pour se conduire le soir dans les rues », ignore au prix de quels efforts les cités cloaques, noires et puantes, ont été métamorphosées en une maison où le ménage se fait chaque jour sans que le maître puisse à peine s'en apercevoir.

De cet effort social, de cette transformation urbaine, la masse ayant profité davantage que les privilégiés de l'argent, il semble qu'il y ait eu de ce chef quelque nivellement des jouissances. Cependant, si dans les campagnes, dans les petites villes, le salaire depuis cent ans a haussé plus que le loyer, il n'en est pas de même à Paris, où jusqu'ici, en bien des maisons populaires, le loyer a augmenté plus que le confort.

Entre le riche et le pauvre, au point de vue du *logement*, il subsiste beaucoup plus de distance qu'il n'y en a au point de vue de l'*alimentation* ou du *costume*. Pourrait-il en être autrement? Maintes fois, à l'occasion d'ouvrages précédemment publiés, j'ai été accusé de dureté; des critiques charitables m'ont reproché d'ignorer la misère, parce que je refusais de me payer de rêves, de beurrer de sensibilité quelques tartines banales qui ne coûtent rien et ne servent à rien. Les faits, les lois que révèle l'histoire économique ne sont point *mes* faits, *mes* lois; ce n'est pas ma faute s'ils sont inexorables. Les Parlements d'Europe sont pleins de gens qui s'imaginent augmenter le bien-être en majorant le taux des salaires, sans se préoccuper d'abord de multiplier le nombre des côtelettes. On ne saurait assez dire combien cette prétention est ridicule.

Pour faire baisser les loyers ou pour améliorer les logis, il faudrait multiplier les maisons populaires. Cette multiplication est-elle possible? Si impuissante en général à augmenter la production, l'intervention de l'Etat, des communes pourrait-elle être, exceptionnellement, efficace en ce domaine? Je le crois, mais par une voie où jusqu'ici l'on se refuse d'entrer. A Paris, l'argent rapporte 10 %, net et davantage lorsqu'il sert à loger les pauvres, et seulement 4 ou 4 1/2 %, lorsqu'il sert à loger les riches; en d'autres termes le loyer des maisons populaires procure un revenu plus que double de celui des maisons bourgeoises. Notre territoire est couvert de sociétés excellentes ayant pour objet la création d'habitations à bon marché; ce qui manque... ce sont les fonds.

En attendant de bâtir, on a légiféré : les hygiénistes ont déterminé le cube d'air *minimum* auquel chaque créature parisienne avait droit, et il a été défendu de bailler des locaux qui ne contiendraient pas ce cube d'air par rapport au chiffre des locataires. Le résultat obtenu par ces législateurs bienfaisants est de jeter sur le pavé les familles nombreuses et pauvres, qui n'ont pas le moyen de payer des logis réglementaires. Repoussés de partout, les ménages chargés d'enfants dissimulent leurs enfants comme une tare; ils sont réduits à mentir, ils en cachent le nombre pour se faire accepter par les gérants d'immeubles et, quand leur mensonge est découvert, s'ils ne parviennent pas à attendrir les concierges, ils sont expulsés comme des malfaiteurs. Voilà ce que produit un décret maladroit : dans la capitale de ce pays démocratique, si réservé sur le chapitre de la reproduction, les citoyens trop prolifiques sont traqués et proscrits.

Paris manque donc cruellement de maisons ouvrières. Pourtant il a suffi que quelques richissimes, qui font charité de leur argent, aient mis à la disposition de ceux qui font charité de leur temps quelques millions de francs en vue de bâtir des maisons nouvelles, pour que l'expérience permît d'affirmer ceci : il est possible de construire aujourd'hui dans Paris, pour le peuple, des habitations hygiéniques, claires, aérées, propres et attrayantes par un minimum de confort, de les louer un tiers ou un quart moins cher que les sordides bâtiments d'alentour affectés aux mêmes catégories sociales et de tirer pourtant de son capital un intérêt net de 3 1/2 %.

Un pareil résultat n'est certainement pas atteint sans un effort que tous les constructeurs n'ont pas su faire. Il en est qui ne se sont pas assez préoccupés d'obtenir des sommes mises à leur disposition un revenu normal. Ceux-là nuiraient grandement dans l'opinion publique à la cause des habitations à bon marché, qui ne doivent être à aucun degré une institution « charitable » où le pauvre se sent plus ou moins entretenu par l'argent du riche. Pour que l'idée soit féconde, il faut que l'argent ne s'aumône pas mais qu'il rapporte; pour que le bienfait soit effectif, il faut qu'il devienne un placement.

Ce but a été atteint par le « Groupe des maisons ouvrières », société anonyme où les bailleurs de fonds, quoique soupçonnés, prétendent demeurer inconnus. De grands immeubles bâtis dans les quartiers des Gobelins, de Grenelle, de Belleville et de Reuilly, où les millions absorbés produisent un intérêt de 3,76 à 3,47 °/₀, attestent la vitalité de cette conception d'une façon assez répétée pour qu'elle soit pleinement concluante et mérite d'être développée.

Que peuvent donc faire les pouvoirs publics? Il existe une personne morale qui trouvera demain à emprunter un milliard de francs à 3 °/₀; cette personne, c'est la Ville de Paris. Elle ne doit pas acheter un mètre de terrain, remuer une brique, ni gâcher un sac de plâtre pour construire elle-même des maisons ouvrières. Encore moins doit-elle exploiter directement, ses locataires ne la paieraient pas. Les millions qu'elle empruntera d'une main, elle doit les prêter de l'autre à toutes les sociétés solvables, — il n'en manque pas et des plus compétentes — moyennant l'obligation de se conformer à un cahier des charges bien défini, dont les agents municipaux surveilleraient l'exécution.

Mais ce n'est pas avec 10 ou 100 millions que l'on bâtira assez de maisons pour influer sur le taux des loyers inférieurs à 500 francs, qui s'appliquent aux trois quarts des logements parisiens — 736.000 sur 980.000 — et abritent plus de 2 millions d'habitants. On y parviendra sans doute en édifiant 700 immeubles neufs capables de contenir 100.000 ménages ou 400.000 âmes. D'après les résultats acquis, la dépense serait de 770 millions et, en ménageant de très vastes cours, égales à la surface bâtie, il faudrait un peu moins de 200 hectares.

Bien que Paris soit une très petite ville au regard de sa population, sur les 7.200 hectares dont se compose sa superficie, il s'en trouve encore des centaines propres à bâtir. Rien d'ailleurs n'empêche de croire que les propriétaires actuels, par la crainte d'être abandonnés de leur clientèle, se résoudraient à prendre part eux-mêmes à ce mouvement de rénovation; mais il appartient à la société en corps de donner le branle par son crédit à cette œuvre d'assainissement et de progrès, puisque le libre jeu des intérêts privés n'a pas suffi jusqu'à ce jour à l'accomplir.

# CHAPITRE X

## Les domestiques. — Le train de maison.

Contradiction apparente qui domine l'histoire du service
domestique. — Le service privé, tantôt corporel et intime,
tantôt fonctionnel et extérieur. — François I<sup>er</sup> « valet de
chambre » d'Henri VIII au Camp du Drap d'Or. — Le valet
du jeu de cartes. — La vente des emplois domestiques chez
les rois équivaut à une émission de bons du Trésor. — C'est
un moyen de battre monnaie. — L'office de porteur de
chaises percées vaut 6.300 francs chez le duc de Berry. —
A retrancher des anciens trains de maison : fournisseurs,
employés, services aujourd'hui publics. — Domestiques disparus; désignations ayant changé de sens. — Fous et « plai-
sants »; « palefreniers »; concierges d'éminente dignité. —
Les pages; aux temps féodaux simples grooms; depuis le
XVI<sup>e</sup> siècle jeunes gentilshommes pauvres; les particuliers
y renoncent à la fin du XVII<sup>e</sup> siècle. — Catégories intermédiaires au Moyen Age entre le vassal et le valet. — Maisons
de quelques grands seigneurs depuis le XIV<sup>e</sup> siècle jusqu'au
XVIII<sup>e</sup> : « Maîtres d'hôtel » nobles; les « *officiers* et autres
serviteurs ». — Leur nombre et leurs gages. — Au XVIII<sup>e</sup> siècle
il ne se voit plus de gentilshommes-domestiques. — Ascen-
sions éclatantes de quelques domestiques de la plus humble
origine : Gilles Ruelland, S<sup>r</sup> du Rocher-Portail; Massé Bertrand, S<sup>r</sup> de La Bazinière; Antoine Crozat, marquis du
Chatel; le cardinal Dubois. — Un Gil Blas historique : Jean
Héraut, S<sup>gr</sup> de Gourville. — Le mot de Pascal : « Il a quatre
laquais et je n'en ai qu'un. » — Changements parallèles dans
l'état mental et social des Français. — Diminution moderne
du nombre des domestiques chez les riches; augmentation

de leur chiffre *global* dans la France contemporaine. —
Démarcation ancienne des diverses classes de domestiques.
— La soubrette et le valet de comédie dans la vie réelle. —
Leurs profits accessoires et le placement de leurs économies.
— Valets joueurs de violon. — Gages des servantes d'intérieur, des nourrices, des cuisiniers. — Les serviteurs de
luxe ne se ressentirent pas de la baisse des salaires depuis
le xvie siècle. — *Pasquin* et *Lisette*, ce qu'ils sont devenus
de nos jours; Scapin exerce vingt professions libérales. —
La livrée, ses prix. — Les domestiques inférieurs ne recevaient
aucun avantage gratuit en nature. — « Deux chemises et le
*bois de ses sabots.* » — Conseils pour les renseignements à
prendre par les ménagères du xive siècle. — Les domestiques de jadis ne restaient pas plus longtemps en place que
ceux d'aujourd'hui.

Deux faits, en apparence contradictoires, dominent l'histoire du service domestique : d'une part, la
hiérarchie des classes semble avoir dû maintenir une
barrière infranchissable entre ceux qui servaient et
ceux qui étaient servis; d'autre part, le service personnel était beaucoup plus estimé dans l'ancienne
France aristocratique que dans la France démocratique d'aujourd'hui. Et c'est justement à mesure que
le vieux moule social s'est transformé que le service
personnel a décliné peu à peu, jusqu'à devenir le
moins recherché de tous après avoir été le plus en
honneur.

Il y a dans notre République beaucoup de « services » fort prisés, tant civils que militaires, mais ce
sont des « services publics » et l'on voit bien que
ces esclaves du Public, qui s'appellent des fonctionnaires, ne se croient pas trop asservis à leurs concitoyens. Au contraire, le « service privé », c'est-à-
dire la dépendance d'homme à homme, était la
règle et le fond même de la société féodale. Ce
service était tantôt corporel, intime et comme fami-

lial; tantôt extérieur et pour ainsi dire fonctionnel, relatif aux biens et affaires du maître. Longtemps le service corporel fut de beaucoup le plus noble; le chambellan était très supérieur au chancelier.

Au Camp du Drap d'Or, François I⁰ᵉ entre à l'improviste sous la tente d'Henri VIII encore couché; comme ce prince veut se lever, le roi de France lui dit « qu'il n'aurait point d'autre valet de chambre que lui, et lui chauffa la chemise et la lui bailla quand il fut levé ». Quelques bons rapports qui existent entre le roi d'Angleterre d'à présent et notre Président de la République, l'idée ne viendra certainement pas à ce dernier de faire chauffer la chemise de son hôte; de pareilles politesses ne sont plus de mise entre souverains, fussent-ils proches parents. La mentalité du xvıᵉ siècle est loin de nous et c'est seulement au jeu de cartes que le « Valet » est un personnage qui vient immédiatement après le Roi et la Dame.

Le dernier vestige de cette domesticité protocolaire a disparu avec la Cour de Versailles, où chaque branche de la Maison royale comportait une liste longue et graduée, qui commençait par un prince du sang ou un duc-pair et finissait par un balayeur ou un marmiton. C'est peut-être ici le lieu de remarquer que cette armée de serviteurs, dont il a été cent fois question et où la plupart des historiens n'ont vu que la satisfaction d'une folie fastueuse, était au contraire pour la Royauté un moyen de se procurer de l'argent, parce que *les emplois domestiques se vendaient.*

Engager un surcroît de valets et de servantes, c'était, depuis Louis XIV, ce que nous appellerions aujourd'hui émettre des bons du Trésor, créer des rentes sur l'Etat, à taux variables, suivant le cours du papier et le crédit royal. Le gouvernement dressait un tarif où figurait, en face des gages attribués aux futurs acheteurs, le capital qu'ils auraient à débourser pour avoir l'honneur de devenir dame d'atours ou sommier des broches, aumônier ou garde-vaisselle, premier-gentilhomme ou palefrenier. Cette liste était publiée officiellement et, lorsque fut créée, au plus fort de la guerre de succession d'Espagne, la maison du duc et de la duchesse de Berry, petit-fils du Roi, comme il était à craindre que les 600 ou 700 offices domestiques, taxés en bloc à 25 millions et demi de francs[1], ne trouvassent pas facilement preneurs, on eut l'idée, pour accélérer l'écoulement, d'envoyer une circulaire comme font nos banques pour placer des actions de mines ou de chemins de fer. Mais il n'en fut pas besoin et quoique précisément à cette date (1711), l'État, terriblement pressé d'argent, eût beaucoup de mal à emprunter par les voies ordinaires, ces charges furent rapidement enlevées.

Que l'on trouvât des seigneurs authentiques ou des bourgeois-gentilshommes pour payer 200.000, 300.000 et 400.000 francs une sinécure dorée de secrétaire des commandements, de chambellan ou de premier veneur, grâce à laquelle ils se pousseraient auprès du monarque, rien de surprenant à cela. Ce qui étonne c'est de voir vendre des 7.000, 12.000 et 20.000 francs de simples emplois de valets de pied ou de garde-robe, de garçons ou de femmes de chambre, d'aide de fruiterie ou d'enfant de cuisine, produisant des gages de 5, 7, rarement 10 % du capital versé, lorsque les fonds publics rapportaient tout autant à des rentiers tranquilles.

1. En monnaie actuelle, comme tous les chiffres de cet ouvrage; voir la note de la page 18.

Cette forme d'emprunt constituait, je pense, un assez pauvre système financier ; les gages étant mal et irrégulièrement payés, les titulaires se rattrapaient sans doute en grivèleries multiples ; bien que l'on ne voie pas nettement quel genre de revenants-bons peuvent échoir aux porteurs de chaises percées, — offices de 6.300 francs avec gages annuels de 550 francs. — Seulement, et c'est là ce qui mérite d'être retenu, il fallait que, dans l'opinion populaire d'il y a deux cents ans, ces dignités serviles fussent grandes encore pour que l'ambition d'en être revêtu suscitât des amateurs capables d'y risquer leurs économies.

Le service personnel a d'ailleurs évolué sans cesse de façon insensible et lente, suivant les besoins et les mœurs, de sorte que les mêmes noms ont désigné durant sept siècles des individus très différents et très diversement classés. Il est admis que le luxe des domestiques est celui peut-être qui a le plus diminué de nos jours ; encore faut-il s'entendre. Le train de maison d'un riche du Moyen Age comprend dans sa liste touffue, beaucoup de « domestiques » indispensables, aujourd'hui remplacés par des « fournisseurs » : boulanger, tailleur, maréchal, pêcheur, peintre, apothicaire, etc. ; il comprend des « employés » logés et appointés à l'année, dont les uns, chevaucheurs et messagers — ont été remplacés par la poste et le télégraphe ; dont les autres — aumôniers et médecins — ne sont plus nécessaires à demeure, avec les moyens de transport modernes. Quelques-uns — comme les « écrivains » — étaient de première nécessité chez des maîtres qui ne savaient pas tenir la plume ; beaucoup enfin ont changé de nom, tels les gouverneurs, chapelains, capitaines, écuyers et guetteurs, disparus avec les

« maisons fortes », pour faire place à des régisseurs pacifiques et à des gardes armés pour défendre, non pas leur maître, mais simplement son gibier.

Cette revision qui réduit beaucoup les effectifs comparables, permet aussi de constater que nos aïeux faisaient difficilement des choses faciles ou devenues telles avec le progrès : en 1457 arrivait à Paris, pour demander en mariage la fille de Charles VII, une ambassade du roi de Hongrie et Bohême, composée de 260 chariots bien attelés que gardaient, la nuit, des esclaves enchaînés. Si la diplomatie actuelle comportait le même déploiement, esclaves et chariots seraient de trop ; il suffirait d'un train spécial remisé à Bercy.

En fait de luxe purement conventionnel, quelques spécimens ont dès longtemps cessé de plaire : tels les nains et les fous des deux sexes, — la reine avait sa folle comme le roi avait son fou ; — le bon ton ne permettait à aucun prince de s'en passer et, si l'on en juge *par leurs noms*, c'est la France qui paraît les fournir à toute la chrétienté. Au temps où Triboulet tenait l'emploi chez François Ier, son collègue, auprès de Charles-Quint, était Perrignon « plaisant de l'Empereur »; au Vatican même c'est un nommé Le Roux qui a titre de « plaisant du Pape » (1538).

Le Triboulet historique, richement habillé, — son costume complet, robe, pourpoint et chausses, coûte au Roi 1.800 francs (1534) — pourvu d'un gouverneur bien gagé, était un idiot recueilli par charité, fort peu ressemblant au Triboulet dramatique de Victor Hugo. D'autres fous, moins insipides, eussent mieux mérité de passer à la postérité ; Marais, par exemple, qui disait à Louis XIII : « Sire, il y a deux choses dans votre métier dont je ne saurais m'accommoder, c'est de manger tout seul et de ch... en compagnie ».

Celui-là fut le dernier bouffon en titre. Avant lui avait aussi disparu des budgets officiels la « dame des filles de joie suivant la Cour », qui recevait au xvi⁰ siècle chaque année, « ainsi qu'il est accoutumé de toute ancienneté », 1.400 francs, moitié pour les étrennes de ses... pensionnaires et moitié pour le bouquet qu'elles présentaient au Roi au mois de mai.

A la fin de l'ancien régime apparurent les domestiques nouveaux : le chasseur, le nègre, le suisse, le postillon, le frotteur, celui-ci multiplié par l'usage assez nouveau des parquets. Certains, dont le nom subsistait, avaient changé de rôle et de rang : le palefrenier ou « palfernier », qui avait la charge des palefrois, était au Moyen Age très supérieur aux cochers, sommiers ou charretiers, qui conduisaient « la coche » ou le chariot. A peine le muletier de « litière » était-il son égal. Depuis l'invention des carrosses il descendit au-dessous du premier cocher, mais conserva une place à part, précédant souvent à cheval au xviii⁰ siècle la voiture de son maitre. Il a fini de nos jours par être le dernier dans l'écurie dont il avait été le chef.

On en peut dire autant du « concierge », titre éminent que rien n'annonçait devoir signifier plus tard un portier, lorsque, au temps de saint Louis, la Conciergerie du Palais capétien — seule partie qui, avec la Sainte-Chapelle, soit encore debout — était une vaste demeure. « Concierge » étant synonyme de gouverneur militaire, la dignité était briguée, dans les châteaux royaux et princiers, par de grands personnages ; c'est dans ce sens que l'entendait le premier ministre de Louis XIII, lorsqu'en faisant donation au Roi de son « Palais-Cardinal » il « réservait à ses successeurs, ducs de Richelieu, la charge héréditaire de concierges dudit hôtel, et le logement qui leur sera désigné à cet effet ».

Les « pages », qui existèrent chez les souverains jusqu'à Napoléon I<sup>er</sup> et Charles X, eurent une destinée toute contraire : aux temps féodaux, le page fut un serviteur qui, dans toutes les branches, occupait le dernier échelon. A la guerre, il est subordonné au « pillard » qui accompagne le banneret. Au civil, il figure sur l'état de la maison de Philippe le Bel (1285) entre les valets pour la chandelle et les rôtisseurs. Chez la comtesse Mahaut d'Artois (1312) ses gages sont de 233 francs par an, *moitié de ceux* d'un valet de chiens, le dixième de ceux des veneurs. Chez le duc de Bourgogne (1399) le page des lévriers est aussi beaucoup moins rétribué que le valet. Ces pages n'étaient rien de plus que des grooms.

Il en va tout autrement sous les derniers Valois, lorsque l'on alloue à chacun de ceux de l'écurie du Roi, que l'on met « hors de pages », 1.000 francs « pour s'armer et se monter ». Ce sont alors des nobles de familles pauvres; la France en était pleine, l'anarchie du xv<sup>e</sup> siècle avait fait bien des « nobles mendiants ». Quelques-uns entraient dans la petite judicature ou dans des professions manuelles, sans cesser pour cela — au moins dans le Midi — de se qualifier gentilshommes. A Sisteron, les Valavoire, chevaliers croisés au xi<sup>e</sup> siècle, sont représentés au xvi<sup>e</sup> siècle par plusieurs générations de « nobles chaussetiers », puis reparaissent pour exercer de grandes charges sous Louis XIV, avant de s'éteindre au xviii<sup>e</sup> siècle.

Veulent-ils embrasser le métier des armes avec plus de scrupule que le jeune Lesdiguières, qui emprunte une jument à un hôtelier de son pays et part sans laisser de ses nouvelles, ces prolétaires

de l'aristocratie « se donnaient » à un riche seigneur.
Toiras, qui devint maréchal de France et gouverneur d'Auvergne, avait ainsi commencé chez le
marquis de Courtenvaux, « vivant de son pain, montant ses chevaux et faisant chasser ses chiens ».
Être « nourri page » dans une grande maison et en
porter la livrée, qui n'avait encore rien de bas, fut,
à cette époque, le début de beaucoup d'illustres
fortunes. Albert de Luynes était, de vingt et un à
vingt-huit ans, jusqu'en 1606, aux gages de la
comtesse du Lude, à 2.130 francs par an; son frère
Brantes fut huit ans au même service, quatre ans
page et quatre ans gentilhomme, aux appointements
de 1.420 francs.

Les seize pages qui composaient, sous les ordres
d'un gouverneur, la « grande écurie » de Richelieu
étaient tous fils de comtes et de marquis, servis par
douze valets et soumis aux leçons de trois maîtres
d'escrime, de danse et de mathématiques. A cette
ascension des pages royaux et assimilables corres-
pondit, chez les simples particuliers, la fureur de
donner cette qualité à des gamins quelconques et
tel, qui ne pouvait s'offrir des pages en chair et en
os, imagina d'en avoir *en effigie*, remplis de foin,
attachés derrière son carrosse, pour se montrer au
Cours-la-Reine; dût-il s'exposer, comme Chambon-
nières, à ce que les chevaux du carrosse suivant,
attirés par l'odeur du foin, tandis que la file des voitures lentement avançait, se missent à déchirer les
jambes de ce mannequin, à la grande confusion du
propriétaire.

Manies éphémères du reste, et lorsque La Fon-
taine écrit (1668), dans sa fable de « La Grenouille
qui veut se faire aussi grosse que le Bœuf », que
tout marquis veut avoir des pages », il fait allusion à

une mode qui, précisément, va passer; c'est à peine si, vers 1680, les ducs ont un page et à la fin du règne il ne s'en voit plus. Un autre « domestique », comme on disait au xviie siècle, eut une existence encore plus courte : le gentilhomme *di belle lettere* ». L'usage italien, adopté en France, voulut qu'au temps des « Précieuses » et de la « Fronde » on eût, sur l'état de sa maison, soit sous titre de secrétaire, de maître d'hôtel ou d'écuyer, soit sans titre défini, un homme d'esprit à ses gages, logé souvent, nourri et voituré toujours.

Au xviiie siècle, il n'y a plus guère, chez les personnes privées, aucun de ces emplois honorifiques, intermédiaires entre le vassal et le valet, qui sont de règle au Moyen Age : chez la comtesse de Bar, dont le train se compose de 54 personnes pour elle-même et de 20 personnes pour ses enfants (1352), le « chevalier », le maître d'hôtel, l'écuyer-tranchant, l'écuyer-échanson, et les deux chambellans, qui viennent en tête de liste, n'ont socialement rien de commun avec des serviteurs comme le clerc de cuisine, le huchier ou le bouteiller. Chez Marie de Sully, dame de La Trémoille (1396), où les domestiques sont au nombre de 58, les 3 « dames » ne sauraient être assimilées avec les 8 femmes de chambre de Madame et de ses deux filles; pas plus que les 4 écuyers, ayant chacun un valet, avec le dépensier, les cuisiniers, les valets de haquenée et de char.

Cent ans plus tard (1493) le sire de La Trémoille entretient à la tête de sa maison 5 maîtres d'hôtel, qualifiés de « seigneurs » et de « messires », qu'une démarcation profonde sépare des magister, médecin et secrétaire de Monseigneur, simplement traités de « maîtres », eux-mêmes très supérieurs aux

queux, barbier, fourrier, «pallefranier» et autres
subalternes, par le rang sinon par les gages, puisque
les muletiers gagnent autant que le précepteur
(560 francs) et plus que le secrétaire (420 francs).
Il est vrai que les clercs d'office et les femmes de
chambre descendent à 224 et 112 francs par an,
tandis que le seigneur de La Rivière, premier maître
d'hôtel, touche 1.680 francs.

Au XVIᵉ siècle (1552), le titulaire de cet office dans
la même maison, « M. de la Guyonnière », ne recevait que 1.200 francs et quelques autres « gentilshommes », MM. du Fouillou et de la Martinière, se
contentent de 800 et de 690 francs. Dans la seconde
classe, celle des « gens de conseil », le receveur
général « maître Mauger » a 1.000 francs, le sénéchal de Thouars 550 seulement; enfin dans la catégorie des « officiers et autres serviteurs », le mieux
rétribué est le brodeur, 690 francs, puis viennent sur
le même pied l'organiste et le sommelier 460 francs,
l'écuyer de cuisine à 400 francs, les tailleurs à 340,
les valets de chambre et le secrétaire au taux identique de 230 francs; ainsi de degré en degré jusqu'aux femmes de chambres des filles à 100 francs,
jusqu'au valet de garde-robe à 80 francs.

Entretenir à son service des personnes de conditions un peu relevée n'était pas l'apanage des seuls
richissimes; ce superflu était caractéristique et de
première nécessité pour qui prétendait à un certain
rang; c'eût été déchoir que de s'en passer. Richelieu, pauvre évêque de Luçon, ayant à peine de
quoi vivre, prend un gentilhomme pour maître d'hôtel : « Cela fait bien, écrit-il, il dirige la maison et
reçoit la compagnie ». Deux minces hobereaux, qui
vivent à l'auberge, conviennent de passer chacun à
son tour pour « gentilhomme » de l'autre.

On voyait encore en 1693 chez le vieux duc de Saint-Simon, père de l'auteur des *Mémoires*, un écuyer du duc, un écuyer de la duchesse et un gouverneur de leur fils, ces deux derniers détachés en qualité de gentilshommes pour accompagner le jeune vidame, alors simple mousquetaire. Cinquante ans plus tard ce genre de luxe est aboli; et à la fin de l'ancien régime, dans la plus haute noblesse, chez les descendants mêmes de quelques grands vassaux du Moyen Age, l'intendant est un petit bourgeois et l'état de maison ne comprend que des serviteurs; les gentilshommes-domestiques avaient disparu.

Est-ce par suite d'une même évolution sociale? — les mœurs ont autant changé du xvi<sup>e</sup> au xviii<sup>e</sup> siècle que du xviii<sup>e</sup> siècle à nos jours, — toujours est-il qu'il ne se rencontre plus alors d'anciens domestiques devenus gentilshommes, comme il s'en vit maints exemples notables aux temps antérieurs et jusque sous Louis XIV : Gilles Ruelland, qui mourut baron de Tressan, seigneur du Rocher-Portail et de Montaurin, laissant une grosse fortune à ses cinq enfants, dont une fille, devenue duchesse de Brissac avec deux millions et demi de dot, avait débuté vers 1585 comme valet d'un marchand de toiles. Longtemps charretier, il n'avait jamais chaussé que des sabots. La première fois qu'il mit des souliers à ses pieds, racontait-il plus tard, il en était si embarrassé qu'il ne savait comment marcher.

Son maître ayant pris la sous-ferme des impôts d'une partie de l'évêché de Saint-Malo, Ruelland qui avait épousé la fille d'une fruitière de Fougères, femme de chambre de M<sup>me</sup> d'Antrain, sous-afferma à son tour quelques hameaux et réalisa un petit pécule, avec lequel il fit, sur les frontières de Bretagne, un trafic d'armes au temps de la Ligue entre

les deux partis. Il y gagna 100.000 francs et partit
de là pour l'opulence et la noblesse, grâce à la taxe
des boissons qu'il s'était chargé de recouvrer à forfait dans toute la province.

Un autre domestique, comme celui-là « né aux
finances », fut Massé Bertrand, fils d'un paysan
d'Anjou, qui, d'abord laquais chez le président
Gayan, puis clerc chez un procureur, ensuite commis, parvint insensiblement à être trésorier de
l'Epargne (1628) — caissier central du Trésor —
seigneur de La Bazinière et mourut riche de 20 millions (1640). Ce La Bazinière était, paraît-il, un
ladre qui, lorsqu'il eut des valets à son tour, ne les
payait point et trouvait moyen de les garder chez
lui, « attendant que l'humeur libérale prit à leur
maître ». Mais il avait de l'orgueil pour sa race ;
son fils, marié à une demoiselle d'honneur de la
Reine, eut des armes et des couronnes à son carrosse ; le Roi ne dédaigna pas de danser le ballet
chez lui ; sa fille, mariée à l'intendant de justice en
Anjou, avait un écuyer qui portait l'épée au côté et,
pleine de mépris pour la noblesse de robe, traitait
de petites gens les parents de son mari.

Gil Blas serait aujourd'hui trop invraisemblable.
Le Sage sans doute ne choisirait plus le même type ;
mais à la date de publication de son roman (1715),
l'ascension d'un laquais imaginaire ne pouvait guère
choquer les contemporains, puisqu'il y avait douze
ans à peine que Gourville était mort. Or, Gourville,
Gil Blas de la réalité, dépassait fort celui de la
fiction. Jean Héraut savait lire et écrire, c'était son
seul capital. Après avoir débuté chez un procureur
d'Angoulême, il entre comme valet chez l'abbé de
La Rochefoucauld (1642), y reste quatre ans puis
passe au service du prince de Marsillac, le futur

auteur des *Maximes*. Il s'y instruit un peu et gagne la confiance de son maître qui, ayant acheté le gouvernement de Poitou, en fait son secrétaire.

En cette qualité, bien qu'il porte toujours la livrée, — une casaque rouge à galons d'argent, — il est à même de cueillir de jolis pourboires. Il suggère par exemple à Marsillac, pressé d'argent, de solliciter du surintendant d'Emery (1649) un passeport pour faire sortir du Poitou 800 tonneaux de blé, — la sortie des blés était alors interdite, — et, chargé de présenter la requête au surintendant, « je lui demandai, raconte-t-il, s'il ne trouverait pas mauvais d'en ajouter 200 pour moi, afin que je pusse en avoir le profit. En souriant il me dit qu'il le voulait bien ». Aussitôt il prend la poste pour Niort et vend à des marchands ce permis d'exportation 45.000 francs. Il en garde pour lui 9.000, d'accord avec son maître et, comme ce dernier est toujours besogneux, il finit, avec une générosité diplomatique, par les lui prêter. Héraut est jeté naturellement dans la Fronde, tantôt lieutenant d'une compagnie de bourgeois du faubourg Saint-Antoine, commandée par un charcutier, tantôt détroussant à main armée le percepteur des tailles de l'Angoumois, qu'il dépouille de 20.000 francs pour le compte des princes. Comme eux il sert successivement tous les partis, est apprécié, s'avance et, pour avoir moyenné la soumission de Bordeaux (1654), reçoit de Mazarin une pension de 19.000 francs sur les bénéfices ecclésiastiques.

Dès lors l'ancien valet fait peau neuve et devient seigneur de Gourville, du nom d'une terre qu'il vient d'acquérir. Il loue « un appartement assez honnête » dans le petit hôtel de Bourbon, achète un carrosse et des chevaux pour son service et, pour le service

du Roi, il achète des conseillers au Parlement, les
« meneurs des Chambres », à prix variés, afin de
faire passer les édits de Fouquet, son nouveau
patron : 5,000 francs de gratification « avec la promesse d'autant aux étrennes », étaient le tarif des
consciences ordinaires. Les présidents à mortier
sont plus chers : à Le Coigneux, « pour l'aider à
achever une terrasse à sa maison de campagne »,
Gourville porte 20.000 francs en lui faisant espérer
« que cela aurait de la suite ».

Comment un homme si bien lancé peut-il être mis
à la Bastille? Intrigues obscures, mauvais propos
colportés par des ennemis pour le desservir. Cet
internement s'opère du reste avec tous les égards
dus à un homme de qualité : le gouverneur se rend
en personne chez Gourville; introduit par un laquais,
il le trouve avec son maître à danser, répétant une
*courante*, lui dit en riant qu'il faut remettre la danse
à un autre jour, et le conduit dans son carrosse à la
prison d'État, où il est enfermé dans une chambre
du premier, « la plus commode de toutes ». Élargi
au bout de quelques semaines, il va le soir même
chez M. le Cardinal « pour lui faire la révérence »;
il se justifie si bien que Mazarin, lui rendant peu
après toute sa faveur, l'institue son associé dans un
de ces tripotages financiers que le grand ministre
affectionnait et qui ont jeté quelque ombre sur sa
gloire. Il s'agissait du recouvrement des tailles de
Guyenne; le cardinal y gagna 10 millions et Gourville, devenu en même temps commis de Fouquet,
ne négligea pas sa propre fortune, puisqu'en 1659
il achetait 3 millions et demi la charge de secrétaire du Conseil tout en s'occupant, — car c'était un
homme plein de reconnaissance, — d'arranger
les affaires de la maison de La Rochefoucauld et

d'obtenir à ses maîtres quelques remises de leurs dettes.

La disgrâce de Fouquet le force à s'éclipser quelque temps aux Pays-Bas, où il avait mis ses biens à l'abri ; de là, quoique condamné à mort par contumace, il entretient des relations suivies avec la cour de France dont il se fait l'agent à l'étranger. Gracié en récompense de ses bons avis, il finit par être nommé ambassadeur en Espagne, y mène un train conforme à son rang, tient table ouverte et suggère de Madrid l'idée de placer un Bourbon sur le trône de Philippe IV.

Au retour de cette mission M. de Gourville, conseiller d'Etat, aussi riche que considéré, marié « secrètement », mais au su de tous, avec une des trois sœurs du duc de La Rochefoucauld, demeura jusqu'à sa mort, en 1703, dans la familiarité des plus grands seigneurs et souvent admis à l'honneur envié de faire la partie du Roi.

Tous les parvenus ne publiaient pas, avec l'humilité — ou l'orgueil — de Gourville, leur modeste origine : le cardinal Dubois qui, avant de prendre le petit collet et d'être admis par le précepteur du duc de Chartres auprès de cet enfant, pour lui aider à écrire ses thèmes et à chercher ses mots dans le dictionnaire, avait été valet d'un principal de collège, puis du curé de Saint-Eustache, fit si bien disparaitre toute trace de son premier emploi que des biographes modernes ont pu s'y tromper.

Antoine Crozat, lorsqu'il était devenu marquis du Châtel, qu'il portait le cordon bleu des chevaliers du Saint-Esprit en vertu de la charge achetée par lui de trésorier de l'Ordre, lorsque sa fille épousait le comte d'Evreux, fils du duc de Bouillon (1707), n'aimait pas non plus se rappeler qu'il avait débuté comme laquais de Pennautier, caissier des Etats de Languedoc, avant de devenir le petit commis, puis l'associé de ce financier qu'il dépassa beaucoup par la suite. Lors de la taxe sur les traitants, en 1709, Crozat dégorgeait au fisc sans sourciller 4 millions de francs, ce qui ne l'empêchait pas de développer sa banque et ses armements par le privilège du commerce de la Louisiane qu'il obtint en 1712. Héritier de cette opulence, son fils Joseph Crozat, baron de Thiers, amateur éclairé des arts, réunit l'une des plus célèbres collections de tableaux du xviiiᵉ siècle et sa petite-fille, la duchesse de Choiseul, femme du ministre de Louis XV. ne se montra pas moins grande dame dans la mauvaise fortune que dans la prospérité.

A se rappeler ces élévations et bien d'autres moins connues, on se demande si la morgue d'autrefois n'était pas plus apparente que réelle, tempérée par un fonds de bonhomie qui ne cadre peut-être plus avec notre égalité nominale d'aujourd'hui. Les mœurs, sous tous les régimes, tempèrent ce que les lois ont d'excessif et d'absolu. Du moment que tous les citoyens sont proclamés égaux, se soumettre privément à d'autres, c'est accepter une infériorité factice et conventionnelle, par suite plus déplaisante que celle d'une hiérarchie normale, moins volontiers supportée par les uns, plus jalousement accusée par les autres.

A mesure que l'état mental des Français changeait depuis six cents ans, précédant ou suivant les changements à peu près parallèles de leur état social, l'opinion que le public avait du domestique et que le domestique avait de lui-même se modifiait : « Que l'on a bien fait, dit Pascal, de distinguer les hommes par l'extérieur, plus que par les qualités intérieures. Qui passera de nous deux? Qui cédera la place à l'autre? Le moins habile? Mais je suis aussi habile que lui. Il faudra se battre sur cela. *Il a quatre laquais et je n'en ai qu'un;* cela est visible, il n'y a qu'à compter : c'est à moi à céder et je suis un sot si je conteste ».

Le laquais jouait donc encore, au temps de Pascal, un rôle qu'il ne joue plus dans l'existence de son maître : il servait à mesurer son rang. Ces laquais, dont beaucoup étaient armés bien qu'on le leur ait souvent défendu, constituaient le dernier vestige de la « seigneurie » féodale, de la force particulière. Ils étaient une dignité, tandis qu'ils ne sont aujourd'hui qu'une commodité; ils ont cessé de porter l'épée; seuls, quelques huissiers officiels conservent ce fer innocent.

Quant aux troupes de serviteurs décoratifs que les riches actuels, aux jours de gala, alignent dans leurs antichambres ou dans leurs escaliers, la plupart sont loués pour endosser un soir des livrées éclatantes et des perruques poudrées qui seront remisées le lendemain dans les armoires; faits pour contribuer à l'élégance d'une fête comme des lumières ou des fleurs, ils ne sauraient augmenter le prestige de l'amphitryon aux yeux de ses hôtes. Chez ceux mêmes de nos contemporains qui ont le plus de domestiques, il n'y a guère dans l'ordinaire de la vie de domestiques purement pompeux. Les trois et quatre valets de pied qui se tenaient serrés l'un contre l'autre, accrochés aux courroies derrière le carrosse, ont été réduits d'abord à deux avec les coupés et berlines à housse; puis à un seul, assis sur le siège. Il n'est resté de l'ancien usage que la formule du pluriel, par laquelle on demande « les gens ».

Tel duc et pair, dont la dépense annuelle en 1788 s'élevait à 300.000 francs, avait, sous les ordres de son maître d'hôtel, 3 valets de chambre, 4 valets de pied, 1 frotteur, 1 chasseur, 1 nègre, 1 femme de charge, 2 femmes de chambre, 2 filles de garde-robe, sans parler du personnel de la cuisine, de l'office et des écuries ; son arrière-petit-fils, le duc actuel, bien que sa fortune soit *très supérieure* et qu'il dépense davantage, se contente d'un train beaucoup moindre. Si l'on pouvait multiplier de pareilles comparaisons, on verrait que le fait est général.

Sous Louis XVI pourtant ce genre de luxe avait déjà beaucoup décru ; une dame n'était plus suivie à la promenade, comme au temps de la Fronde, d'un groupe de laquais portant qui le carreau, qui le parasol, la coiffe et le mouchoir. Personne ne se faisait plus précéder, comme il était encore d'usage sous Louis XIV, de laquais porteurs de flambeaux, le soir, devant son carrosse ; et l'on avait remplacé par des chandeliers les valets qui se tenaient debout, dans les salles du Moyen Age, la torche à la main. Le dernier vestige de ce cérémonial, qui avait subsisté jusqu'à notre siècle pour les têtes couronnées, obligeait les hôtes honorés de leur présence à les aller recevoir à la descente de voiture, avec un candélabre allumé.

Malgré tout, le *chiffre global* des domestiques, en France, était bien moindre il y a cent vingt ans que de nos jours, parce que la classe qui se fait servir, fût-ce par une « bonne », est présentement beaucoup plus nombreuse ; tandis que le nombre des seigneurs ou assimilés, qui avaient jadis ce grand train de maison dont je viens de parler, était très restreint. Chiffrer 24 gens de livrée et 10 femmes de chambre chez un fermier général, ou 300 personnes chez cet ultra-prodigue de Choiseul, tant à Paris qu'à Chanteloup (1770), voilà des détails qui impressionnent, et ce ministre exilé en pourra retrancher quelque peu sans nous attendrir. Mais combien y avait-il de bourgeois à posséder un « officier en confitures », comme M^{me} Allain qui en fait venir un de Tours et un autre de Rouen pour voir qui des deux ferait le mieux?

Si quelques milliers de familles en vue gageaient deux ou trois fois plus de domestiques que de nos jours, la noblesse de province et la bourgeoisie aisée ne semblent pas en avoir entretenu davantage que les classes correspondantes d'aujourd'hui : M. de Saint-Chamans, au château de Méry-sur-Oise, a 5 domestiques (1630); Racine, avec 55.000 francs de rente, avait à l'époque de sa mort (1699), un cocher, deux laquais, une cuisinière et une femme de chambre. Même personnel chez le président du bailliage à Dijon (1701); le lieutenant criminel a seulement deux servantes et un laquais. A Paris, un magistrat garçon, nourri par un traiteur, a son cocher et son laquais; un frotteur, pour 7 francs par mois, met son appartement en couleur.

Le conseiller Le Blanc, du Parlement d'Aix, a quatre domestiques dont deux font office de porteurs pour sa chaise, car il n'a pas de carrosse; à Lyon, chez un négociant en soieries qui dépense 9.000 fr. par an (1769), deux domestiques servent une famille de six personnes dont trois enfants. A Paris même, le Journal de Barbier, qui parle de « repeupler les campagnes par la diminution des domestiques » (1743), nous apprend que, dans la corporation la mieux connue de lui, puisqu'il y appartenait, il y a 500 avocats inscrits au tableau qui n'ont pas de laquais.

En Angleterre, l'impôt sur les domestiques mâles nous fait connaître que leur nombre, depuis 1812, a baissé de 295.000 à 221.000. Si nous possédions une statistique analogue pour la France, je crois que la diminution du personnel de luxe serait beaucoup plus que compensée par l'accroissement d'effectif des servantes de la classe moyenne.

Est-ce l'effet d'une demande plus abondante? Toujours est-il que ces « bonnes à tout faire », — les « meschines » et « dariolettes » du Moyen Age, — sont la catégorie qui, depuis cent ans, a le plus profité de la hausse des salaires. C'est, par conséquent, l'une des dépenses bourgeoises qui ont le plus augmenté. Il n'est pas question ici de quelques « femmes de chambre » payées 500 francs par an chez la vicomtesse de Rohan (1480), 1.080 francs chez la duchesse de Bourgogne et jusqu'à 2.000 francs chez la reine Anne de Bretagne. Celles-là devaient-elles leurs gages à un mérite exceptionnel ou à la générosité de maîtres fastueux?

L'écart énorme qui existait autrefois dans la corporation des « femmes serviciales », entre les premières et les dernières, — écart analogue à celui que l'on constatait parmi les domestiques mâles, — laisse supposer, ou qu'ils ne se recrutaient pas dans le même milieu et n'avaient pas la même origine, ou qu'il se formait entre eux, d'après la tournure, le talent et les manières, une sorte d'aristocratie d'antichambre dont nous n'avons plus l'équivalent. Ceux qui la composaient ne se soucieraient pas aujourd'hui d'embrasser la même profession ; ils prétendent à de plus hauts rôles.

C'est même ce qui nous explique la soubrette et le valet de l'ancienne comédie. Déjà, vers la fin de l'ancien régime, Mercier dit que ces espèces se font

rares et qu'on les rencontre seulement parmi les
« domestiques de place », à 4 francs par jour, loués
par les étrangers. Ils ont si bien disparu de notre
réalité contemporaine que l'on se demande si ce ne
sont pas des personnages conventionnels créés de
toutes pièces et conservés par tradition, plutôt
qu'observés par les premiers auteurs qui les mirent
au théâtre.

Ils ont vécu pourtant ailleurs que sur la scène, ces
valets et ces soubrettes, non contents de prendre
le nom de leur maître lorsqu'ils étaient entre eux,
mais aussi son geste et son ton, orgueilleux de son
état et du leur propre, vains de noblesse chez le
marquis, jaloux des droits de la robe chez le président et superbes d'opulence chez le fermier général.
N'est-ce pas un valet de comédie que celui de Bassompierre qui, voyant une dame traverser la cour
du Louvre sans que personne lui portât la robe, s'en
va la prendre en disant : « Encore ne sera-t-il pas
dit qu'un laquais de M. le maréchal de Bassompierre laisse une dame comme cela ! » Peut-être
ne se voyait-il pas beaucoup de porchers d'aussi
bonne compagnie que celui de Choiseul, répondant
au duc qui s'enquérait de la santé de ses jeunes
porcs : « Monseigneur leur fait bien de l'honneur, ils
se portent tous à merveille ».

Mais il ne manquait pas de gens de livrée capables
de dégainer pour la préséance de *leur carrosse*, de se
battre avec la livrée rivale et de couper au besoin
les harnais des chevaux qu'ils veulent arrêter,
comme en usèrent en plein Paris les gens de M^me de
Bouillon envers ceux de M^me de Hanovre (1693). Ces
querelles entre carrosses risquaient de finir er
drame; M. de Tilladet fut tué ainsi par les gens du
duc d'Epernon. Est-il, dans le vieux répertoire,

réponse plus tragi-comique que celle de M. d'Angoulême, connu pour son humeur d'escroc, à ses gens auxquels il conseillait, en guise de gages, de détrousser les passants : « C'est à vous de vous pourvoir, disait-il, quatre rues aboutissent à l'hôtel d'Angoulême, vous êtes en beau lieu, profitez-en si vous voulez ».

Que ces laquais épiques fussent un peu fripons, on s'en doute en les voyant donner 350 francs au maître d'hôtel pour entrer chez certains fi  iciers. S'ils savent attendre des cinq et six ans par  s leurs salaires en espèces, nul doute qu'ils s'en découvrent d'autres en nature : « Mon sommelier, disait le grand prieur de La Porte, dit que le vin lui appartient dès qu'il est *à la barre* (au milieu de la barrique); le piqueur prétend que le lard est à lui dès qu'il en a levé deux tranches, le cuisinier n'est pas plus homme de bien qu'eux, ni l'écuyer, ni les cochers, sans parler du maître d'hôtel qui est le voleur major; mais ce qui me chicane le plus, c'est que mes valets de chambre me disent : Monsieur, vous portez trop longtemps cet habit, il nous appartient ».

Grâce à des grappillages fructueux et tolérés, ceux-là peuvent se constituer un magot, surtout s'ils ont la prudence de ne pas acheter des fonds publics, parce qu'une de ces banqueroutes officielles, que la morale indulgente du temps permettait à l'Etat d'opérer de temps à autre sous le nom de « réduction de la rente des effets royaux », risque de les dépouiller d'une partie de leur avoir. Ce fut le cas en 1770 où pareil retranchement rapporta 12 millions au Trésor en faisant le désespoir des laquais de Paris qui presque tous avaient ainsi placé leurs économies.

Entre ces valets prompts de la langue, de la main

et du pied, artistes à l'occasion, car ils jouent passablement de la basse ou du violon, lorsque la mode l'exige, et le petit laquais rustaud de la comtesse d'Escarbagnas, tout proche du gardeur de dindons, il y avait le même abîme qu'entre la femme de chambre en robe de soie, fort avant dans la familiarité hautaine d'une marquise dont elle copie les façons et le langage, et la chambrière en sabots, vouée aux humbles besognes, qui n'a point vu le monde et ne saura jamais faire la révérence. Une publication satirique de 1636 additionne ce qu'une servante ordinaire, qui s'entendait à « ferrer la mule, » — ce que les modernes appellent « faire danser l'anse du panier », — pouvait ajouter à ses gages, et fixe aux environs de 500 francs le total annuel de ces menus larcins. Inutile de dire que ce n'est là qu'une plaisanterie ; le bourgeois, sous Louis XIII, était trop resserré pour fermer les yeux sur les chiperies ancillaires. Il s'est opéré à cet égard depuis le XVIIᵉ siècle une sorte de nivellement, aussi bien parmi les domestiques que parmi les maîtres ; les seigneurs de naissance ou d'argent sont devenus plus réglés que jadis, et la classe moyenne est devenue moins « regardante ».

Les servantes d'intérieur, dont le traitement varia au Moyen Age de 40 francs à 200 francs — en moyenne 110 francs, — ne recevaient plus depuis le XVIᵉ siècle jusqu'à la Révolution qu'une allocation moyenne de 80 francs sur l'ensemble du territoire français. Et tandis que les « femmes de chambre » étaient payées 540 francs sous Louis XVI chez une grande dame à Paris, les servantes d'un notaire ou d'un curé gagnaient 50 et même 35 francs par an en Berry ou en Poitou.

Le simple lait d'une simple nourrice variait aussi

étrangement de prix suivant les nourrissons : pour un enfant du roi de France, au xiii⁰ siècle, le traitement de la nourrice était de 2.880 francs; il était de 380 francs chez le comte de Savoie et de 112 francs pour un enfant de l'hospice à Marseille (1306). Lorsque la nourrice d'une princesse touchait 700 francs par an à Angoulême, la nourrice de l'Hôtel-Dieu à Paris touchait seulement 45 francs (1517). Elle avait sans doute la table et le logement. Celles chez qui les hospices de Paris plaçaient les enfants trouvés à la fin de l'ancien régime recevaient 150 francs (1760); en province elles se contentaient d'une centaine de francs.

Une pareille différence de traitement s'explique davantage lorsqu'il s'agit de rémunérer des talents professionnels comme ceux du cuisinier; ce nom étant indistinctement porté suivant les circonstances par des artistes méritoires ou par d'indignes marmitons. Dans quelques maisons princières du Moyen Age, où la table tenait la place que l'on sait, les valets ou « hâteurs » touchaient le double des « galopins » ou enfants de cuisine, les « compagnons » cuisiniers le double des valets, le maître queux ou écuyer le double des compagnons. Cet officier supérieur des fourneaux recevait au xv⁰ siècle des appointements de 4.300 francs, presque identiques chez le duc de Bourgogne et chez la reine Anne de Bretagne; les cuisiniers du vicomte de Rohan et du sire de La Trémoille étaient payés 600 francs, autant que le queux du duc d'Orléans et le double des 320 francs que gagnaient ceux de l'Hôtel-Dieu de Paris ou de l'évêque de Troyes. Aux derniers temps de la monarchie, des gages de 700 francs étaient encore alloués aux chefs de cuisine des maisons opulentes, mais le commun de la corporation ne dépassait pas 200 francs par an !

Et c'est même un curieux phénomène d'histoire sociale que le mouvement des chiffres nous révèle : *la masse de la domesticité* subit à partir du xvi° siècle la baisse générale des salaires qui atteignit toutes les formes du travail; *les serviteurs de luxe* ne s'en ressentirent pas. Chez les grands seigneurs, dans les années qui précèdent la Révolution, le maître d'hôtel avait jusqu'à 2.300 francs, les valets de chambre de 770 à 540, les valets de pied de 500 à 310 francs. Ces gages, si l'on excepte quelques privilégiés, attachés à la personne des souverains, — encore le valet de chambre de saint Louis (1261), ne gagnait-il pas plus de 730 francs — avaient été sensiblement les mêmes depuis le Moyen Age.

Aux heures de crise, les maîtres réduisaient le traitement de leurs gens : tel gentilhomme, qui payait ses cochers 660 francs en 1700, ne les paie en 1709, l'année de la grande famine, que 250 francs et *le même valet*, auquel il donnait 400 francs de 1704 à 1706, rentre chez lui en 1709 pour 200 francs. Mais en général les services de la domesticité d'élite demeuraient sous Louis XV aux mêmes taux où ils avaient été sous Charles VIII ou sous Philippe le Bel : le valet de chambre du duc du Maine (1736) touchait 570 francs comme ceux du comte d'Angoulème (1497) et le valet du poète Malherbe gagnait 375 francs (1620) comme ceux de la comtesse de Savoie (1299); tel est aussi, dans *le Joueur* (1696), le chiffre réclamé par le valet Richard que son maître a baptisé Hector, en l'honneur du valet de carreau.

Au contraire, les marchands, les magistrats de province, la petite noblesse, les hospices, les collèges, les curés et toute la bourgeoisie payèrent leurs domestiques mâles de 75 à 160 francs par an depuis 1550 jusqu'à 1789, c'est-à-dire un tiers ou moitié moins que dans les siècles précédents où ces serviteurs étaient payés de 120 à 280 francs. Si, en face des gages décroissants de la foule, les gages des domestiques de choix se maintinrent ainsi à un taux élevé, c'est sans doute que leur recrutement devenait moins aisé, que la classe d'où ils sortaient jadis avait d'autres visées et trouvait dès le xviii<sup>e</sup> siècle d'autres débouchés que le service personnel pour son intelligence et son instruction.

La destinée de chacun ne dépend-elle pas de l'ambiance des heures et des lieux où le hasard le fait naitre, autant que de ses propres aptitudes ? D'un hercule héroïque et illettré, de la plus humble origine, la société féodale fit souvent un baron, maitre d'un gros fief ; notre démocratie en fait à peine un sergent-major décoré de la médaille militaire. Aux xvi<sup>e</sup> et xvii<sup>e</sup> siècles, l'adroit maniement des impôts menait à tout l'homme sans argent et sans nom ; d'où la tirade connue du valet dans Regnard :

> Ne serais-je jamais laquais d'un sous-fermier... ;
> Je ferais mon chemin, j'aurais un bon emploi ;
> Je serais dans la suite un conseiller du roi,
> Rat-de-cave ou commis ; et que sait-on ! Peut-être
> Je deviendrais un jour aussi gras que mon maitre... ;
> Il n'est que ce métier pour brusquer la fortune...

Et tel qui, Jasmin autrefois,

Bornait sa garde-robe à son justaucorps vert,

pouvait prétendre, sinon à la chance des quelques élus dont nous avons plus haut cité les noms, du moins à un sort très supérieur à sa condition première.

Il y fallait toutefois le don spécial des chiffres, que tous les Mascarilles et Jodelets, Ragotins ou La Flèche ne possédaient pas. Leur tour était autre ; aussi restaient-ils en service ; classe intermédiaire, dégrossie, très éloignée du peuple dont le parler était encore au xviie siècle un jargon à peine français, — Gareau, le premier paysan qu'on ait hasardé à la scène, dans le *Pédant joué* de Cyrano de Bergerac, est presque incompréhensible, — Frontin ou Crispin, vêtus comme leur maître sauf les galons, coiffés comme lui, ayant les cheveux chaque soir « mis sous la papillote », ont la désinvolture galante et tournent le compliment.

Ce sont des simili-gens de qualité, avec une légère fêlure, une nuance, perceptible seulement pour les gens de qualité. Vienne l'altération du type avec les révolutions, on ne les distinguera plus. « Mon père, conte Lauzun, me donna pour gouverneur un laquais de feu ma mère, qui savait lire et passablement écrire et qu'on décora du titre de valet de chambre pour lui donner plus de considération ». Un valet de génie n'avait pas besoin que la face du monde fût changée pour devenir Jean-Jacques Rousseau. N'avait-il que du savoir-faire, les avenues ouvertes sous Louis XV à l'essor du valet supérieur furent assez nombreuses déjà pour lui sembler préférables à la domesticité, où demeuraient encore les soubrettes et « suivantes ». Pasquin a cessé de servir avant Lisette.

De nos jours enfin tous deux méprisent l'antichambre, qu'ils ont depuis longtemps quittée. Lisette et Pasquin exercent vingt professions libérales qui jadis n'existaient pas ou ne rapportaient pas de quoi vivre. Crispin « rival de son maître » hier, sur la scène, est maître à son tour dans la vie. Scapin ne dédaigne pas les fonctions électives, député parfois, pourquoi pas ministre? Le service du peuple comporte, il est vrai, quelques nasardes et davantage même que toute autre carrière, aujourd'hui où nul valet n'est plus traité de « maraud », mais où beaucoup de candidats se traitent volontiers de canailles. Seulement c'est presque commander que d'obéir à 10.000 maîtres et la souplesse avisée de Scapin, son flair subtil, en font un maître Jacques du suffrage universel.

Entre les deux catégories de domestiques, — l'aristocratique et la plébéienne, — que nous avons constatées, la différence de traitement s'accroissait encore de ce fait que la plus favorisée joignait à son salaire monnayé l'avantage d'être habillée gratis : la « livrée », ce vieux mot dont le sens s'est si fort modifié, avait été le présent périodique que le seigneur distribuait à certains de ses fonctionnaires ou de ses vassaux. Les présidents du Parlement et de la Chambre des Comptes avaient droit à des « robes de livrée ». Ce cadeau obligatoire s'étendit et devint abus : le duc de Bourgogne restreignit les « livrées » à ses familiers et serviteurs domestiques.

Au xiv⁰ siècle, chez le sire de La Trémoille, une « jacquette de livrée », en futaine blanche frangée de fil noir, coûtait 100 francs; somme modeste auprès des 1.320 francs que valait la livrée des valets de pied de François Iᵉʳ (1539) : ici le pourpoint et le haut-de-chausses aux couleurs du Roi absorbaient 6 mètres de velours à 100 francs le mètre; les boutons d'or 380 francs, le chapeau « bien accoutré pour aller à cheval » 240 francs, un bonnet d'écarlate 40 francs, une chemise 56 francs. De pareils chiffres, il est vrai, sont exceptionnels, comme celui de 2.000 francs auquel peuvent monter aujourd'hui certaines livrées de gala chez des particuliers luxueux.

L'habillement d'un garçon de chambre — jupe, pourpoint, manteau et bas — se payait 112 francs sous Louis XIII et le justaucorps des cochers ou laquais de la Cour valait le même prix à la fin du règne de Louis XIV, lorsqu'on eut remplacé les galons d'or ou d'argent fin par des galons en faux ou de laine armoriée. En métal précieux, la bordure d'argent d'un chapeau de laquais se vendait 28 francs; on pouvait l'avoir à 3 fr. 70 en « argent parisien », ainsi qu'on nommait l'imitation (1702).

Le prix ordinaire de la livrée variait au xviii<sup>e</sup> siècle, suivant la qualité de l'étoffe, depuis 150 francs pour l'habit et la veste en drap d'Elbeuf, jusqu'à 90 francs pour la redingote de cocher en drap de Berry, ou 55 francs pour la même en drap de Lodève. Ces costumes étaient donnés en propriété à leurs porteurs; s'ils les rendaient en quittant le service, les maîtres leur en payaient la valeur. Pour les culottes, les domestiques de grande maison s'entretenaient à forfait moyennant un fixe annuel; ils étaient souvent fournis de linge : 2 chemises, 2 caleçons, 2 cravates, 4 mouchoirs et 6 paires de chaussons, donnés à un page (1675), reviennent ensemble à 73 francs. Les bottes coûtaient davantage : une soixantaine de francs; mais les postillons seuls en portaient.

Tout autres étaient les conditions dans la classe moyenne, c'est-à-dire dans dix-neuf ménages sur vingt parmi ceux qui gageaient un domestique. Ce dernier reçoit-il ici quelques hardes, nettement stipulées d'avance, c'est en déduction de son maigre salaire en argent. Un bourgeois de Péronne engage un serviteur pour 72 francs par an (1740), « plus un habit et la veste, dit-il, à quoi j'ai bien voulu ajouter le chapeau ». Le domestique quitte-t-il la maison ; il doit, sauf convention expresse, laisser son habit que le maître, moyennant 18 francs, fera soigneusement retourner. Tel valet, à la campagne, a droit à « 2 paires de sabots et un *vieux chapeau* » ; tel autre aura « 2 chemises et *le bois de ses sabots* » ; un troisième, chez un gantier de Nîmes, « sera rasé gratis ».

Ces clauses, par leur minutie, montrent combien était strict le contrat de louage qui ne comportait aucun supplément imprévu. Parfois les nippes promises constituent la plus grande part du salaire : celui de la servante d'un juge, en Limousin, consiste en un caraco, une capuche, un tablier, une chemise, sa chaussure et 27 francs en numéraire. La servante se blanchit souvent à ses frais ; il en coûte à l'une d'elles 7 francs pour le blanchissage de ses chemises pendant deux ans (1757). L'impôt de capitation était aussi à la charge des domestiques des deux sexes : il oscilla au xviiie siècle de 4 à 5 francs pour des filles qui gagnaient 80 francs par an. Celles-ci avaient également à payer de leur poche les soins médicaux et les remèdes ; le maître en fait seulement l'avance et les retient sur les gages : c'est tantôt une saignée, tantôt « une purge et du pain blanc » pour 1 fr. 65, — le pain blanc était alors un remède (1765). — Si l'on ajoute que les congés sont rares, que le valet qui s'absente doit solder un remplaçant 0 fr. 90 par jour, il ne semblera pas que l'emploi de domestique fût très enviable.

Aussi n'était-ce, aux yeux de beaucoup, qu'un état de transition : tel valet, au xviie siècle, s'enrôle contre les Impériaux, tel autre part dans un vaisseau contre les Turcs. Il n'était pas très rare de voir le maître, en les engageant, promettre de leur payer l'apprentissage de quelque profession. S'il ne l'a pas promis, il le fait quelquefois par charité. Cet apprentissage était une libération de la domesticité. M. de Pisani, en son testament, recommandait à ses héritiers « de faire apprendre métier à ses laquais qui ont été nourris à sa suite dès leur jeune âge ».

Les serviteurs de l'ancien régime, sur la fidélité desquels on nous a servi plus d'une légende, n'étaient pas supérieurs aux nôtres. Ils ne restaient pas en général plus longtemps en place que ceux de nos jours ; leur inconstance amenait les bourgeois, il y a cent cinquante ans, à faire avec eux des baux comme avec les fermiers. Il en est en Saintonge qui « s'accueillent » — c'est le terme consacré — pour deux ans avec promesse de ne pas demander d'augmentation. A lire les conseils donnés aux maîtresses de maison par le *Ménagier de Paris* (1393), on voit que les renseignements demandés étaient, au xiv<sup>e</sup> siècle, les mêmes qu'aujourd'hui : « Ne prenez aucunes chambrières que vous ne sachiez avant où elles ont demeuré, et y envoyez de vos gens pour enquérir de leur condition sur le trop parler, sur le trop boire, combien de temps elles ont demeuré, quel service elles faisaient et savent faire, si elles ont chambres ou accointances en ville, de quel pays et gens elles sont, combien elles y demeurèrent et pourquoi elles partirent... Une fois entrées, si vous avez vos chambrières de quinze à vingt ans, pour ce que en tel âge elles sont sottes et n'ont guère vu du monde, faites-les coucher près de vous en garde-robe et chambre où il n'y ait lucarne ni fenêtre basse, ni sur rue, et qu'elles se couchent et lèvent à votre heure »...

Quelque méticuleux que fussent les choix, nul ne

devait se flatter de garder longtemps les « gens de maison » des deux sexes qu'il avait engagés. On peut s'en convaincre en parcourant les très nombreux livres de compte où nos aïeux consignaient, parmi les menus événements de leur vie journalière, l'entrée et la sortie de leurs domestiques. Un magistrat parisien, qui paye régulièrement, change neuf fois son laquais de 1698 à 1705 ; un nommé Champagne reste cinq semaines, un autre Champagne dix-neuf mois, un appelé Bourbonnais lui succède pendant sept mois et ainsi de suite; en 1704, ce magistrat trouve enfin un serviteur qu'il garde cinq ans.

De 1740 à 1785, un gentilhomme picard doit remplacer vingt fois son valet; l'un « s'est ennuyé », — beaucoup « s'ennuyaient » ainsi, c'est la formule, — et sort au bout de trois mois ; un autre s'engage comme remplaçant dans la milice ; celui-ci se dit malade, celui-là quitte pour se marier; bref, leur séjour moyen est peu supérieur à deux ans. Ailleurs, il en est de même des servantes : pour une qui restera dix-sept ans, il y en a huit ou dix de tous les âges qui passent de trois mois à quatre ans. Dans une ferme du Boulonnais, au xviii° siècle, la durée moyenne, calculée sur 18 serviteurs mâles, est de deux ans et sept mois et, pour 10 femmes successives, de vingt-sept mois.

Il n'y a rien là de très différent de ce que nous voyons aujourd'hui et l'on pourrait citer, parmi nos contemporains tout autant que jadis, de touchants témoignages de générosité et d'attachement chez de bons maîtres et de bons domestiques; mais ce que l'on ne trouverait plus, je crois, du moins en France, ce sont de mauvais domestiques qui ont le goût et la gloriole du service de certains maîtres.

# CHAPITRE XI

## Les chevaux. — Ils ont changé
## de propriétaires.

Le cheval a quitté le riche pour le peuple. — Jacques Bonhomme a « cheval et cabriolet ». — L'effectif de la race
chevaline a sextuplé en France. — Des inventions merveilleuses n'ont pas eu d'aussi grandes conséquences pour la
condition de l'humanité. — Les résultats du progrès sont de
moins en moins sensibles, surtout pour les riches. — Les
écuries surpeuplées d'autrefois étaient en fort petit nombre.
— Les entreprises de transport public employaient peu de
chevaux. — La cavalerie militaire représentait une fraction
bien plus grande qu'aujourd'hui de la population hippique.
— Les chevaux de ferme en constituaient une proportion
assez faible. — Pas un huitième des terres cultivées avec des
chevaux au xviiie siècle. — Depuis quinze ans, les chevaux
de luxe diminuent, les chevaux de carriole se sont encore
multipliés. — La France, qui exporte maintenant, importait
naguère. — Petite taille des chevaux au temps passé; ses
preuves. — L'élevage depuis les temps féodaux. — « Bêtes
folles »; race « hagarde ». — Alain de Garsault. — Création
des haras royaux; leur impopularité, ses causes; leur abolition en 1790.

Les anciennes races : le demi-sang du xive siècle. —
Barbes, Coursiers de Naples, Genets d'Espagne. — Piaffeurs
et chevaux à courbette. — Les Académies et Pluvinel. —
Le danois. — Les Anglais recherchent les premiers l'allure
rapide. — Le « Turc d'Angleterre » depuis Elisabeth jusqu'aux
Georges. — Limousins et Navarrais; chevaux de selle de
Napoléon. — Le cheval commun a changé de qualité beau-

coup plus qu'il n'a haussé de prix. — Prix des chevaux depuis le Moyen Age; destriers, palefrois, haquenées, demi-coursiers, roncins, sommiers, courtauds. — Cherté du xvᵉ siècle, cheval de 58.000 francs. — Grande baisse des animaux de luxe depuis Louis XIV. — Chevaux d'attelage; d'Isabeau de Bavière à Gabrielle d'Estrées. — Prix de la ferrure, des fourrages, de l'entretien des chevaux à forfait. — Équitation féminine. — Les bêtes d'amble.

Le cheval, de nos jours, a changé de propriétaire et de métier. Il a quitté le riche pour le peuple. Il a cessé de voyager et de se battre; il est devenu pacifique, laboureur et casanier.

Tout habillé d'or sous sa housse étincelante, depuis le chanfrein à panache qui orne sa tête jusqu'au fourreau souple qui enveloppe sa queue, le palefroi du Moyen Age traverse lentement une foule inclinée. La bouche écumante et mâchant orgueilleusement son mors d'argent, coiffé de sa crinière flottante en l'air comme d'une grande perruque, la queue bien épaisse jusques à terre, le « cheval d'Espagne » au xviiᵉ siècle piaffe et rue avec majesté, suivant une cadence bienséante. Son écuyer a résolu le problème de mettre trois quarts d'heure pour parcourir *au galop* la distance de 500 mètres qu'il y a du manège de Versailles à la cour d'honneur. Sous Louis XVI légèrement harnaché, dépouillé des lourdes brides brodées, des houppes pendantes et des caparaçons de velours, le pur-sang anglais récemment importé, nerveux et sensible, passe en vitesse l'Arabe jadis réputé pour « humilier la foudre » à la course. On ne se pique plus de faire une lieue en six heures, mais six lieues à l'heure et même trente-six lieues en six heures, suivant des paris plusieurs fois gagnés à la fin de l'ancien régime.

Mais que le cheval ait changé d'aspect, que les animaux informes et ridicules, qui formaient la plèbe de l'ancienne espèce indigène, aient disparu aussi bien que les sujets introduits du dehors qui constituaient son aristocratie cosmopolite, ces mutations de provenance, d'allure et de costume, dues à l'influence des mœurs et au progrès de l'élevage, ne sont qu'une petite partie de l'évolution qui a sextuplé peut-être, depuis les derniers siècles, l'effectif de la race chevaline sur notre sol.

De cette multiplication incroyable du cheval résulte parmi les classes sociales un « nivellement de jouissances », l'accession de la masse à un luxe devenu bien vite pour elle une nécessité. Des inventions beaucoup plus merveilleuses en elles-mêmes n'ont pas eu, à l'user, d'aussi utiles et importantes conséquences.

Une remarque s'impose dans cette histoire du nivellement des jouissances : l'animal humain que nous sommes, le seul, dans ce potager rocheux et sylvestre que nous disputons aux brutes, à qui la nature n'ait pas mis son couvert et taillé son costume, a transformé jusqu'ici quelque peu son sort. Mais, depuis l'époque où, logé dans des grottes et vêtu d'une peau empruntée aux fauves, il se nourrissait d'herbes crues ou de chairs massacrées, jusqu'à ce qu'il ait découvert la télégraphie sans fil et l'aéroplane, chaque pas fait par l'homme dans ce que nous nommons le « progrès » a été, moins important que le précédent.

Je veux dire que chaque invention nouvelle a beau sembler, a beau être réellement, *plus merveilleuse en soi* qu'aucune des inventions antérieures, elle constitue *au regard de l'état préexistant une révolution* moindre. Elle apporte à la condition de l'humanité une mutation moins radicale que celles qu'avaient apportées les étapes passées.

L'invention du langage avait été un pas·plus important que celle de l'écriture, sur pierre ou sur écorce. Celle-là à son tour était une découverte plus précieuse que celle du papyrus ou des tablettes de cire. De là au parchemin, au papier de chiffon, au livre imprimé, puis au journal, à la pâte de bois, au clichage, aux machines rotatives et à la linotype, on voit clairement que le résultat obtenu pour l'expression et la diffusion des idées n'a pas correspondu, à chaque degré franchi, à la génialité qu'il a fallu déployer pour le franchir.

Et de même pour le transport des personnes et des marchandises : la grande trouvaille fut l'animal de bât ou de selle; après quoi, vint l'idée de la roue dont les conséquences, en fait de communication, dépassèrent beaucoup en leurs temps celles que, dans le nôtre, ont eues les chemins de fer. La simple institution des postes a aussi rendu plus de services effectifs que le télégraphe ou le téléphone. La grande innovation, en fait de combustible, fut l'étincelle produite par le frottement du silex. Le briquet ou les allumettes amorphes ne sont rien en comparaison, ni même les calorifères à vapeur.

Depuis l'arc ou la fronde qui permettaient de défendre et d'attaquer jusqu'aux armes de fer, à la poudre, aux mousquets et au canon de 320 millimètres; depuis la conception du filage de la laine jusqu'aux manufactures de textiles, d'un progrès à l'autre, la science a été croissant et l'intérêt décroissant puisque la vie était de moins en moins changée. Je ne sais si l'on trouvera dans l'avenir quelque chose de vraiment capital, comme la suppression des infirmités ou de la maladie; mais jusqu'à ce

jour nous avons simplement perfectionné les besoins
de nourriture, de logement, de vêtement, de chauffage, d'éclairage, le besoin de nous remuer et de
transporter les objets. Nous n'avons pas créé de nouveaux types de besoins *fondamentaux;* car on ne
saurait appeler tels les bijoux, les arts, le théâtre ou
le tabac.

Mais si la fertilité de notre imagination n'aboutit
qu'à obtenir par des procédés nouveaux des satisfactions anciennes, c'est surtout pour les riches que
l'effet de ces découvertes est *de plus en plus petit.*
Ce qu'elles leur donnent n'est rien auprès de ce
qu'elles leur enlèvent : le privilège de jouir seuls
naguère de ce dont le commun des hommes jouit
désormais. Un par un, les anciens monopoles de
l'élite fortunée lui échappent et le peuple les con-
quiert; ses désirs s'éveillent aussi vite que ses
prises s'étendent.

Au temps où tous transports, — des gens et des
choses, — se faisaient avec des chevaux, il y avait
très peu de chevaux... parce qu'il y avait très peu
de transports. Depuis le Moyen Age, quelques centaines de riches seigneurs possédaient des écuries
immenses, dont nous n'avons plus l'analogue
aujourd'hui, et quelques milliers de bourgeois,
depuis Louis XIV, avaient de quoi atteler une voiture;
mais le peuple allait à pied et il n'y avait pas de
chevaux chez le villageois.

Lorsqu'une duchesse de Bourgogne, au xive siècle,
partait en voyage, accompagnée suivant l'usage de
son mobilier, son train comportait un effectif de
367 chevaux, tant pour le personnel que pour les
chars de bagages. Chez une grande dame, comme
Yolande de Flandre, comtesse de Bar (1352), on
comptait deux palefrois « pour le corps de Madame »,

montés par elle, 4 autres pour ses dames et demoiselles, plus 32 chevaux pour ses domestiques et 11 pour ses enfants; en tout une cinquantaine de bêtes. Loin de diminuer aux temps modernes, ces chiffres augmentèrent chez les princes : le duc de Penthièvre entretenait (1763) à son château de Crécy 120 chevaux, dont 6 seulement pour la selle; il n'aimait pas la chasse à courre et n'avait point d'équipage. En l'absence du prince de Condé qui commandait à l'armée, il restait encore 100 chevaux dans ses écuries monumentales de Chantilly qui pouvaient en contenir 240. Quoique l'on eût fait, au dire de l'avocat Barbier, une réforme de 1.000 chevaux (?) dans les écuries du roi pour raison d'économie (1755) la « petite écurie » comptait encore 870 têtes, moitié de selle et moitié de carrosse ou de chaise. Et le personnage qui tient ce chiffre de « M. le Premier » reconnaît qu'on ne pourrait se passer à moins : « Tout cela était bien occupé, la famille royale étant nombreuse et allant deux fois par semaine à la chasse ».

Les chevaux répondaient à beaucoup plus de besoins : sur 64 que possède le cardinal de Richelieu, il y en a 32 pour les charrettes et les fourgons qui transportent meubles, tapisseries, vaisselle, matériel de cuisine et bagages divers. Le duc de Croy joint à ses 17 chevaux 14 « superbes mulets » de chariot; le mulet, le sommier qui figuraient encore sous Louis XV dans toute maison bien montée, étaient de première nécessité en temps de guerre : Saint-Simon se contentait de 26 chevaux à l'époque où, mestre-de-camp assez honoraire, il vivait à Versailles en homme de cour; il avait emmené 35 chevaux ou mulets lorsqu'il était parti pour la première fois en campagne comme simple mousquetaire (1692).

A l'allure paisible qu'un carrosse ne pouvait dépasser dans les rues étroites de la capitale, deux chevaux suffisaient à traîner ce long et lourd véhicule; hors Paris on en attelait six. Les parvenus et les superbes qui, à l'imitation des princesses du sang, sortaient en ville à 6 chevaux, s'exposaient au ridicule : « Les Crispins, dit La Bruyère, se cotisent et rassemblent dans leur famille jusqu'à 6 chevaux pour allonger un équipage qui, avec un essaim de gens de livrée où ils ont fourni chacun leur part, les fait triompher au Cours ou à Vincennes et aller de pair avec les nouvelles mariées et avec Jason qui se ruine ».

Mais de ces écuries surpeuplées et de ces attelages à six et même à huit chevaux — il s'en vit de tels sous Louis XV — combien y en avait-il tant à Paris qu'en province? Un nombre tout à fait insignifiant. A la campagne, la généralité des châtelains avaient deux chevaux de voiture ; dans les villes du xviii<sup>e</sup> siècle, presque toutes de médiocre étendue, une chaise à porteurs suffisait aux gens aisés. Ils n'auraient su que faire d'un carrosse à l'ordinaire de la vie; s'ils en possédaient un pour les voyages, ils le laissaient remisé chez un loueur qui en prenait soin moyennant un forfait annuel.

Les chevaux de luxe, aujourd'hui où les riches capables d'en posséder sont *dix fois plus nombreux* qu'il y a deux siècles, ne constituent d'ailleurs qu'un petit groupe parmi les trois millions du total actuel : 130.000 têtes, *avant l'invention pratique des automobiles, il y a quinze ans.* Là-dessus il ne s'en trouvait, à Paris où la richesse est le plus concentrée, que 8.000 : tandis que les chevaux de fiacre, d'omnibus, de commerce et de camionnage y représentaient un chiffre sept fois supérieur, bien que la traction mécanique fût déjà appliquée aux tramways en 1897. Au Moyen Age il n'existait aucun mode de locomotion publique et ceux que nos pères ont connu jusqu'au premier tiers du XIXe siècle nous sembleraient dérisoires : sous la Restauration, les rapports entre Paris et Saint-Cloud étaient assurés par un « coucou » remorqué par un quadrupède unique, qui partait trois fois par jour de la place de la Concorde. Aux huit personnes de l'intérieur s'ajoutaient, les dimanches et fêtes, à côté du cocher, accroupis sur le tablier rabattu, des supplémentaires à qui leur posture fit donner le nom de « lapins »; d'autres, les « singes » grimpaient sur le toit.

Ce serait une grande erreur de croire que le service des coches de terre, des postes et du roulage exigeât une imposante cavalerie; j'aurai plus tard occasion, en racontant l'histoire des voyages et des moyens de transports, d'entrer dans des détails qui m'entraîneraient aujourd'hui trop loin; chacun sait au reste combien étaient rares les privilégiés de la fortune qui couraient « en poste » sous l'ancien régime. Les maîtres de poste, en bien des localités, n'entretenaient pas dix chevaux. Quant à ceux qui allaient à cheval « avec le messager » et plus tard dans les diligences régulières, dont le départ était à peine quotidien au moment de la Révolution, leur chiffre global en 1789, de Paris *pour toutes les provinces réunies* ne suffirait pas à remplir un seul de ces trains que chacune de nos compagnies de chemins de fer lance journellement par douzaines dans cinquante directions.

Au XVIIe siècle il était prescrit au surintendant général des postes d'entretenir « de Paris au lieu où est la Cour, 12 bons chevaux » pour le service des dépêches. En temps de guerre, l'obligation de main-

tenir les relations avec les armées faisait organiser
des relais spéciaux de 50, 100 chevaux et davantage,
ramassés un peu partout sur les routes par réqui-
sition.

Durant les longues campagnes de la monarchie,
la cavalerie française compta souvent près de
50.000 chevaux, montés, suivant les dates, par
30.000 ou 40.000 « maîtres ». Le cavalier, ainsi qualifié parce qu'il était accompagné d'au moins un
valet, représentait, au temps de Rocroi, trois chevaux dans les gendarmes et deux dans les chevau-
légers, dernier vestige de la chevalerie fort effacé à
Denain et surtout à Fontenoy.

Ces chevaux de troupe, qu'ils fussent loués,
achetés ou empruntés de force par l'Etat aux propriétaires, avec promesse de les payer « en cas qu'il
en arrive faute, » étaient d'espèce commune et
médiocres guerriers. Leur faiblesse était telle que,
si chaque *maître* n'en avait eu plusieurs à sa disposition, « il n'aurait pu tenir un mois. » Nos généraux,
au fort de la guerre de Trente ans, se servaient des
régiments étrangers, mieux montés, pour faire
toutes les fatigues et « permettre aux nôtres qui
n'en étaient pas capables, dit Richelieu, de se tenir
toujours en état de combattre ». N'empêche que les
animaux appelés à figurer jadis sur les champs de
bataille représentaient une fraction plus grande de
la population hippique que notre cavalerie actuelle,
malgré l'accroissement de ses effectifs.

Au contraire, les chevaux de ferme, qui correspondent aujourd'hui *aux trois quarts de l'espèce adulte*,
n'en pouvaient constituer qu'une proportion assez
faible naguère, puisqu'il n'y avait pas en France
sous Louis XV un huitième des terres cultivées avec
des chevaux. Les sillons qui n'étaient pas bêchés par

les « laboureurs à bras, » étaient tracés par des charrues presque exclusivement attelées de bœufs, moins chers à entretenir et plus utiles pour de courts trajets sur les pistes molles et souvent défoncées que l'on appelait jadis des « chemins ».

Le cheval a si fort évolué que, dans nombre de budgets opulents, il a présentement disparu. On ne saurait comparer ce chapitre ancien au chapitre actuel *en nature*, mais seulement *en argent*, d'après les dépenses correspondantes : billet de chemin de fer ou timbre-poste, téléphone et automobile : 500.000 chevaux-vapeur, répartis entre 33.000 « autos » d'agrément, ont remplacé depuis 1898, 46.000 chevaux de luxe et les 65.000 voitures auxquelles ils étaient attelés. Les riches et les bourgeois n'ont plus que 84.000 chevaux au lieu de 130.000 et 208.000 voitures au lieu de 273.000 il y a quinze ans.

Mais l'automobile n'est pas le privilège exclusif de la richesse ou de l'aisance; c'est aussi un instrument de travail : les médecins, les officiers ministériels, les commerçants pour leurs affaires et leurs marchandises, font rouler 31.000 autos mus par 350.000 chevaux-vapeur. Sans doute allons-nous constater aussi dans cette catégorie une diminution des anciens véhicules ? Nullement! *durant la même période*, les chevaux à demi-taxe ont passé de 1.100.000 à 1.275.000, les voitures — à deux roues — se sont multipliées parallèlement de 1.065.000 à 1.280.000. En effet, pendant que les patentés du commerce et des professions libérales abandonnaient pour des voiturettes à pétrole leurs phaétons et leurs tilburys à traction animale, les paysans attelaient 200.000 chevaux de plus au nombre grossi de leurs chars-à-bancs et de leurs carrioles.

C'est donc une récente conquête du peuple que ce

cheval dont il est à la fois producteur et consommateur; du peuple des campagnes s'entend — l'ouvrier
des villes a la bicyclette qui ne lui coûte rien à
nourrir — mais ce confort nouveau d'avoir « cheval
et cabriolet » ne coûte guère à Jacques Bonhomme,
parce que ses juments lui rapportent. Il a appris à
fabriquer des chevaux et il a gagné de quoi s'en
servir.

Par une contradiction qui semble paradoxale : au
temps jadis, lorsqu'il fallait à la France si peu de
chevaux, elle ne les trouvait pas chez elle; presque
tous les sujets distingués, de selle et d'attelage,
étaient importés du dehors; tandis que maintenant
la vente annuelle de quelque vingt mille têtes à
l'étranger est un profit appréciable de notre agriculture.

Une antique tradition veut que la race des « grands
chevaux » ait disparu pendant la guerre de Cent Ans?
Peut-être n'avaient-ils jamais existé qu'à l'état
d'exception. Les chevaux de l'antiquité étaient de
toutes petites bêtes; les témoignages matériels en
abondent : examinez sur les frises du Parthénon la
taille des chevaux de Phidias, en la comparant avec
celle de leurs cavaliers grecs, dont la stature pourtant ne devait pas être excessive; regardez à quelle
hauteur se porte la tête de ceux-ci par rapport à celle
de leur monture, et surtout combien bas la jambe
du cavalier descend au-dessous du poitrail de l'animal, vous croirez voir des poneys actuels affectés au
jeu du polo. Vous ferez une observation toute
pareille au Moyen Age sur les chevaux que représente la broderie de Bayeux, dite « tapisserie » de la
reine Mathilde. Les fers trouvés sur le champ de
bataille d'Azincourt, ou recueillis en nombre d'autres
lieux et portant le même caractère de crénelure sur

le bord extérieur indiquent de très petits chevaux.

Vous serez moins surpris ensuite d'entendre du Bellay et Monstrelet (1536) qualifier de « grands chevaux » ceux qui ont depuis $1^m,51$ ; les autres, appelés « petits chevaux » n'ayant pas plus de $1^m,44$. A la même époque, de l'autre côté du détroit, Henri VIII proscrivit les chevaux d'une taille trop exiguë et décida qu'ils devraient avoir $1^m,40$, d'où l'on peut inférer que *ce minimum était rarement atteint* par la généralité de l'espèce. Le même prince défendait de laisser vaguer les étalons dans les herbages et forêts.

En France aussi nous avions alors beaucoup de « bêtes folles » qui naissaient et vivaient sans aucune relation avec leurs maîtres. Ceux-ci voulaient-ils « courir du haras, » comme on disait au xvi⁰ siècle, c'est-à-dire capturer quelques-uns de ces chevaux qui leur appartenaient, ils allaient battre les bois avec une trentaine de compagnons et s'efforçaient d'amener, dans des enclos formés par des palissades ou des accidents de terrain, les chevaux qu'ils avaient en vue. Souvent, malgré des chasses acharnées, on les manquait; il fallait recommencer quelques jours plus tard. Le sire de Gouberville note qu'un de ses voisins, acquéreur de « juments folles » dans une adjudication de biens meubles, finit par mettre la main sur des animaux « qu'on avait failli à prendre plus de cinquante fois depuis deux ans ».

Tel était un des modes de l'élevage dans le Cotentin, sous le règne de Henri II (1557). Que cette race « hagarde », ainsi qu'on nommait ces chevaux à demi-sauvages, n'eût pas sa pareille pour la sobriété, nous l'admettrons sans peine. Quant au cœur et à la solidité que les contemporains lui attribuaient, nous y croirons moins volontiers, parce que nous voyons aujourd'hui sur le globe nombre d'échantillons de ces chevaux qui poussent naturellement dans les contrées à moitié désertes, et qu'en dehors du mérite qu'ils ont de ne coûter à peu près rien et de vivre presque sans manger, habitués qu'ils sont par nécessité à mourir de faim, ce sont des types si médiocres qu'il en faut quatre ou cinq pour faire la besogne d'un seul en pays civilisé.

Il arrive encore à un homme de mourir de faim dans notre République, mais cela n'arrive plus à un cheval. Les conditions économiques du pays s'y opposent, tandis que le système agricole de l'ancienne France laissait pulluler des animaux squelettiques qui ont disparu depuis. En 1763 dans l'Orne, à Saint-Evroul, des chevaux pris en flagrant délit de pâture indue étaient vendus aux enchères, par lots de 5 et de 8, à raison de 12 francs et de 7 francs chacun[1]; en 1789, à Oissel, dans la généralité de Rouen, sur 150 chevaux, 30 sont passables, les autres valent de 30 à 80 francs. C'étaient là sans doute des *hurlotiers*, petits chevaux de charbonniers, dont la race est, de nos jours, aussi inconnue que le nom.

Ceux que les fermiers élevaient sous Louis XIV, soit au régime de la vaine pâture, soit nourris de panais et navets, comme en Bretagne, nés souvent de pères et mères beaucoup trop jeunes, demeuraient chétifs. Un agronome du temps de Colbert conseillait de faire téter aux poulains une vache *en même temps que leur mère*, « comme on fait, disait-il, en Perse et en Tartarie pour avoir de bons et forts chevaux ». Et il nous apprend ainsi indirectement que les pou-

1. En monnaie actuelle, d'après le pouvoir d'achat des francs de 1913, comme tous les prix de ce volume. Voir la note de la page 18.

linières manquaient de lait, ce qui n'a pas lieu d'étonner, parce qu'alors le fourrage était trop rare pour leur en donner à discrétion.

Est-ce à dire qu'il n'y eut pas d'élevage régulier? Lorsque le coursier jouait un rôle primordial dans l'existence chevaleresque, les riches barons ont dû prendre soin d'en conserver la race, et quelques seigneurs, comme Robert d'Artois à Domfront (1302) installaient des haras sur leurs domaines. Seulement ces tentatives isolées ne suffisaient pas aux besoins; le roi d'Angleterre ayant acheté 80 chevaux en France (1281) Philippe le Hardi lui fait dire que la rareté des bons chevaux chez nous l'empêchait d'en laisser passer à l'étranger. C'était au reste de l'étranger que venaient alors les meilleurs des nôtres; quant à la reproduction de ces types d'élite sur notre sol, nous ne savons rien.

Les turbulences de la vie seigneuriale permettaient rarement à l'étalon, sélectionné sur les champs de bataille, de se reposer des luttes passées en engendrant une pléiade d'héritiers qui perpétueraient sa mémoire, comme firent chez M. de Guise le *Moreau-Superbe* ou le *Bay-Sanson* que ce duc montait à la bataille de Dreux (1562). Il leur arrivait plus souvent d'être arrachés au loisir confortable de ce harem mâle que l'on nomme le haras pour partir en campagne : 22 étalons, qui faisaient la monte chez le prince de Condé, sont ainsi emmenés par leur maître aux premières guerres de religion. De grands personnages, tels que Sully ou La Meilleraye, de simples gentilshommes, tels que ce baron de Sigognac, en Périgord, dont parle le *Roman comique*, avaient au xvii<sup>e</sup> siècle des haras privés, pépinières locales qui ne fournissaient que leurs propriétaires. Mais nous n'avions rien d'analogue au vaste haras de Mantoue, fondé par le duc François de Gonzague.

Quant aux haras nationaux, depuis cent ans on en parlait et l'on rédigeait des mémoires sur leur utilité lorsqu'on se décida à les établir. Il existait à Meung, depuis Henri II, un élevage royal, que le duc de Bellegarde avait transféré (1604) à Saint-Léger-en-Yveline, domaine contigu à Rambouillet. C'est là que Colbert organisa, en 1663, la « harasserie » du Roi, suivant le sens donné par nos pères à ce mot de haras, qui signifiait pour eux l'élève même du cheval et non pas un bâtiment aménagé à cet effet.

Aussi bien n'y eut-il pas d'autre bâtiment que ce château de Saint-Léger où logeaient, jusqu'à la création du Pin en 1715, un écuyer ordinaire de la grande écurie, avec 14 gardes sous ses ordres. Pour Alain de Garsault, premier titulaire de ce poste, le haras dont il était capitaine devait être disséminé dans tout le royaume, chez les seigneurs « ayant des lieux propres aux nourritures et que l'on exciterait à faire amas de belles cavales ». Garsault fit à cet effet force tournées en Normandie et en Bretagne; mais il arriva que ces châtelains usèrent comme de leur bien propre des animaux qu'ils avaient en dépôt, malgré les amendes édictées contre ceux qui les feraient travailler sans permission, et, quelques années plus tard, il était recommandé aux officiers des haras de « ne se donner aucun mouvement pour engager les gentilshommes à prendre des étalons du Roi, de crainte que ces chevaux ne soient employés à un service quelconque ».

Les paysans à qui on les offrit eurent d'abord quelque répugnance à s'en charger, parce qu'ils s'imaginaient que le Roi prendrait pour lui les poulains qui naîtraient de ses étalons. Pour les détromper (1670), Colbert donna l'ordre d'acheter aux foires pour Sa Majesté les plus beaux produits et de donner aux vendeurs, en sus du prix convenu, des primes de 1.000 à 1.400 francs; « trois ou quatre actions de cette nature, écrivait-il, persuaderont mieux que toute autre chose ».

Puis, ce furent des difficultés d'un autre ordre : les chevaux barbes, achetés en Provence ou en Afrique, furent trouvés trop petits par les Normands ; aux grandes foires, l'affluence des jeunes bêtes rencontra très peu d'amateurs : « J'appréhende que cela ne refroidisse les éleveurs, disait Garsault ; avec les rudes chemins de cette province, les chevaux de médiocre taille sont ruinés en peu de temps ». A la suite d'achats faits en Flandre et ailleurs, ce sont les paysans bretons qui trouvent les étalons de l'Etat trop grands pour leurs petites cavales et hésitent à les leur conduire. C'était alors en Bretagne que les haras étaient les plus abondants, quoique d'ailleurs la production chevaline n'y atteignit pas *à cette époque au cinquième de ce qu'elle est aujourd'hui.*

Il avait été déjà distribué 500 étalons en 1670 ; ce chiffre s'élevait à 1.636, au dire de Savary, à la fin du xvii\ue siècle et l'on estimait à 60.000 les poulains qui naissaient annuellement dans le royaume ; on ne s'expliquerait donc pas, si l'on ne savait combien il faut se défier des statistiques de jadis, l'impopularité dans laquelle était tombé le régime des haras que l'on accusait d'avoir causé la pénurie des chevaux. La France, disait-on, avait été contrainte d'en faire venir de l'étranger pour 350 millions de francs pendant les guerres de 1688 à 1700.

Les saillies, payées librement 5 francs au xvi\ue siècle, n'étaient guère plus coûteuses au xviii\ue par des étalons de l'Etat, tarifés à 8 et 10 francs ; seulement le monopole des gardes-étalons semblait vexatoire. Leur traitement différait beaucoup suivant les régions : en Languedoc, une taxe annuelle de 350 francs était imposée au propriétaire chez qui les Etats provinciaux plaçaient un reproducteur ; en Auvergne, au contraire, ce gardien recevait un fixe de 160 francs, sans préjudice des droits sur la monte. Les propriétaires, depuis 1717, n'étaient plus libres de conduire leurs poulinières à l'étalon de leur choix. Les inspecteurs attribuaient chaque jument à un étalon déterminé, et, si on ne la présentait à aucun, le prix du saut n'en était pas moins dû.

Partout, au moment de la Révolution, l'opinion publique était si hostile au régime prohibitif des haras, que l'Assemblée nationale s'empressa de l'abolir en 1790. N'empêche qu'au bout de dix ans, à l'aurore du Consulat, par une contradiction assez ordinaire dans l'histoire, les mêmes districts qui avaient sollicité cette mesure, — ceux de la Seine-Inférieure, notamment, — se plaignaient que les « espèces de *figure*, pour carrosse et pour selle, eussent dégénéré par la suppression des gardes-étalons qui faisaient de grands sacrifices pour se procurer de beaux types. On n'y en voit plus que d'ordinaires ». Il était fait appel « à la sollicitude paternelle du gouvernement » pour veiller à la restauration de cette richesse nationale.

Si les anciens haras, de 1663 à 1790, sans mériter leur impopularité et les reproches dont ils étaient l'objet, n'avaient pas donné les résultats attendus des sacrifices pécuniaires faits en leur faveur, cela tenait sans doute à l'absence de méthode et de sélection. Garsault, pour ses débuts, avait été à Naples acheter quarante de ces cavales, renommées alors dans tous les manèges d'Europe pour leur galop relevé et leur piaffe presque naturelle; il s'était ensuite rejeté sur de fortes races belges, puis sur des juments de Barbarie que l'on acclimatait par un séjour en Provence.

Il recruta de même ses étalons en tous pays et ses successeurs, sous Louis XV, l'imitèrent. Les haras particuliers, des Rohan à Guémené, des Matignon à Thorigny et de plusieurs riches amateurs suivaient l'exemple des quinze haras officiels, et les autres pays sur tout le continent n'avaient pas plus de système que les Français dans leurs croisements. La conformation était tout, il n'existait pas d'épreuves ni de race prédominante; sauf que la France achetait un peu partout des chevaux de luxe, mais que personne n'en venait acheter de tels en France.

Colbert s'était un moment flatté que le développement des haras diminuerait l'importation, il n'en fut rien. Le royaume resta tributaire de l'étranger comme au Moyen Age, lorsque les marchands *outre-montains*, italiens ou allemands, amenaient leurs chevaux aux foires de Champagne, ou que Charles le Sage, en vue des guerres qu'il préparait, faisait venir « de beaux destriers d'Allemagne et de la Pouille ». Faute de chevaux français, qui se trouveraient « plus exquis que tous les autres s'ils étaient de bonne force », Saulx-Tavanne, au XVIᵉ siècle, estime que « la vraie monture du soldat sont les chevaux d'Allemagne. Les Bourguignons, Picards, Champenois s'en procurent commodément ». Les noms des chevaux d'autrefois ne doivent pas nous abuser sur leurs origines : celui que montait Henri II au tournoi où il fut tué était un turc, bien qu'il s'appelât « Le Malheureux », ce qui, remarque un auteur du temps, était d'un mauvais présage, du moins pour le Roi, car, pour le cheval, il vécut jusqu'à une extrême vieillesse.

Depuis Henri IV, qui fit son entrée à Paris sur un coursier de Naples gris-pommelé, jusqu'à Louis XIV qui en pareille cérémonie (1660) montait un « riche cheval d'Espagne » bai, accompagné de Monsieur sur un barbe blanc, presque toutes les bêtes de prix venaient d'au delà des Alpes ou des Pyrénées. Sans cesse, nos ambassadeurs sollicitaient de Sa Majesté Catholique permission d'exporter de la Péninsule des lots d'une vingtaine de ces « genets d'Espagne », à la tête légère et décharnée, les plus parfaits pour le manège relevé, — nous dirions aujourd'hui pour le cirque.

Ce que la mode prisait alors plus que tout, c'était l'animal glorieux qui allait à « un pas et un saut », faisait des passades courtes et longues « de fort bel air » et, sans intervalle, trois « bonnes courbettes » du devant et du derrière. Exécutait-il, sans se faire prier, « la jambette » et les sauts de mouton, les quatre pieds en l'air, il était complet. Dans les Académies, où l'on apprenait patiemment aux chevaux, en leur piquant les cuisses, à ruer avec art, on dressait aussi les jeunes cavaliers de bonne compagnie. Ceux qui excellaient dans les voltes carrées et de « quarto en quarto », dans les « ballotades » et les « caprioles », excitaient l'enthousiasme ; ce sont eux que désigne le bon Pluvinel lorsqu'il dit qu'« un bel homme sur un beau cheval est la plus belle et la plus parfaite figure de l'humanité ».

Cette conception équestre remontait aux derniers Valois, partie capitale de l'éducation du prince, sous lequel tout fléchit, observe Montaigne, sauf le cheval qui, n'étant ni flatteur, ni courtisan, « verse le fils du Roi par terre comme il ferait le fils d'un cro-

cheteur ». Aussi Charles IX se recommande, comme
écuyer, à l'estime de ses contemporains en ce qu'il
aimait, dès quinze ans, à *piquer* les chevaux et « ceux
qui allaient *le plus haut* étaient ses favoris ». Le
« bouquet » était en pleine faveur au temps de
Molière, lorsqu'un marquis des *Fâcheux* décrivait le
cheval alezan qu'il vient d'acheter chez Gaveau et dont
il a refusé 100 pistoles (3.500 francs) :

> Une tête de barbe avec l'étoile nette,
> L'encolure d'un cygne, effilée et bien droite,
> Point d'épaules, non plus qu'un lièvre court-jointé...
> Une croupe en largeur à nulle autre pareille...

Une autre race, moins pompeuse, ne figurait aux
cérémonies qu'attelée, mais servait davantage à la
guerre : celle des danois, tigrés ou pies, soupes de
lait et isabelle, — on aimait alors les robes singulières. — Ces chevaux pleins de feu, peints par
Wouvermans, Callot et Van der Meulen, qui por-
tèrent bien des héros du grand siècle, étaient des
danois à petite tête et à large croupe. Ils se maintinrent en faveur, comme étalons et carrossiers, jusqu'à la fin de Louis XV, lorsque déjà, la mode des
piaffeurs étant fanée (1760), les spécialistes disaient
avec mépris « qu'il fallait avoir de l'argent de reste
pour s'embarrasser d'un animal qui n'a que du faux
brillant ».

La vogue du « pur sang », du *thorough-bred*, que
l'on appelait sous Louis XIV le « turc d'Angleterre »,
allait naître. Les Anglais furent les premiers en
Europe *qui changèrent de goût*, abandonnèrent
l'équitation de manège pour l'allure rapide, créèrent
une nouvelle manière de trotter et allégèrent le
harnachement. Les chevaux étaient chez eux aussi
rares et plus chers peut-être que chez nous au

Moyen Age : dans l'expédition de Jean de Vienne en Ecosse, au xIVe siècle, les chevaliers durent payer 3.000 francs des bêtes qu'ils pensaient n'en valoir que 500. Encore avaient-ils beaucoup de peine à s'en procurer. Sous le règne de Henri VIII commença au delà du détroit un croisement raisonné des étalons d'Orient (persans, turcomans ou arabes) avec des juments bretonnes. Dès 1560, les sujets britanniques importaient de beaux hongres sur les côtes de Normandie et des Pays-Bas ; pendant deux siècles, en effet, l'Angleterre ne laissa sortir que des chevaux coupés.

Un voyageur anglais (1608), tout en vantant les bidets très fins de Henri IV, ajoute qu' « ils ne peuvent se comparer pour les formes ni *pour la vitesse* aux chevaux de chasse de notre roi ». Jacques Ier payait à cette époque 37.000 francs un de « ces chevaux nobles, aussi rares que les vrais amis, dont la mère n'épousa jamais qu'un cheval noble », comme dit une poésie arabe. Le fait est qu'un certain Quinterot, ayant alors introduit en France des chevaux du Royaume-Uni, Bassompierre nous révèle l'étonnement que *le train* de ces animaux fit éprouver à la cour où le nom de Quinterot devint synonyme de « vitesse ». Plus tard, après la Fronde (1653), la grande Mademoiselle, qui depuis longtemps avait envie de chevaux anglais, en fit venir un lot à Fontainebleau. Mais la mode était ailleurs et les fantaisies individuelles n'y changeaient rien.

On ne sait du reste ce qu'était exactement l'espèce britannique du xvIIe siècle. Sans doute un métissage plus ou moins prononcé, nullement semblable à ce que nous voyons aujourd'hui. La taille moyenne de la bête de « pur sang » était encore en 1700 de

1<sup>m</sup>,31 ; celle du célèbre Curwen Bay-Barb, dont l'empereur du Maroc fit présent à Louis XIV, était de 1<sup>m</sup>,41 et en 1765 Marske, le père d'Eclipse, paraissait surtout remarquable par sa taille de 1<sup>m</sup>,58. La moyenne est aujourd'hui de 1<sup>m</sup>,61 ; augmentation de 30 centimètres en deux siècles qui n'est pas, comme on le disait un jour à la Chambre des Communes, à la portée de tout le monde.

Avant de s'être déterminée pour la culture, *sans aucun mélange* de sang européen, de cette race précieuse que la légende arabe fait remonter aux coursiers de Salomon, de ces Kochlani agiles et sobres que l'Asie gardait dans ses plaines brûlantes, du Tigre à la mer Rouge et de la chaîne du Taurus au golfe d'Aden, et qui, mangeant à leur faim dans les gras pâturages d'Albion et sélectionnés par des épreuves périodiques, ont grandi et pris de la carrure, la Grande-Bretagne avait longtemps tâtonné. Elle n'était pas fixée sur les meilleurs moyens à employer pour infuser à ses chevaux le sang oriental, mais le but à atteindre ne varia pas et ne cessa d'intéresser l'opinion nationale pendant *deux cents ans avant l'époque* d'où l'on date officiellement l'institution des courses (1730).

A travers les révolutions, la même tâche fut poursuivie de façon ininterrompue, d'Elisabeth aux premiers Georges, et Cromwell n'y était pas moins attaché que les Stuarts. Des dernières années de Louis XIV (1709), quand la France et l'Angleterre se battaient encore sur le continent, datent chez nous les premiers succès des chevaux anglais ; nos grands seigneurs vont en acheter à Londres ou s'en font expédier sous le couvert des passeports de guerre. Leur suprématie ne s'établit pas sans conteste. On admirait qu'ils pussent faire à Newmarket

6.400 mètres en 7 minutes et demie (1727), mais on trouvait leur galop bien terre à terre; les officiers pestaient contre eux de ce qu'ils les faisaient enrager aux revues, mais ils s'en louaient à la chasse. Un écuyer qui faisait autorité écrivait encore en 1770 : « Les chevaux anglais ne sont pas généralement bons, il en vient beaucoup de mauvais de ce royaume; ils ne sont pas de la race du pays, mais d'une espèce de barbes bien maintenue. »

La France conservait le monopole de l'équitation traditionnelle; les étrangers, les Anglais eux-mêmes — Pitt à Caen, Fox à Angers — venaient chez nous « faire leur Académie » et s'y rencontraient avec nos futurs hommes d'Etat, Turgot, Malesherbes, Necker ou Mirabeau; mais personne en Europe ne venait chercher de chevaux en France, tandis que la France en demandait journellement à l'Angleterre. Les guerres de la Révolution, en fermant les frontières, suspendirent le triomphe du pur sang.

Les chevaux connus de Napoléon I*, depuis l'alezan *l'Embelle*, qui fit avec lui les campagnes d'Italie, jusqu'à *l'Acacia* gris-moucheté qu'il montait à Waterloo, étaient des limousins ou des navarrais. Un certain cachet arabe masquait, sous le Premier Empire, l'infériorité de ces races légendaires que nos remontes actuelles rejetteraient sans pitié depuis qu'une amélioration patiente a transformé l'ancien élevage.

Par l'effet de cette transformation, le cheval commun a changé de structure et de qualité beaucoup plus qu'il n'a haussé de prix, et les meilleurs chevaux sont moins chers sans être moins bons. Il existait autrefois, au dernier rang de l'espèce, des quadrupèdes dont nous n'avons plus l'équivalent, même parmi le rebut qui se vend chaque semaine sur le

marché de Paris, de 75 à 150 francs par tête, c'est-
à-dire au-dessous des 100 à 220 francs que paie la
boucherie hippophagique. Pourtant, de nos jours,
où les objets de luxe sont à plus haut prix qu'à
aucune époque de l'histoire, parce qu'il existe un
plus grand nombre de richissimes capables de se les
disputer, les spécimens de choix, pour la selle ou
l'attelage, n'atteignent que des chiffres très inférieurs
à ceux du passé parce qu'ils ne sont plus aussi rares.

Ce sire de Gouberville, dont je parlais plus haut,
vendait ses juments sauvages de 40 à 60 francs et
achetait pour lui-même (1555) un courtaud de
2.500 francs. Le sieur de Saint-Chamans, qui cédait
au duc de Chevreuse (1611) cinq chevaux pour
27.000 francs, possédait aussi de vieilles bêtes prisées de 150 à 300 francs chacune. Les chevaux qui se
sont vendus jadis au-dessous de 300 francs ne coûteraient pas davantage aujourd'hui; c'étaient des
bêtes réformées pour leur âge, leurs infirmités, ou
incapables de fournir un service utile. On payait des
prix peu différents des nôtres les chevaux de charrette ou de labour et surtout les bons « sommiers ».

La langue s'est appauvrie des noms multiples qui
servaient au Moyen Age à classer les chevaux d'après
leur emploi : dès le xvi⁰ siècle, l'on n'entend plus
parler de destriers, de coursiers ni de palefrois; en
revanche apparaissent alors des expressions nouvelles : celle de « cheval entier » appliquée, au dire
de Montaigne, à l'animal ayant crin et crinière, pour
le distinguer du courtaud à la queue coupée. Les
termes de haquenée, de roncin, de sommier, disparaissent depuis Henri IV, remplacés par ceux de
genets et de bidets.

Tous ces mots ont sombré dans l'oubli, au point
que l'on n'a sur leur sens exact que des données

assez confuses; les prix auxquels étaient vendus les animaux ainsi qualifiés ne suffisent pas à établir les caractères distinctifs de chaque espèce. Nous savons que le destrier était le cheval « haut et puissant » de joute et de bataille, habillé de fer comme son maître; peu agréable d'enfourchure sans doute, puisque l'on ne « montait sur ses grands chevaux » — l'expression en est restée — qu'en cas de nécessité belliqueuse, chacun préférant les faire tenir en main par des valets et chevaucher « à l'aise de son corps » sur un palefroi. L'homme d'armes se louait deux fois plus cher « avec destrier » qu' « avec coursier »; mais il se voit des coursiers plus chers que des destriers, et aussi des « demi-coursiers » — Jeanne d'Arc en montait un qu'elle tenait du roi le jour où elle fut prise à Compiègne — bien qu'elle déclare à ses juges avoir reçu de la cassette royale 5 coursiers et 7 *trottiers*.

Les haquenées, quoique chevaux d'agrément et de luxe, étaient parfois affectées au transport de vulgaires bagages et, bien que le palefroi soit théoriquement supérieur au roncin dans la hiérarchie hippique, il se rencontrait des roncins de litière à 5.800 francs et des palefrois à 270 francs. Bayard avait un « bas-roussin, bien remuant » de 2.500 francs, alors que son « courserot, fort adroit », qui faisait merveille dans les tournois, n'en valait que 2.000.

Deux palefrois, que le sire de Joinville apprécie à 12.000 francs chacun, furent offerts à saint Louis, l'un pour lui, l'autre pour la reine, par l'abbé de Cluny, qui obtint ainsi d'être « ouï moult diligemment et moult longuement » par le prince, que ce cadeau avait favorablement impressionné. Sans prétendre chicaner le bon sénéchal de Champagne sur son *évaluation*, elle semble assez exagérée pour le

xiii⁰ siècle, où les chevaux exceptionnels étaient loin
d'atteindre un pareil chiffre : 6.000 francs pour un
palefroi est le prix *de vente* le plus haut que j'aie
noté; les chevaux de bataille du roi Philippe le Bel,
du duc de Normandie Guillaume le Roux, du comte
de Bourgogne, du sénéchal de Provence et de
seigneurs notables en Angleterre ou en Piémont,
vont de 5.600 à 2.000 francs.

Les bons chevaux valaient d'ailleurs plus cher que
les hommes : celui que monte l'évêque de Soissons
(1155) lui avait coûté cinq serfs de ses terres.

Au xiv⁰ siècle, les prix de 3.000 à 4.000 francs
sont très ordinaires, aussi bien en France qu'à
l'étranger; les chevaux de Messeigneurs de Saint-
Pol ou de La Marche, de M. le Connétable ou de
M. de Chatillon valent de 6.000 à 12.000 francs chacun
(1317) et il s'en rencontre parfois de 15.000 et
20.000 francs. Nous ne sommes donc pas surpris
d'entendre Du Guesclin, prisonnier, dire au prince
de Galles que « sa terre était engagée pour quantité
de chevaux qu'il avait achetés ».

Mais ces chiffres du xiv⁰ siècle ne prouvent pas du
tout que les beaux chevaux renchérissaient alors
parce qu'ils étaient devenus plus rares. Le luxe avait
augmenté avec les progrès de la richesse, les cavaliers étaient plus raffinés; car, sauf quelques types
dont l'origine nous est inconnue — tel un cheval de
17.000 francs appartenant au duc de Bretagne, —
l'on a tout lieu de croire que les palefrois ou haquenées de haut prix, désignés comme « maures »,
espagnols et provenant du Roussillon ou Languedoc,
étaient des arabes plus ou moins purs.

La France du Nord et les pays voisins avaient-ils
obtenu, du croisement de ces animaux importés
avec nos produits indigènes, quelque demi-sang ana-

logue à ces chevaux barbes venus dans la région sous-pyrénéenne avec les Sarrasins ou les Croisés? La chose est possible : le roncin de 600 francs, qualifié de « maure » en Artois (1330) devait être un parent fort éloigné du « grand cheval maure » qui, dans la même province, se vendait alors 18.000 francs.

La mode a-t-elle changé durant les guerres anglaises? L'importation d'Orient est-elle devenue impossible? L'a-t-on jugée inutile? Il est plus rarement question au xvᵉ siècle de provenances arabes, mais les chevaux de parage — de race — montèrent alors à des prix qu'à aucune autre époque de l'histoire ils n'ont atteints. Quand Olivier de La Marche nous apprend qu' « on ne parlait (1444) de vendre un cheval *de nom* que 500, 1.000 ou 1.200 réaux » — c'est-à-dire 19.000, 38.000 et 45.600 francs de notre monnaie — ces chiffres paraissent d'abord assez invraisemblables; même avec l'explication donnée par lui que, comme « l'on parlait de répartir les gens d'armes de France sous chefs et par compagnies, il semblait à chaque gentilhomme que, s'il se montrait sur un bon cheval, il en serait mieux connu et recueilli ». Les capitaines de notre première armée permanente ont-ils effectivement dû leur grade et leur rang aux mérites respectifs de leur monture?

Il est du moins certain que l'extrême cherté avait beaucoup devancé la création des compagnies d'ordonnance, puisqu'en 1422, un cheval d'Allemagne, donné au physicien de « Mgr le Régent », — Charles VII, — coûtait 23.000 francs; ce prince lui-même, tout mal à l'aise qu'il fût, s'achetait un bai-brun de 43.600 francs. Ce haut prix, auquel sont vendus aussi plusieurs coursiers et roncins d'Espagne à longues queues, est encore dépassé par deux

chevaux « morels » *qui se payent chacun 58.000 fr.*
Fort modestes paraissent, à côté de ceux-ci, les
coursiers d'un Beaumanoir à 14.000 francs et d'un
La Hire à 7.300 francs (en 1428).

Mais que des archers de la garde écossaise, en
1451, aient payé de 6.600 à 7.500 francs des bêtes
d'une certaine classe, cela prouve avec évidence la
pénurie où le royaume était tombé à cet égard.
Pour 2.300 francs, on ne trouvait qu'une petite
haquenée, ce qui laisse à penser qu'aux environs de
1.000 francs on n'avait que d'assez pauvres bêtes.
Pour 470 francs, prix du cheval que montait Jeanne
d'Arc à son départ de Vaucouleurs, on devait se
contenter d'animaux de ferme, fort éloignés, par
leurs formes et leurs moyens, de ceux qui eurent
plus tard et qui ont aujourd'hui la même destination.

Les chiffres permettent de le supposer, puisque
ces chevaux champêtres n'ont été ni peints, ni
décrits par personne et que l'histoire ne s'est jamais
occupée d'eux. Mais nous remarquons que leur prix
ne diminuera pas jusqu'à la fin de l'ancien régime.
Merlin, conte Rabelais dans *Gargantua*, procure à
Grandgousier et à Gargamelle, « une grande jument
si puissante qu'elle les portait aussi bien tous deux
que fait *un cheval de 10 écus* un simple homme ». Ce
cheval de 10 écus, — ou 320 francs actuels, — pris
pour type de l'espèce la plus vulgaire en 1535, coûtait autant et souvent davantage cent et deux cents
ans plus tard.

Au contraire, nous ne retrouverons plus sous
Louis XIV et Louis XV rien d'équivalent, je ne dis
pas au « cheval d'Espagne » blanc que le duc de La
Trémoille achetait 29.000 francs du temps de la
Ligue (1592), à celui de 21.000 que Bassompierre

s'offrait sous Henri IV, ni au cheval de cérémonie,
— *cavallo di rispetto*, — que, sous la régence de
Marie de Médicis, Concini payait 32.000 francs,
mais même aux coursiers de 8.000 et 10.000 francs
dont le maréchal de Montluc (1583) faisait présent à
ses capitaines et compagnons d'armes.

Nous ne voyons même plus aux temps modernes
d'étalons de 9.000 francs, comme on en vendait,
nous dit Albert Dürer, en 1521 à la foire d'Anvers.
Le grand Sully, avisé brocanteur en la matière, qui
trouvait au marché pour 900 francs un roussin fleur-
de-pêcher, propre tout au plus, semblait-il, à porter
la malle et devenu « si excellent cheval » qu'il le
revendit 4.300 francs au vidame de Chartres, aurait
eu peine à obtenir ce prix vers la fin de l'ancien
régime, à plus forte raison n'eût-il pu repasser pour
8.600 francs, à M. de Nemours, une bête qu'il
avait acquise 4.000 francs de M. de La Roche-Guyon
(1585).

L'avocat Barbier se fait, au xviii\ :superscript:`e` siècle, l'écho de
propos en l'air, qui prêtaient au prince de Carignan
« nombre de chevaux », les uns de 17.000 francs,
les autres de 11.000 francs ; mais ce sont là de purs
commérages. Les inventaires, les achats effectifs
surtout, seules bases sérieuses d'appréciation, ne
mentionnent plus que de modestes prix chez les
plus riches amateurs, depuis Turenne, qui met seulement 1.600 francs pour un cheval de bague, « fort
beau et fort glorieux », jusqu'à Saint-Simon (1692)
qui n'avait pas un cheval de plus de 1.000 francs,
jusqu'à La Trémoille dont le cheval anglais, âgé de
sept ans, vaut 950 francs, et jusqu'au duc de Croy
qui paie 1.200 francs ses chevaux de chasse.

D'où venait un changement si brusque ? Ces chevaux rares, que l'on avait longtemps payés si cher,

avaient-ils disparu ? Avait-on trouvé, au contraire, le secret d'en augmenter si fort la production, par l'élevage et le dressage, que leur prix fût tombé tout à coup? Était-ce, pour les chevaux de guerre, un besoin qui cessait, parce que les nouvelles armes à feu et la nouvelle tactique faisaient évanouir le privilège d'une monture exceptionnelle ? Était-ce simplement une évolution des goûts, le luxe du cheval aux belles manières remplacé par d'autres animaux que l'on se procurait plus aisément? Cette hypothèse paraît la plus vraisemblable ; le nombre des chevaux, et des bons chevaux, a dû augmenter aux derniers siècles, puisque nous savons, à n'en pas douter, qu'il en fut employé davantage et que pourtant l'histoire des chiffres nous apprend que leur prix a baissé.

Peu d'années avant la Révolution, une ordonnance de Louis XVI porte que « Sa Majesté a reconnu, avec beaucoup de satisfaction, que les marchands de Paris tiraient des différentes provinces du royaume des chevaux capables de fournir au service de sa chasse et qu'elle pouvait se dispenser d'envoyer en Angleterre chercher des chevaux pour cet usage ».

L'observation s'applique aux attelages : l'offre d'un cheval de cabriolet, gris, à 3.800 francs, dans les *Petites Affiches* de 1788, n'a peut-être tenté personne ; nous ne voyons pas que les chevaux de carrosse les plus chers des xvi⁰ et xviii⁰ siècles aient passé 2.000 francs; ceux de Gabrielle d'Estrées étaient de 1.600 francs; sur les 64 chevaux de la reine Anne d'Autriche (1666), 8 seulement servant au « carrosse du corps », âgés de six à sept ans, valaient 1.900 francs, une vingtaine allaient de 1.000 à 1.300 francs, le reste de 600 à 1.000. Ces derniers prix étaient ceux que payaient communément le bourgeois ou le hobereau.

Mais s'il est vrai que des prix analogues étaient pratiqués au Moyen Age et, par exemple, pour un char de la reine Isabeau de Bavière (1.700 francs en 1401), pour le « chariot branlant » ou la litière de la reine d'Espagne (1.400 à 2.000 francs en 1531), je n'ai jamais noté aux temps modernes de « limonnier » à 3.000 francs et de « cheval maure d'attelage » à 6.000 francs, comme on en rencontre chez les princesses du xiv⁰ siècle.

Une autre preuve de la rareté des chevaux, au temps jadis, nous est fournie par le tarif des bêtes louées à la journée : beaucoup moins demandées, puisqu'il y avait fort peu de voyageurs, elles coûtaient cependant beaucoup plus cher au xiv⁰ siècle qu'au xviii⁰. Ce n'est pas que leur entretien fût plus onéreux, au contraire : sauf la ferrure, qui valut de 4 fr. 50 à 9 francs au Moyen Age, au lieu de 3 à 6 francs sous Louis XV, l'ensemble des dépenses d'écurie a dû augmenter avec la hausse des fourrages.

Les prix payés à forfait pour la nourriture ne permettent pas de s'en rendre compte exactement, parce que les rations sans doute variaient fort d'une bête à l'autre et qu'un cheval d'attelage à la guerre, sous saint Louis, une haquenée chez le dresseur (1396), ou les chevaux du duc de Candale au temps de la Fronde, dont les pensions coûtaient de 3 fr. 75 à 5 francs par jour, étaient mieux traités que les chevaux du séminaire de Saintes et des mines de Carmaux, à 1 fr. 25 et 2 fr. 75 par jour (1754), ou ceux des régiments de cavalerie comptés à 1 fr. 40 en 1790. Sans aller jusqu'aux chevaux d'Harpagon, qui « observent des jeûnes si austères que ce ne sont plus rien, dit maître Jacques, que des idées ou des fantômes, des façons de chevaux », on conçoit quelle

24.

différence existait entre deux quadrupèdes de même nom, suivant leurs propriétaires et leurs emplois, puisque dans la même écurie, chez la vicomtesse de Rohan (1481), l'entretien journalier du cheval de guerre se payait 8 fr.65 et celui d'une simple haquenée 3 fr. 25.

Les oscillations énormes des cours du foin et de l'avoine, d'une année à l'autre, devaient soumettre l'alimentation de l'espèce chevaline aux mêmes épreuves que celles que les hommes éprouvaient par les brusques sauts du blé. L'hectolitre d'avoine se vendait, au Moyen Age, tantôt 1 fr. 75 et tantôt 36 francs, passant, sinon de l'un de ces extrêmes à l'autre, du moins du *simple* au *quadruple* en l'espace de douze mois. Il en fut ainsi jusqu'à la fin de la monarchie et dans toutes les provinces ; aux environs de Caen, l'avoine fut cotée, de 1761 à 1766 : 2 fr. 10, — 6 francs, — 4 fr. 50 et 15 francs.

Moins transportable, le foin, qui, en temps normal, se payait le même prix qu'aujourd'hui, descendait en cas d'extrême abondance à 30 et 40 francs *les mille kilos* et s'élevait à 150, 200, 300 francs, chiffres atteints en 1754 et dépassés en 1785. Jusqu'à la création des prairies artificielles, dans la seconde moitié du xviii<sup>e</sup> siècle, le foin était rare, parce que les prés où on le récoltait étaient peu nombreux et que leur rendement moyen, faute d'engrais, était moindre que de nos jours. Mais la grande majorité du bétail ne mangeait pas de foin et pâturait, bien ou mal, les jachères tout au long de l'année. De sorte que la provision de foin, auquel on suppléait par l'ajonc en Bretagne, par les roseaux en Provence, ne semblait pas trop inférieure aux besoins.

Si le commerce des fourrages était pratiquement

très limité, celui des chevaux n'avait guère à apprendre sous le rapport des roueries du maquignonnage. Je ne sais si les courtiers ou « troqueurs » bravaient le règlement qui les menaçait de 15 francs d'amende quand « ils juraient le nom de Dieu », mais leur confrérie, assez interlope au XVIᵉ siècle, contenait nombre d'escrocs fort experts à peindre les chevaux en brun ou en noir, à leur fabriquer des étoiles artificielles au front et à leur attacher des queues postiches.

Moins raffiné était l'art vétérinaire au temps où l'on prescrivait, « si le cheval était enchanté, pour avoir passé sous la croix de Fétu on sur la bûchette charmée », de lui faire aspirer du bitume judaïque, du soufre et de la graine de laurier. L'estime que l'on faisait des bons chevaux au Moyen Age nous est révélée par les soins dont ils étaient l'objet, les onguents, les emplâtres confectionnés à leur intention avec des éléments coûteux : vin, miel, anis, mastic confit, etc. Et, quand ils tombent malades, on multiplie en leur faveur les prières et les pèlerinages, voire les offrandes à Saint-Eloi, en vue d'obtenir son intercession. Il est même curieux de constater que procès est fait, sous Louis XIII, à un habitant de la Beauce accusé d'avoir tué un cheval par ses mauvais traitements.

Tous les chevaux de quelque mérite étaient des bêtes de selle. L'attelage semblait ne convenir qu'à des animaux vulgaires. Si le maître à danser, dans le *Bourgeois gentilhomme*, traite le maître d'armes de « grand cheval de carrosse », c'est que cette qualification fut longtemps une injure à l'adresse de l'homme brutal et grossier.

Réservé de nos jours, — sauf dans l'armée, — à la promenade et à la chasse, le cheval de selle, jusqu'à la fin du xvi<sup>e</sup> siècle, était à peu près l'unique véhicule, même pour les femmes, fussent-elles dans un état où nos contemporaines ont soin d'éviter tout exercice violent. Isabelle d'Aragon, épouse du roi Philippe le Hardi, était enceinte lorsqu'à son retour de Tunis par l'Italie, chevauchant à côté de son mari près de Cozenza, sa monture, au passage d'un fleuve à gué, « la secoua si fort, dit un chroniqueur, qu'elle trébucha, chut à terre et se rompit toute ». Elle mourut quelques jours après. L'équitation des femmes était assez variée : rarement elles montaient avec la jambe droite pliée sur le devant ou passée par-dessus l'arçon ; parfois assises de côté sur la *sambue*, — selle féminine, — elles allaient les jambes pendantes du côté droit ou gauche, *suivant que le vent soufflait*, en tenant indifféremment les rênes de l'une ou de l'autre main. Le plus souvent, elles chevauchaient à califourchon, vêtues d'amazones fort différentes de la jupe à qui nous donnons aujourd'hui ce nom. Les dames de la Cour, sous Louis XV, trouvaient ce costume si agréable qu'elles gardaient parfois le soir, pour danser, celui avec lequel elles avaient couru le lièvre dans l'après-midi ; c'est aussi en amazone que, dans le roman de Louvet (1788), *Faublas*, déguisé en femme, se rend au bal.

A la ville, les femmes de qualité montaient en croupe derrière leurs écuyers, comme les riches bourgeoises derrière leur domestique. M<sup>mes</sup> de Thou et de Verdun, premières présidentes du Parlement, allaient ainsi derrière le clerc de leur mari. La reine, outre sa litière et sa haquenée, avait son « cheval de croupe » dont elle usait pour de courts trajets. Aussi voit-on souvent, dans les inventaires mobiliers de cette époque, des couvertures en velours

cramoisi doublé de cuir « pour chevaucher derrière ». Olivier de La Marche, chargé par Charles le
Téméraire (1470) d'enlever le duc de Savoie et sa
famille, fait très civilement monter la duchesse en
croupe : « Je portais, dit-il, M^me de Savoie derrière
moi ; ses deux filles et deux ou trois de ses demoiselles la suivirent ». Pour rentrer chez eux, au sortir
du Louvre, les seigneurs du xvi^e siècle montaient un
cheval à deux, comme aujourd'hui on se serre à
trois dans un fiacre à deux places.

Pour le voyage, une espèce fort appréciée était
celle des « ambulants », chevaux qui allaient l'amble, parce que cette allure, où l'animal avance à la
fois les deux jambes d'un même côté, permettait de
chevaucher avec moins de fatigue. L'amble obtenu
par dressage ne valait pas l'amble naturel, celui des
*guilledins* d'Angleterre, capables de courir ainsi
toute une journée sans trotter et si vite qu'à peine
pouvait-on les suivre au galop. Les gens d'épée, qui
eussent trouvé avilissant d'enfourcher la mule pacifique des gens de loi, recherchaient fort les bonnes
« bêtes d'amble ». Pour s'en procurer une qu'on lui
avait vantée, dans sa vicomté de Limoges, et que
le propriétaire refusait de vendre, le roi de Navarre
va jusqu'à ordonner au gouverneur de se saisir par
force de l'animal, « en satisfaisant à ce que raison-
nablement il peut valoir » (1549).

# CHAPITRE XII

## Les Voitures.

Incommodité et lenteur des anciens véhicules. — La litière de luxe et de voyage. — *Basternes* ou brancards de louage. — Les chars du XIII° siècle, simples tombereaux à quatre roues. — Le « chariot branlant ». — Le coche ou carrosse sous Henri IV. — Chaises à porteurs et vinaigrettes. — Variations des modes et des formes de voiture au XVIII° siècle. — Les calèches, berlines coupées, *désobligeantes.* — Invention des ressorts. — Ce qu'on appelait *cabriolet* sous Louis XVI. — Protestations contre leurs excès de vitesse. — Prix des voitures neuves et d'occasion. — La pompe extérieure des voitures disparait avec l'ancien régime. — Les harnais et les selles depuis le Moyen Age. — Un cheval pouvait porter une fortune au XV° siècle. — Les figurants volontaires du luxe et le caractère égoïste des jouissances contemporaines.

Peut-être n'y a-t-il pas lieu de faire un mérite aux cavaliers du Moyen Age de ce que, dédaigneux des voitures, ils eussent rougi de « se faire porter comme des corps saints. » Cette énergie tenait surtout à l'incommodité, à la lenteur des véhicules connus. « Je ne puis souffrir longtemps, dit Montaigne, ni coche, ni litière, ni bateau et hais toute autre voiture que de cheval, et en la ville et aux champs...; mais je puis souffrir la litière moins qu'un coche. » En effet cette boite qu'était la litière donnait au voyageur la sensation d'une mer agitée.

Elle reposait sur deux brancards, avant et arrière, ceux-ci plus longs pour que le cheval de derrière pût voir ses pieds en marchant. Un valet conduisait l'animal de tête par la bride, un autre poussait de son bâton l'animal de queue. La litière de cérémonie était réservée aux femmes et aux enfants en bas âge. Le duc de Bourgogne entre-t-il solennellement à Paris en 1434 avec sa jeune femme Isabelle de Portugal : le fils, âgé de quatre ans, « qu'il avait eu d'elle en mariage » était en litière; tandis que « trois fils et une belle pucelle qui n'étaient pas de mariage, et dont le plus âgé n'avait pas dix ans », chevauchaient à sa suite.

La litière de voyage est tantôt une caisse bien close, munie de sièges à coussins, tendue de velours de Gênes, de damas ou de maroquin à clous dorés, avec des rideaux ou même des vitres, tantôt un rustique coffre d'osier garni d'un matelas. C'est dire qu'il s'en faisait à tous prix, depuis 8.200 francs pour la comtesse d'Artois au xive siècle[1], jusqu'à 40 francs, comme celle où cahote, dans le *Roman comique*, le curé de Domfront, ayant pendu au côté droit son chapeau dans un étui de carton, et à gauche son pot de chambre de cuivre jaune reluisant comme de l'or. Aux litières de luxe on accédait par des portières, aux *basternes* ou brancards de louage il fallait enjamber les barres transversales, à moins que le muletier, prenant son client à bras-le-corps, ne le déposât dedans comme un paquet.

La litière existait encore sous Louis XV, mais, dès le xviie siècle, bien qu'Anne d'Autriche en eût quelques-unes prisées à sa mort de 1.800 à 500 francs, c'était un équipage démodé dont usaient

1. En monnaie de nos jours comme tous les autres prix cités.

les dames de campagne, faute de chemins carros-
sables pour sortir de chez elles. Cent ans plus tôt,
c'était encore une locomotion d'apparat : une litière
offerte en 1532 par François I<sup>er</sup> à « M<sup>me</sup> la Princesse
de Boullène » — Anne Boleyn — qui allait monter
sur le trône d'Angleterre, coutait 46.000 francs.

Les « chars » ou chariots, moins considérés, aussi
rudes, aussi lents, avaient l'avantage de transporter
plus de monde; la reine part pour la Flandre en
litière (1577), dix de ses filles d'honneur l'accom-
pagnent à cheval avec leur gouvernante, le reste des
dames s'entassent dans six chariots. Les chars du
xııı<sup>e</sup> siècle, dont une ordonnance somptuaire de Philippe le Bel défendait l'usage aux bourgeoises, 
avaient beau être peints et armoriés, couverts de
drap d'or ou de toile d'argent, ils ne valaient pas nos
camions ou nos tapissières. C'étaient, sous le rapport
de la carrosserie, de simples tombereaux à quatre
roues, mais richissimes d'accessoires. Si le char de
M<sup>me</sup> de Clermont, femme du connétable (1295) vaut
près de 10.000 francs et celui de la duchesse d'Orléans 7.600 francs (1395), ce sont les garnitures, les
« carreaux » d'écarlate, les tapis, les détails multiples du dedans et du dehors qui font les dix-neuf
vingtièmes de la dépense. Dépouillé de ces ornements, le char d'une princesse vaudrait un prix peu
différent des 270 francs que paie l'Hôtel-Dieu pour
son « chariot à porter les morts » (1416).

Le fer seul était onéreux, parce que le kilo, pour
essieux et bandages, coûtait alors de 4 fr. 25 à
3 francs; il fallait 200 francs pour la ferrure du
train et des limons d'un char neuf. La couverture
absorbait six peaux de vache et deux douzaines de
peaux de mouton d'une valeur de 360 francs. Le
cuir aussi jouait son rôle dans une machine nouvelle

qui ravit le xiv⁰ siècle : le « chariot branlant, » à caisse suspendue par des lanières, si haut qu'il fallait une échelle pour y monter.

Deux cents ans plus tard, avec l'apparition du coche, la scission s'opéra, définitive, entre la charrette antique et le type nouveau d'où sortiront les voitures modernes. Plus raffiné de construction, le coche est plus sujet aux avaries : celui d'Henri III s'étant rompu dans un chemin fangeux des environs de Paris « par un despiteux temps de janvier, » le roi et la reine doivent faire une lieue à pied pour rentrer au Louvre dans la nuit.

Avec le coche ou carrosse, — il porta bientôt ce nom — on pouvait trotter, allure inusitée dans les rues de Paris qui épouvanta les piétons. Le Parlement supplia le roi « de défendre les coches par la ville » (1563). La même inquiétude se renouvela au xviii⁰ siècle, lors de la vogue des cabriolets que les passants jugeaient fort dangereux par leur rapidité. « Si j'étais lieutenant de police, disait Louis XV, je supprimerais les cabriolets. » Et sous la Restauration l'autorité municipale s'opposait à l'établissement des omnibus, par ce motif encore « qu'il en résulterait un trop grand embarras pour la circulation ». Notre génération, aguerrie par les autos et les tramways électriques, sourit de ces frayeurs, mais les rues d'aujourd'hui ne sont plus celles de la Ligue.

Les premiers carrosses, après lesquels couraient les gamins et le menu peuple et qui ressemblaient assez à des corbillards, étaient des voitures monumentales dans lesquelles huit personnes trouvaient place; on s'y mettait encore à six au xviii⁰ siècle et le jeune Croy conte que le roi lui fait la grâce de le faire asseoir, en allant à la chasse, « sur ses genoux, » c'est-à dire à la portière où se trouvait un « extrapontin ». Dans le fond, des appuis de crin, les « custodes », amortissaient les cahots ; sur les côtés, des « mantelets » de peau — que le cardinal de Richelieu faisait, dit-on, doubler de fer à l'épreuve des balles — s'abattaient en guise de glaces. On les bouclait solidement pour se garantir de la pluie et du froid, « pour faire printemps, » comme disait le surintendant Bullion. Des montants sculptés portaient un ciel de bois, drapé d'étoffe, — l' « impériale » — auquel s'attachaient des parements de cuir, les « gouttières », qui empêchaient l'eau de tomber à l'intérieur. Enfin au corps de la voiture était attachée, en guise de frein, une chaine de fer qui servait à enrayer les roues dans les descentes.

« Vraiment, écrit-on en 1614, il y a de la commodité quant à ces coches, mais, par tant de commodités nous nous énervons. » C'était l'avis de Henri IV qui allait à cheval par la ville et, « si le temps semblait tourné à la pluie, mettait en croupe un gros manteau. » Les premiers seigneurs qui se dispensèrent de cette règle ne se servaient guère de carrosses que la nuit. Encore se cachaient-ils et fuyaient-ils la rencontre du roi, sachant que cela lui était désagréable.

A côté des nouveaux véhicules, qui se multiplièrent rapidement sous Louis XIII, parurent les chaises à porteurs (1617), « établissement qui pourra causer un retranchement de l'usage immodéré des carrosses, » disaient les lettres de concession. Ce n'était pas un mode de transport économique : les porteurs qui payaient une redevance de 25 francs par semaine, par chaque chaise de louage, au détenteur du monopole — un capitaine des mousquetaires — rançonnaient à leur tour le public sans que d'ailleurs on puisse prendre au sérieux ce que dit Furetière qu'ils demandent un écu — 11 francs de notre monnaie — pour aller de Notre-Dame à la place Maubert. Les *vinaigrettes*, chaises à deux roues, traînées par un homme et poussées par une femme et un enfant, étaient moins onéreuses mais peu prisées. Ce ne fut qu'après l'institution des « carrosses de place » (1660) que l'honnête homme sans équipage put se faire transporter décemment d'un quartier à l'autre sans trop de frais.

La chaise à porteurs privée, qui coûtait depuis 1.400 francs jusqu'à 150, suivant qu'elle était mi-partie d'écaille, dorée, tapissée de brocard et de velours, ou grossièrement peinte et doublée d'étoffe commune, devint impraticable à Paris dès que la circulation y fut plus active. Elle ne sortait pas au xviiiᵉ siècle des quartiers paisibles et déserts. En province les douairières se faisaient ainsi conduire à la messe et les magistrats au palais — pour 1.250 francs par an on avait à Aix, en 1750, deux porteurs non nourris — c'était presque le seul véhicule des villes moyennes. Nice, par exemple, vers 1765, possédait en tout deux voitures en dehors de celle du gouverneur; mais des chaises à porteurs y menaient les étrangers à la mer prendre leur bain, moyennant 3 fr. 50 aller et retour.

Dans la capitale et pour les voyages, à la fin de l'ancien régime, l'invention des types de voitures semblait inépuisable; il en surgissait sans cesse de nouveaux. Le « carrosse, » inséparable à nos yeux de cinq ou six générations d'hommes à perruques plus ou moins poudrées, était, au contraire, complètement démodé *dès un demi-siècle avant la Révolution*. Au modèle primitif avec caisse fixée aux essieux on avait, sous Louis XIV, substitué un train avant à col de cygne, muni de roues très basses (80 centimètres), pour lui permettre de tourner dans les rues étroites. Le siège du cocher, qui obstruait toute vue de l'intérieur, avait été abaissé. La calèche, plus légère, fut un premier progrès, la berline en fut un autre; elle porta un coup décisif aux anciens carrosses, compliqués et encombrants, désormais réservés aux cérémonies et à la cour.

Les berlines étaient aussi plus sûres grâce aux flèches latérales qui les maintenaient; tandis que lorsqu'une lanière venait à se rompre, le carrosse versait forcément sur le côté.

Sans parler de la chaise de poste qui appartient à l'histoire des voyages et qui, perfectionnée sous Louis XV, atteignit pour les riches un haut degré de confortable, les selliers — qualité exclusivement portée par les fabricants de voitures, celle de « carrossiers » est toute moderne — créèrent la *berline coupée* appelée *diligence* ou *demi-fortune* qui s'attelait à un cheval, le *vis-à-vis*, à deux places l'une en face de l'autre, la *désobligeante*, le *soufflet*, le *phaéton*, la *brouette*, le *diable*; ils leurs appliquèrent les ressorts en C forgés par Cocu, les ressorts à la Dalème, du nom d'un serrurier en vogue, les crics et les ressorts à la Polignac. D'Allemagne fut importé le *wurst*, sorte de longue banquette à compartiments, que les voyageurs enjambaient et sur laquelle ils s'asseyaient en brochette les uns derrière les autres, face au cheval. On s'en servait pour aller aux rendez-vous de chasse.

Les journaux offraient des voitures anglaises, « faites l'année dernière par le meilleur ouvrier de Londres, » *stope, trois-quarts, solo, whisky*, avatars menus et légers du cabriolet; la jeunesse élégante n'en voulait pas d'autres. Ce qu'en langage courant

on appelait « cabriolet » sous Louis XVI ne ressemblait pas à ce que l'on nomma ainsi au xix<sup>e</sup> siècle :
il se faisait alors à 2, 3 ou 4 places, tantôt à quatre
roues, tantôt à deux, souvent fermé, muni de trois
glaces en *ragistas* ou bien avec un « tambour à la
Toulouse »; il s'attelait indifféremment à un ou à
deux chevaux; mais quel qu'il fût, « sa marche est
si rapide, dit le *Journal de Paris* en 1785, qu'il
arrive sur les pauvres passants comme la foudre. »

On propose d'attacher une sonnette retentissante
au cheval « qui conduit, ou mieux qui emporte, ces
voitures, » auxquelles les propriétaires seraient
tenus de clouer une plaque portant leur nom et
adresse en gros caractères. Contre ces propriétaires
l'opinion est très montée : « On a purgé la ville
d'assassins, écrivait Mercier : l'assassinat commis
par un homme monté sur un haut cabriolet diffère-
t-il d'un coup de poignard? Le poignard est plus
doux que les roues dentelées d'une voiture qui vous
laisse quelquefois un reste de vie pour souffrir des
siècles ! »

Dès 1789, les protestations affluèrent à l'Assemblée Nationale contre ces voitures « que la noblesse
fabrique pour insulter à l'indigence et à l'honnête
médiocrité. » La Convention, en 1793, « purifia les
Petites-Ecuries du ci-devant tyran » en dépeçant ses
carrosses et aussi ses traîneaux, « qui représentaient
des lions, des tigres, des léopards, des aigles, effigie
du caractère de ceux qui se livraient à ces délasse-
ments d'une Cour corrompue. » Mais la Révolution
ne put abolir les cabriolets; Mercier le constate en
1799 : « Depuis que le peuple est souverain il est
bien inconcevable qu'il se laisse écraser comme sous
l'ancien régime. » Les motions faites au Conseil des
Cinq-Cents, où se posait la question de savoir si,

« dans un Etat où règne l'égalité, il doit être permis
d'avoir des voitures autres que celles nécessaires au
service public; » les plaintes « contre le danger journalier de ces chars brillants où se pavanent nos
parvenus » (1798) furent impuissantes contre le goût
de la vitesse, tandis que le goût de la représenta-
tion alla décroissant, *comme il faisait déjà sous la
monarchie.*

Le siège du cocher était encore, sous le Consulat,
ce large canapé à franges que, seules, ont conservé
les berlines des pompes funèbres, mais l'automédon
avait cessé de porter perruque. Les voitures nouvelles continuaient à être capitonnées au dedans de
soie et de velours, mais elles n'apparaissaient plus au
dehors avec le train et les roues dorés, avec les panneaux « vernis par M. Martin » et ses émules ou artisti-
quement décorés de « figures peintes d'après M. Boucher, » comme les berlingots de Louis XV beaucoup
plus coûteux que les grands carrosses du xvii<sup>e</sup> siècle.

Ceux-ci n'avaient guère dépassé 7.000 francs chez
les personnages fastueux et leur prix ordinaire était
de 3 à 4.000 francs; à peine la reine en eut-elle un de
12.000 francs avec rideaux de gros de Naples rebordés
à deux envers. ses autres carrosses valaient de 8.000
à 2.400 francs. Cent ans plus tard, un carrosse de
mariage tel que celui du duc d'Havré (1764), revient
à 22.000 francs. un vis-à-vis de gala coûte presque
autant et une chaise de poste élégante 9.500. Il est
vrai que les voitures d'occasion pullulent; les journaux, les *Petites-Affiches* annoncent chaque jour des
calèches, des diligences anglaises et des berlines de
voyage « à leurs premières roues, » c'est-à-dire voisines du neuf, pour un millier de francs, prix auquel
le duc de La Trémoille vendait un vieux carrosse à
son intendant.

Ce qu'on ne voyait plus à la fin du xviii<sup>e</sup> siècle, dans les rues de Paris, c'étaient les « coureurs », les deux laquais lestement vêtus, habiles à trotter en précédant les chevaux au bord du ruisseau, sans salir leurs souliers plats et leurs bas blancs. M<sup>me</sup> de Pompadour avait sans doute dépensé plus que M<sup>me</sup> de Montespan, mais elle ne se déplaçait pas comme cette dernière dans une calèche à 8 chevaux, suivie d'un carrosse occupé par six filles, de deux fourgons, 14 mulets et 10 à 12 cavaliers sans compter les officiers de sa maison.

Eux-mêmes ces seigneurs et dames du xvii<sup>e</sup> siècle quelque « magnifiques »  qu'ils se crussent, ignoraient les débauches de luxe du Moyen Age en fait de harnachement, si oubliées en notre âge de taxi-autos sans façon, qu'elles semblent invraisemblables, bien qu'elles se soient maintenues parmi les civilisations primitives de l'Orient. Les « petits-maîtres » de 1780 qui se contentaient pour leurs chevaux de chaise, de couvertures brodées et voyantes ; les marquis et les financiers de la Régence qui payaient 1.000 francs un harnais de carrosse, plus 175 francs pour la dorure, 150 francs pour le caparaçon et les cocardes et 90 francs pour les deux aigrettes, avaient oublié, eux qui n'habillaient plus leurs chevaux qu'à l'occasion d'un grand deuil — de tristes draperies noires croisées de blanc, — les pompes éclatantes du costume hippique de jadis : les housses de drap d'or ou de fine tapisserie, semées de rubis et de perles, fourrées de martre zibeline. Les panaches de 500 francs de plumes n'étaient, en 1450, qu'un modeste accessoire. Un cheval pouvait au xv<sup>e</sup> siècle porter une fortune : celui du comte de Foix, à son entrée dans Bayonne lors de la reprise de la Guyenne sur les Anglais, avait un chanfrein revêtu d'or et de pierreries d'une valeur de 550.000 francs — (15.000 écus); — sa couverture offerte à l'église cathédrale pour y être transformée en chappes était prisée 14.500 francs.

Les chevaliers opulents usaient pour la chasse et le voyage de « chétives selles » de 100 francs ; mais les contemporains de Louis XV n'en avaient jamais de plus coûteuses, tandis que les contemporains de saint Louis ou de Charles VII possédaient des selles de 2.000 et 3.000 francs, décorées de peintures et chargées d'orfrois. Le cuir n'en était pas cher : une selle de moine en 1480 coutait 65 francs, une selle de paysan en coûtait 24 ; dans le prix de 2.960 francs payé pour l'accoutrement de cérémonie d'une haquenée de grande dame (1517), le cuir du harnais valait 100 francs, mais les boucles et le mors doré en valaient 250, la soie de la housse 350 et le fil d'or de Chypre 1810.

Ainsi parée, cette haquenée devenait une chose belle et rare, son passage impressionnait la foule dont l'émerveillement était sans fiel. Le carrosse hérita de ce prestige : s'arrête-t-il à la porte d'une femme de ville ; « à peine elle entend son bruissement, dit La Bruyère, qu'elle pétille de goût et de complaisance pour quiconque est dedans... On lui tient compte des doubles soupentes et des ressorts qui le font rouler plus mollement. » Le budget de la vanité était autrefois plus largement doté que de nos jours et l'écurie y tenait une grande place. La plus grande jouissance du riche consistait à montrer sa richesse.

Mais ces jouissances extérieures, tirées de l'admiration d'autrui, créaient, pour bizarre que cela semble, une sorte de lien social entre les ambitieux du « paraître », figurants volontaires du luxe, et le public satisfait de la peine qu'ils se donnaient pour l'ébahir. Il entre plus de vraie sensualité et plus d'égoïsme aussi dans les jouissances contemporaines, positives et personnelles; mais de ces jouissances, en fait de locomotion, le peuple entier a sa part. Le progrès en a banni la beauté, mais il en a généralisé le charme. La carriole du paysan, la bicyclette, l'autobus ou le métro du citadin ne sont pas esthétiquement inférieurs à l'automobile d'un millionnaire, et ils sont à la portée de toutes les bourses. Cependant la « 50 chevaux » de grande marque, qui n'éblouit personne, suscite autour d'elle plus d'aigreur que naguère le carrosse doré.

Supposez pourtant qu'un romancier, vers la fin du règne de Louis XVI, ait dévoilé sous forme de fiction à la masse rationnée et agenouillée de l'ancien régime, tout ce que le siècle futur lui ménageait de bien-être et de dignité, et qu'il ait montré dans ce même livre comment les hommes de cet âge béni ne se verraient pas plus heureux; certainement on eût regardé ses imaginations comme des rêves et ses conclusions comme un sot pessimisme. On n'eût ajouté foi ni aux oracles miraculeux de ce devin, ni aux résultats maussades qu'il prédisait. Pourtant les uns et les autres se sont réalisés.

Par ce qui s'est passé hier nous pouvons augurer ce qui se passera demain. On changera nos costumes, on ne changera point nos figures. On pourra améliorer dix fois plus qu'on ne l'a fait la condition de la majorité des hommes; nos fils ne seront pas plus satisfaits par là que ne le sont nos contemporains. On peut tout nous promettre, on peut tenir tout ce qu'on nous promettra, nous pouvons tout attendre sauf le bonheur. Le bonheur, s'il est vrai, comme dit la sagesse antique, que « chacun le porte en soi », chez qui se plait à l'en faire sortir, il n'est au pouvoir de personne de le faire rentrer.

Les bonnes fées réunies pour doter le XIX$^e$ siècle à son aurore l'avaient gratifié des biens les plus précieux dans le domaine matériel comme dans le domaine moral. La mauvaise fée, celle que l'on oublie toujours d'inviter et qui se venge, survint à son tour et dit à ce siècle : « Tu auras tout cela, mais tu ne sauras pas en jouir. » Les fruits de l' « arbre de Science » sont-ils donc faits, comme dans le paradis terrestre, pour donner la mort, pour tuer les joies qu'ils procurent, en empêchant de les ressentir et en ne laissant que le sentiment de la privation?

# CHAPITRE XIII

## L'Évolution des dépenses privées[1].

Dépenses anciennes disparues, diminuées ou augmentées, soit en quantité, soit en prix. — Conséquences diverses de ces transformations suivant les classes sociales. — Les révolutions politiques n'y ont joué aucun rôle. — Le luxe féodal était souvent de réelle nécessité bien que superflu au premier abord. — Trois bahuts et trente épées. — Besoins devenus luxes, ou inversement, depuis cinq siècles. — Résultat positif du progrès pour le riche et pour le peuple. — En quoi consiste le nivellement. — Le peuple a acquis plus de vrai bien-être que le riche. — Quel emploi fera désormais le riche de son superflu? — L'extrême supériorité d'argent ne donne plus des « commodités », ni des « beautés », mais seulement des « raretés ». — Comment le temps présent a-t-il révolutionné la vie? — Les bienfaiteurs effectifs de l'humanité ne sont pas les organisateurs de bonté mais les entraîneurs de travail.

Si les besoins de l'homme sont, hélas! tristement compressibles dans la misère, ils sont naturellement extensibles dans l'aisance. De sorte que personne n'a jamais pu ni ne pourra dire ce que c'est qu'une

1. Plusieurs des pages qui vont suivre étaient destinées à ce volume, dont elles forment la conclusion naturelle, lorsque parurent mes *Découvertes d'histoire sociale*, où M. le D<sup>r</sup> Gustave Le Bon me pria de les publier, en forme d'appendice. Cependant, quoiqu'elles ne soient plus inédites, le lecteur voudra bien ne pas trouver mauvais que je les reproduise ici, où elles sont indispensables.

« dépense de luxe ». On ne saurait pas définir le « luxe » *en lui-même*, il n'existe que par rapport aux autres objets, aux milieux et aux circonstances : une côtelette ou un fromage étaient de grand luxe à Paris, à la fin du siège de 1871. Qualifierons-nous « luxueux » ce qui est inutile? Encore faudrait-il savoir ce qui est « utile », ce qui même est « indispensable ». Une fourchette, un mouchoir, sont-ce des objets de luxe? Un miroir, une bicyclette, sont-ce des objets indispensables? Hier, du pain blanc et des vitres aux fenêtres étaient un luxe aux yeux du même paysan pour qui sa carriole attelée d'un cheval est aujourd'hui une chose de première nécessité.

Rien ne s'oppose à ce que beaucoup de « luxes » actuels deviennent des « besoins » dans l'avenir; ni d'ailleurs à ce que, par une marche inverse des prix, des « besoins » usuels et communs naguère soient promus au rang de « luxes ». On en vit un exemple au xvi^e siècle lorsque l'enchérissement de la viande força les classes populaires à y renoncer. La multiplicité des domestiques au xvii^e siècle, où les gages d'un laquais ne dépassaient pas 300 francs par an, correspondait à une moindre opulence que de nos jours; et les perles fines n'étaient pas, au xiv^e siècle, une parure inaccessible aux classes moyennes, lorsque les grosses perles d'Orient coûtaient 70 francs et les petites 6 à 7 francs[1]. La possession d'une tapisserie ancienne des Gobelins n'était pas, au début du règne de Napoléon III, l'apanage des fortunes exceptionnelles, lorsque les mêmes, qui se payent maintenant 200.000 ou 300.000 francs la pièce, se vendaient 400 et 500 fr.

1. En monnaie actuelle, comme tous les autres prix. Voyez la note de la page 18.

aux environs de 1850. Les tapis persans, assez répandus parmi notre bourgeoisie contemporaine, lui échapperaient aussi le jour où les femmes de Perse, émancipées, cesseraient de travailler pour 0 fr. 20 par jour.

De quelque marchandise qu'il s'agisse, la baisse ou la hausse de son prix a cette conséquence de la déclasser, de la transférer de la catégorie somptueuse ou superflue à la catégorie usuelle, et réciproquement. Ces catégories n'ont donc rien de fixe, et les déclassements ne s'opèrent pas toujours dans le même sens.

Nous assistons depuis soixante-dix ans à un développement inouï de l'aisance; il n'en faudrait pas conclure que c'est là un phénomène naturel et quasi fatal de la civilisation, comme aux rosiers chaque printemps fleurissent des roses. Loin que les « progrès » poussent tout seuls, il faut que la Science les enfante un par un dans la peine. Tarde-t-elle à les réussir, à les imposer, le cours normal de la vie peut parfaitement appauvrir des populations, même libres et éclairées, mais grossissantes. On pouvait signaler vers 1830, comme un fait *évident*, que « l'artisan, à mesure que nous avançons, tire un moindre parti de son travail »; parce qu'en effet, si l'on comparait les salaires et les consommations de 1810, 1800 ou même 1790 à ce qu'ils étaient dans les premières années du règne de Louis-Philippe, on constatait que, d'une époque à l'autre, le prix de la vie avait haussé plus que le taux des salaires. Sous l'influence d'un phénomène inverse, la vie populaire s'est transformée.

« Que faut-il à un nègre du Soudan, disait-on, il n'a pas de besoins; qu'on lui donne une chemise, il ne souhaitera rien de plus. — Vous vous trompez, répondait un fin psychologue, lorsqu'il aura une chemise, il voudra faire faire sa photographie. » L'emploi que font les « besogneux » de l'Europe de leurs nouvelles disponibilités n'est pas toujours le plus judicieux : au lieu de faire faire leur photographie, ils s'alcoolisent. Ils ressemblent à ce berger de jadis qui disait en pataugeant dans la boue : « Si je suis jamais roi, je garderai mes brebis à cheval ». A la création d'un petit pécule ou d'une vie plus douce, beaucoup préfèrent l'indigence avec l'eau-de-vie à discrétion; ils « gardent leurs brebis à cheval ». Le bien-être cependant a fait son chemin; il a pénétré peu à peu des couches de plus en plus profondes qui, baignées dans cette ambiance, ne se doutent pas de leur luxe lorsqu'elles « mangent figues et dattes », ce dessert de richard au temps du poète Villon, et lorsqu'elles achètent une montre d'argent ou d'or.

Que fera donc le riche, maintenant que ce bijou, ayant cessé d'être précieux, est souvent remplacé dans son gousset par une montre d'acier bruni? Que fera ce riche actuel, à la fois plus garni d'argent que ses devanciers, et libéré d'une partie de ses charges par la baisse de prix de ses anciennes dépenses vulgarisées?

Pour toutes les classes sociales, en effet, la *nature* des divers besoins a beaucoup varié, en même temps que leur *importance respective* dans le budget se modifiait sous mille influences. Beaucoup de dépenses anciennes ont disparu, d'autres ont diminué ou augmenté, soit en *quantité*, soit en *prix*, enfin de nouvelles dépenses ont surgi. L'on conçoit aisément que l'effet de ces changements n'était pas du tout le même pour toutes les bourses; la situation pécuniaire de tel ou tel groupe se ressentait plus ou moins de la suppression, de la réduction, de l'accroissement de telle ou telle dépense, *à proportion* de la place que cette dépense tenait précédemment dans son budget.

Dans les comptes de ménage aussi, beaucoup de chapitres se sont transformés soit qu'ils répondissent aux *mêmes* besoins sous des noms *différents*, soit que les mêmes noms fussent donnés à des objets *différents* par leur substance. Lorsqu'on s'applique seulement à comparer le coût de la vie à diverses époques pour en déduire le pouvoir d'achat de l'argent, on est bien forcé de suivre à travers les âges des marchandises identiques et, tout en attribuant à chacune — laine ou froment, bois ou chandelle, — une part correspondant à la place effective qu'elle occupe dans la vie du commun des hommes, on est tenu de maintenir cette part invariable au long des siècles.

Mais en réalité le *rôle* de chaque comestible, de chaque combustible, de chaque tissu et de presque tous les objets que l'on appelle « nécessaires » a varié considérablement selon les mœurs, les goûts, les conditions économiques, et surtout suivant les découvertes de la science. Et il n'est d'aucune conséquence que le prix des choses dont on ne fait plus ou presque plus usage ait haussé ou baissé; tandis qu'il est de grande conséquence que des matières nouvelles ou des systèmes nouveaux aient été créés, procurant, à très bon marché parfois, des jouissances jadis onéreuses.

Or, ces révolutions ont été si nombreuses de nos jours que nous ne mangeons, nous ne buvons presque plus rien de ce que mangeaient et buvaient nos pères; l'histoire des denrées vient de nous l'apprendre. Et non seulement l'alimentation, mais l'habillement, l'ameublement, le logis, l'éclairage et le chauffage, pour ne parler que des besoins principaux, ont été renouvelés de fond en comble. De sorte que la vie matérielle des Français du Moyen Age ou de la Renaissance n'est guère semblable à celle des Français de 1789, et que celle-là même n'est en rien comparable à la vie des Français actuels.

La transformation dans ce domaine est bien postérieure à la Révolution politique. Elle n'a même aucun rapport avec cette Révolution. Des faits incroyables s'étaient accomplis, la face du monde avait changé, la France s'était affranchie de routines séculaires, l'ancien moule social s'était brisé; nos armées victorieuses avaient bouleversé la vieille Europe, par leurs idées plus encore que par leurs sabres; mais, comme durant la première moitié du xixᵉ siècle les nouveautés scientifiques étaient demeurées nulles ou sommeillaient inappliquées, le bien-être de la masse française depuis la chute de l'ancien régime ne se trouvait nullement augmenté.

« Pourquoi es-tu triste, riche duc? dit la chanson de Garin au xiiᵉ siècle. Tu as de l'or et des fourrures en tes coffres, des faucons sur les perches, des palefrois, des mulets, des roussins, et tu as battu tes ennemis. Tous tes vassaux sont prêts à marcher pour te servir. » Parmi les dépenses *disparues*, la plus notable est celle des frais militaires; chaque particulier au Moyen Age avait son « budget de la guerre », autant que ses moyens lui permettaient de se l'offrir.

La sécurité des personnes et des choses, ce bien aujourd'hui commun et banal, était un luxe *privé* : donjons et forteresses, armes offensives et défensives, poudre, canons et coulevrines, gages de soldats et de capitaines ne figurent plus dans les comptes des millionnaires de notre république; et l'on n'y rencontre pas davantage les traitements des chevaucheurs et « messagers de pied », les appointements des fonctionnaires de leur fief, juges et baillis seigneuriaux, de leurs jongleurs et ménestrels, de leurs « physiciens », — médecins, — à demeure, et de leurs fauconniers. Ils ne s'habillent plus en cérémonie d'étoffes d'or et, lors des épousailles « en grand triomphe », les riches mariées ne revêtent plus ces robes chamarrées de pierres précieuses, terribles harnais si couverts d'orfèvrerie qu'on n'eût su dire de quelle couleur était le tissu.

Ils ne tiennent plus table ouverte, leurs châteaux ne sont plus peuplés d'un domestique innombrable et leurs écuries n'abritent plus un escadron de chevaux et de mulets. Ils ne possèdent plus de meubles d'argent massif; leurs revenus, encaissés sans effort, n'exigent plus de débours onéreux pour les frais de recouvrement et la « voiture » des espèces; s'ils empruntent, ils ne sont plus grevés d'intérêts exorbitants et n'ont plus à soutenir, pour conserver leur propriété, des procès perpétuels dont les débours constituaient une charge onéreuse et à peu près inévitable.

Car beaucoup d'anciennes dépenses, qui semblent au premier abord de pur luxe ou de superfluité, étaient au fond de nécessité réelle : le train militaire était indispensable à qui voulait faire respecter ses biens et sa personne. C'est pourquoi l'on voit si souvent, dans les anciens inventaires de mobiliers, plus de cuirasses que de matelas et plus d'arquebuses que de fauteuils; tout au contraire de nos jours, où les panoplies sont pour la parure et les fusils pour le divertissement. Dans ce même manoir qui contenait trois bahuts et trente épées, il y a maintenant

trente armoires et il n'y a peut-être pas une épée.
Naguère on se fût passé d'un valet de chambre,
mais non d'un écuyer.

La profusion des bêtes de selle et de trait n'était
pas davantage une fantaisie : sans parler des chevaux d'armes, — le destrier était un besoin plus
pressant au xiv$^e$ siècle que l'automobile au xx$^e$, —
il fallait, au moindre déplacement, nombre de palefrois, bidets, roussins et sommiers, pour transporter
une famille avec ses multiples bagages, puisque l'on
n'était assuré de trouver en aucun gite autre chose
que ce que l'on y apportait. Et pour trainer, sur les
mauvaises pistes qu'on appelait des chemins, ces
superbes voitures de blanchisseur qu'étaient les
chars féodaux, il fallait atteler à chacune quatre,
six et huit chevaux.

Les lourds joyaux d'or et d'argent, c'était la réserve
monétaire, la seule que l'on eût toujours sous la
main, pour gager un emprunt urgent ou effectuer
une dépense imprévue. Ils représentaient nos titres
au porteur et nos dépôts dans une banque de crédit.
L'entretien de messagers à domicile, c'était le seul
moyen de correspondre; la seule chance d'être
soigné ou diverti, c'était d'avoir son médecin ou son
ménestrel; et la possession de vaisselle d'argent
garantissait seule des assiettes propres, comme celle
des fourrures pendant le jour et des tapisseries
autour du lit durant la nuit préservait seule du
froid et des courants d'air.

La plupart des luxes vraiment inutiles, enlumi-
nures de manuscrits, achat ou élevage de faucons
pour la chasse et, dans des siècles plus rapprochés
de nous, les objets d'art, peinture ou sculpture,
coûtaient relativement très bon marché. Ce n'était
rien, comparé aux luxes actuels correspondants. Les

seules dépenses antiques qui n'aient pas d'analogues aujourd'hui étaient la somptuosité du vêtement masculin, et surtout la table, repues franches, ripailles solennelles où, plusieurs jours durant, des centaines de convives engloutissaient sans trêve; usage conservé aux noces campagnardes longtemps après son abandon par les seigneurs et les bourgeois.

Ces dépenses disparues ont été remplacées par d'autres, que le riche a partagées avec la masse de la nation : aux frais de garde et de sûreté personnelle a été substitué l'impôt. Et l'impôt n'a pas seulement payé une armée et une police collective; il a procuré à tous des biens que l'ancien riche ne pouvait obtenir avec sa fortune : des routes et des ponts, des rues hygiéniques et bien tenues, pavées, balayées, arrosées, éclairées, coupées de voies spacieuses pour l'agrément des riverains autant que pour la commodité des passants. Jusqu'au xviii<sup>e</sup> siècle, qui n'avait pas le moyen de bâtir « entre cour et jardin », pour soi seul, devait se résigner à vivre sans air et sans soleil au long de ruelles étroites et malpropres.

La satisfaction de ces besoins et de plusieurs autres par l'impôt fut un progrès *économique* autant que politique; il ne suffisait pas que l'Etat fût assez organisé pour exiger de chacun des contributions proportionnelles, voire progressives; il fallait que les contribuables devinssent *assez riches pour les payer*. Notre fiscalité contemporaine, appliquée par Charles le Sage ou par Louis XIV, n'aurait pas rapporté grand'chose.

Aux messagers et courriers privés ont succédé les postes, le télégraphe et le téléphone; les jongleurs et musiciens du château, les conteurs ambulants sont représentés, suivant la fortune de chacun, par une loge à l'Opéra, un fauteuil d'orchestre, une entrée de café-concert ou les feuilletons du journal à un sou. Les physiciens domestiques, apanage de quelques privilégiés, ont été supplantés par des médecins et chirurgiens indépendants, vingt-cinq fois plus nombreux et accessibles à tous, quoique spécialisés par leurs études ou hiérarchisés par le talent.

Quel a donc été le résultat positif du progrès matériel pour le riche et pour le peuple? Quelle est de nos jour leur situation respective, par rapport à ce qu'elle était dans les siècles précédents? Et comment s'est effectué ce nivellement graduel des « jouissances », parallèle et simultané à l'inégalité croissante des « fortunes »? Car un double phénomène s'est produit : augmentation du chiffre des richesses, réduction de prix des dépenses. Les découvertes de la science, appliquées par l'industrie, ont bouleversé le rapport des choses et leur valeur, aussi bien pour des objets dits « superflus » que pour des objets dits « nécessaires ». Il advient, par suite, que le riche a beau être plus riche, il n'y a guère de jouissances dont il ait le monopole et, quoique la distance ait grandi entre un multi-millionnaire et un terrassier, si l'on ne regarde que la somme d'argent qu'ils possèdent l'un et l'autre, cette distance a diminué si l'on envisage les conditions de leur vie. L'écart pécuniaire est plus grand, l'écart usuel et réel est plus petit.

La fortune, incapable de donner la santé ou l'intelligence, ou la beauté, ou la gloire, donnait sous l'ancien régime le rang et la puissance, à tout le moins l'honneur et la considération. Désormais, l'opinion en interdit l'étalage; le train extérieur est passé de mode dans nos cités; les pompes nup-

tiales y seraient ridicules et voici que les pompes
funéraires deviennent déplacées. Les piétons, écla-
boussés et respectueux devant les anciens carrosses
à chevaux, regardent d'un œil sourcilleux les nouveaux carrosses à pétrole, et seul un autobus peut
écraser quelqu'un impunément. Parmi les manifes-
tations antiques de la richesse, beaucoup flattaient
seulement la vanité ; à ce titre, elles n'étaient par-
faites qu'à la condition d'être publiques et mon-
trables. Ces jouissances disparaissent ou s'atténuent
fort dès qu'on cesse de les afficher et qu'il les faut
goûter à huis-clos.

Puisqu'il n'en a plus d'autres, le riche devra s'en
contenter : il y voyait clair avec ses deux lampes
Carcel et son lustre de vingt-cinq bougies de stéa-
rine, il y verra plus clair avec cinquante lampes
électriques dont chacune a l'intensité de vingt bougies. Il avait des assiettes et des couverts d'argent,
mais en petit nombre et il n'en changeait pas à
chaque plat ; son argenterie sera plus abondante, ses
porcelaines et ses cristaux fragiles exigeront plus de
frais annuels qu'une inusable vaisselle plate, Le
loyer de son appartement, dans un quartier élégant
de Paris, viendra s'ajouter à l'achat et à l'entretien
d'une maison de campagne.

S'il voyage, ce ne sera plus à la distance de
20 lieues, mais à 200 ou à 1.000, et ces déplace-
ments, jadis rares, se renouvelleront plusieurs fois
par an. La toilette de Monsieur coûtera moins qu'il
y a deux siècles ; mais, si Madame est coquette et se
sert des grands faiseurs, elle se chargera de doubler en définitive le chapitre consacré à l'habillement par le ménage. Si ce ménage est fastueux pour
sa table, s'il s'y fait servir des asperges en janvier
à 40 francs la botte ou des vins de premiers crus

à 1.000 francs la pièce, s'il veut y voir des orchidées
rares, renouvelées en permanence, il peut égaler
avec peu de convives la dépense des tables d'autrefois avec leurs amas de chairs alignées dans de multiples bassins. Si l'un des membres de la famille est
malade ou doit subir une opération, et que l'on ait
recours aux soins des praticiens les plus en renom,
les honoraires seront dix ou vingt fois plus hauts que
ceux dont se contentaient les médecins et chirurgiens du passé.

Telles seront, avec beaucoup d'autres, les nouvelles manières pour le riche de dépenser son superflu. Quelle en est, je ne dis pas l'utilité, mais simplement le charme positif? Qui ne voit combien il
est réduit, et combien les jouissances sont vaines
pour ces quelques milliers de privilégiés. Ils ne sont
pas davantage, en effet, puisque les divers luxes que
nous esquissons ici ne sauraient être l'apanage de
la plupart des 85.000 familles françaises qui disposent de 10.000 à 20.000 francs par an et qu'une
partie seulement des 77.000 familles qui ont plus
de 20.000 francs de revenu peuvent se payer quelques-unes de ces fantaisies.

Et la preuve que ces fantaisies n'ont pas en elles-
mêmes grand attrait et que la bourgeoisie, riche ou
aisée, capable de se les offrir, ne s'en soucie pas,
c'est qu'elle se plait davantage à faire des économies.
Il est vrai qu'en agissant ainsi elle grossit sa fortune
et s'éloigne, pécuniairement, du peuple dont hier
elle est issue. Mais qu'importe une inégalité d'argent qui n'engendre plus une inégalité de réelles
jouissances ?

Montez plus haut, en effet, jusqu'aux 5.000 budgets privés de 100.000 à 200.000 francs ; allez jusqu'au
sommet de la pyramide des revenus combinés du

capital et du travail, où figurent 1.100 budgets supérieurs à 200.000 francs et vous verrez combien plus conventionnel encore et de pure imagination est le luxe où doit se cantonner ce petit groupe d' « heureux » enviés. Les édits somptuaires que la monarchie promulguait assez naïvement, de loin en loin, « pour la réforme des dépenses superflues dans les maisons particulières du royaume, trains, tables, habillements, meubles et jeux, où se glissent les abus et désordres », auraient plus ample matière à fulminer contre les superfluités contemporaines.

Pourtant les censeurs royaux ne pourraient reprocher aux seigneurs de notre république de se ruiner par leur gaspillage comme il arrivait à maints citoyens de l'ancien régime. Le cas est rare présentement; ce sont les spéculations malheureuses et le morcellement après décès qui se chargent de faire fondre les plus gros lingots. Qu'ils résistent plus ou moins ou soient remplacés par d'autres de formation nouvelle, leurs propriétaires, pour les employer, se réfugient dans des Fragonards ou dans des Gainsboroughs à 400.000 francs, dans des tentures des Gobelins à 300.000 francs, dans des yachts de grand tonnage aussi rapides que des paquebots, dans des chasses où 6.000 faisans sont abattus en un jour, dans des écuries de courses peuplées de 200 ou 300 chevaux à l'entraînement, ou dans un boudoir dont l'entretien peut n'être pas moins dispendieux que celui du gibier ou des purs-sangs.

Pour conquérir et conserver un siège au Parlement, celui-ci répandra ses largesses périodiques sur des milliers d'électeurs; pour régner dans la société d'un pays aristocratique, celui-là subventionnera l'héritier du trône par des prêts remboursables en politesses. D'autres seront collectionneurs et le

champ alors sera sans limites : qu'il s'agisse de
camées ou de médailles, de reliures ou de bibelots,
de bronzes ou de porcelaines, on pourra faire tenir
des millions dans l'espace étroit de quelques vitrines.
Et si, par une aventure plus fréquente qu'on ne
croit, le richissime n'a aucun de ces goûts laborieux, s'il n'est ni sportsman, ni artiste, ni même
vaniteux ; si c'est un homme qui voit trop le néant
des choses et qui ne sait ou ne veut pas se donner
« la peine de jouir » de sa fortune, il est obligé de
l'accumuler jusqu'à ce qu'un partage la dépèce ou
qu'un maladroit la dissipe. L'hyperopulence lui
devient de nul prix, non qu'il la dédaigne, mais il
ne la « sent » plus.

Quelque parti que prenne cette élite, sa capacité de
consommation, pour énorme qu'elle soit est sans
intérêt parce que son objet est illusoire. Cette
extrême supériorité d'argent ne donne plus ni des
« commodités », ni même des « beautés », mais seulement des « raretés ». Elle ne donne pas les plus
belles choses, mais seulement les plus chères : les
portraits de l'école française du xviii° siècle n'étaient
ni plus ni moins beaux il y a soixante-dix ans, lorsqu'ils se vendaient à vil prix, qu'aujourd'hui où
leur vogue surpasse celle de toutes les autres
peintures.

De ce qu'un Crésus actuel alloue à son jardinier-
chef le double du traitement de 12.000 francs que
Louis XIV donnait à la Quintinie, il ne s'ensuit pas
que l'horticulteur du xx° siècle soit plus savant ou
plus habile. De ce que les meubles payés à André-
Charles Boulle par le grand Roi, pour Versailles ou
Trianon, n'aient jamais dépassé 5.000 à 6.000 francs,
tandis qu'une de ces mêmes commodes authentiques
peut se vendre aujourd'hui cent fois plus, on n'en

saurait conclure que le mérite de ces marqueteries ou de ces bronzes ait centuplé, mais seulement que le très grand luxe moderne a la « rareté » pour objectif, *parce qu'il ne peut plus en avoir d'autres.*

Dans une salle du musée Wallace, à Londres, se voient deux bureaux : l'un est la copie de celui de Riesener au Louvre, c'est une œuvre superbe, exécutée en 1878; l'autre est une table Louis XV assez ordinaire, mais ancienne ou supposée telle. Si demain ces deux bureaux étaient mis en vente, les amateurs mépriseraient le premier et s'arracheraient le second à prix d'or. Cette différence de traitement concrète la protestation du luxe actuel contre la jouissance démocratisée. Cette recherche forcenée de l' « unique » est un sentiment que nos pères n'ont pas connu, parce qu'ils n'étaient pas guettés comme nous par la reproduction et l'imitation.

Pourrait-on nier cependant le nivellement social des jouissances, parce qu'il continue d'exister une vingtaine de gens qui ont un yacht, une grande chasse ou une galerie de tableaux? Faut-il, pour que les Français soient heureux, qu'ils détiennent *tous* le meuble *unique*, ou qu'on brise ce meuble puisque tout le monde ne peut l'avoir?

L'écart, disent les « égalophiles », n'a pas diminué entre les plus pauvres et les plus riches, il s'est tout au contraire accru; et il importe peu que les pauvres soient moins pauvres, si les riches sont plus riches. « La situation *absolue* de la classe ouvrière ne signifie rien, disent Lassalle et ses disciples; la seule qu'il faille envisager, c'est sa situation *relative* par rapport aux autres classes, dans le temps où vous vivez ». Il est clair que la distance est beaucoup moindre « entre les classes » chez les sauvages du centre de l'Afrique et du Brésil, que chez les

Français ou les Anglais. On n'oserait dire que ces peuplades sont dans une situation socialement supérieure à la nôtre, mais peut-être préférerait-on que la généralité des hommes fût plus misérable, à condition qu'il y eût moins de différence entre eux.

Jusqu'à ce que cette égalité soit parfaitement établie, on affirme que les Français demeureront divisés en « classes » et que ces classes lutteront pour arriver à ce que tous les citoyens puissent mettre une pareille quantité de viande dans leur pot-au-feu. Chacun convient qu'ils en peuvent mettre davantage qu'il y a cent ans ; mais si les recettes de la masse populaire ont augmenté deux fois plus que le prix de la vie, les revenus des bourgeois aisés ont augmenté trois ou quatre fois plus et ceux d'un petit groupe de richissimes ont augmenté six et huit fois davantage.

Le riche semble doublement enrichi, si l'on veut, puisque son budget est plus gros et que sa vie est moins chère ; mais la diminution du prix de sa vie le touche peu, elle ne lui procure pas de plaisirs positifs, elle le libère seulemenet d'une partie de ses charges. Et l'accroissement de sa richesse le touche également peu, puisqu'il n'en a pas l'emploi nécessaire et qu'il se crée pour l'employer de nouveaux besoins, de nouvelles dépenses, de moins en moins utiles, et, pour les richissimes, tout à fait artificielles. On peut dire qu'en beaucoup de cas *l'ancien « luxe » du riche était jadis un « besoin », et que les nouveaux « besoins » du peuple sont des « luxes »*. Ce sont les luxes anciens du riche et même des luxes que le riche ancien n'avait pas.

Le nivellement consiste donc en ceci : que le peuple a acquis plus de vrai bien-être, plus de luxe utile que le riche. La richesse a moins de jouissances véritables par-dessus la médiocrité, qui lui ravit ses anciens privilèges. La foule les possède désormais avec très peu d'argent, ce peu que le commun des hommes obtient aisément par son travail. Et l'argent, pour donner quelque chose, en est réduit à donner des biens de plus en plus factices.

Douterait-on de ce rapprochement des classes et de la différence, moindre que naguère, qui existe entre l'élite et la masse ? Il suffit, pour s'en convaincre, de les regarder vivre aux temps passés et actuels, de voir comment l'une et l'autre étaient nourries, vêtues, meublées, éclairées, chauffées, logées, transportées, diverties ou soignées, et comment elles le sont aujourd'hui. Il y a moins de différence entre un homme qui mange des truffes ou du raisin à 5 francs la livre et un homme qui mange de la charcuterie et une orange de deux sous, qu'entre ce dernier et un homme qui mange du pain sec ; il y en a moins encore entre ceux-ci qu'entre l'homme qui mange à son appétit et celui qui souffre de la faim.

Il y avait plus de différence entre le paysan éclairé d'une chandelle de résine et le seigneur éclairé par des bougies de cire, qu'il n'y en a entre un ouvrier éclairé au pétrole et un bourgeois éclairé à l'électricité. Ou, si l'on veut, il importe peu d'avoir vingt lampes ou d'en avoir une ; mais il importe beaucoup d'avoir une lampe ou d'être dans l'obscurité. Il importe également peu d'avoir des costumes garnis de point d'Alençon et créés par le grand couturier, ou seulement une robe de soie tramée coton et brodée à la machine, venant du magasin de confection ; mais il importe beaucoup d'avoir une toilette élégante à bas prix ou de s'en passer.

L'écuelle de terraille ou de bois graisseux, dans

laquelle mangeaient les pauvres gens des siècles
passés, ressemblait plutôt à l'auge de leurs bestiaux qu'à l'assiette d'argent ou même d'étain des
classes supérieures. Mais aujourd'hui l'assiette de
faïence à 0 fr. 15 des tables les plus modestes diffère
peu d'aspect et nullement de propreté de l'assiette
de porcelaine la plus chère. Des murs lambrissés de
papier peint à 0 fr. 50 le rouleau et ornés de chromos
encadrés sont moins opulents que des panneaux
tendus de soie et décorés de tableaux de maîtres;
mais ils s'en rapprochent beaucoup plus que jadis
une boiserie sculptée ou une tenture de cuir doré
d'une muraille nue, crépie à la chaux.

Entre l'individu qui disposait de messagers privés
ou qui, depuis l'invention des postes, payait un port
de lettres aussi cher qu'une journée de travail, et
l'individu à qui ses ressources interdisaient tout
espoir de correspondre au loin avec un parent, il y
avait un abîme. Maintenant, la conversation télépho-
nique du premier n'est séparée du pli affranchi à
0 fr. 10 par le second que par une simple nuance,
un délai de quelques heures. De même, entre le
voyage en troisième classe de l'un et le voyage en
sleeping-car de l'autre, nulle dissemblance comparable, quant à la durée, la facilité ou la fatigue,
à celle qu'il y avait entre le voyage en litière, en
« chariot branlant », ou, plus récemment, en berline
de poste, et le voyage à pied ou dans le panier sus-
pendu entre les roues à l'essieu du coucou.

Bref, sous quelque point de vue que l'on envisage,
depuis sept siècles ou tout simplement depuis cent
ans, d'un côté les privilégiés de l'aisance et de la
richesse, de l'autre les plus humbles salariés, qu'il
s'agisse des plaisirs qu'ils peuvent prendre, des
livres qu'ils peuvent lire, des remèdes qu'ils peu-

vent acheter, et de tout l'ensemble des besoins que la civilisation permet de satisfaire, il est évident que l'écart entre eux a singulièrement diminué et diminue à chaque invention nouvelle. La bicyclette, par exemple, est beaucoup plus utile au pauvre que l'automobile au bourgeois, et le Métropolitain donnera bientôt à tout prolétaire parisien ce que le roman de 1840 présentait comme le faste inouï du comte de Monte-Cristo : « Une voiture à toute heure attelée et à ses ordres ».

Ce ne sont pas les riches qui auraient pu tripler, quintupler, décupler depuis quatre-vingts ans la consommation française de cinquante marchandises diverses. Les riches sont peu nombreux : l'effectif des familles qui tirent *de leurs rentes ou de leur travail* un budget annuel supérieur à 10.000 francs est, je crois, peu supérieur à 160.000, et j'ai estimé à 360.000 ceux qui disposent de 5.000 à 10.000 francs par an[1]. Ces 500.000 familles ne constituent pas le vingtième de la nation. Ce ne sont pas elles qui pouvaient absorber des dizaines, des centaines de millions de kilos de froment ou de papier, de sucre ou de coton, en plus de ce qu'elles absorbaient précédemment.

Quel que soit le bon marché de certains objets, il arrive un moment où leur clientèle, saturée, se dérobe à un accroissement indéfini de la production. Le pain ne coûtât-il que 2 centimes le kilo, l'ouvrier n'en mangerait pas 10 kilos par jour, et le port des lettres ne coûtât-il rien du tout, les citoyens français n'en écriraient pas pour cela vingt fois davantage. C'est parmi les classes fortunées que la

1. Voyez, dans mes *Découvertes d'histoire sociale*, le chapitre XIV, « Riches du passé et du présent », page 213. (Flammarion, 1 vol., même collection.)

consommation des choses *nécessaires* a le moins augmenté, par ce motif que leurs besoins à cet égard étaient déjà largement satisfaits.

Comment le temps présent a-t-il révolutionné la vie, en procurant au peuple à la fois la qualité et la quantité des produits nouveaux? Par une contradiction singulière, les artisans de cette révolution bienfaisante ont été des spéculateurs et non des philanthropes : ces donateurs travaillaient, non point *pour donner*, mais *pour acquérir*. Lorsqu'ils défrichaient ou plantaient, qu'ils édifiaient des usines, risquaient des expériences, lançaient des bateaux ou inventaient des machines, propriétaires fonciers, commerçants ou industriels avaient pour objectif de faire, non pas notre bonheur, mais leur fortune. Pourtant, c'est *notre pain* qu'ils ont gagné à la sueur de *leur front*.

Tout le progrès moderne est issu de soucis égoïstes et non d'un altruisme désintéressé. Cette constatation ne comporte nul pessimisme : c'est la froide et claire vision des mobiles humains. Ce que leur libre jeu a réalisé, ni la charité chrétienne, ce socialisme facultatif d'hier, ni le socialisme, cette charité obligatoire d'aujourd'hui, n'auraient pu ni ne pourraient l'obtenir. Et comme tout n'est pas encore pour le mieux dans ce xxᵉ siècle, comme il existe encore, parmi les civilisés que nous sommes, des êtres qui souffrent parfois de la faim ou qui lentement en meurent, il est bon de ne pas tarir les sources d'où peuvent jaillir, au profit du plus grand nombre, les progrès futurs.

Ils seront le résultat du libre effort individuel et non de la bonté collective, fût-elle érigée en système légal. La bonté sert beaucoup à l'amélioration morale de ceux qui l'exercent comme un devoir et fort peu au soulagement matériel de ceux qui la réclament comme un droit. Elle crée seulement de la vertu pour les uns, elle ne crée pas des richesses pour les autres. Au point de vue économique, les bienfaiteurs effectifs de l'humanité ne sont pas les organisateurs de bonté, mais les entraîneurs de travail.

FIN

| DATES | FRANCS INTRINSÈQUES d'après son poids d'argent | Au pouvoir de | Soit en francs actuels |
|---|---|---|---|
| | fr. c. | | fr. c. |
| 1201-1225 | = 21,77 | × 4,50 | = 98 |
| 1226-1290 | 20 | 4 | 80 |
| 1291-1300 | 16 | 4 | 64 |
| 1301-1320 | 13,40 | 3,50 | 47 |
| 1321-1350 | 12,25 | 3,50 | 43 |
| 1351-1360 | 7,26 | 3 | 22 |
| 1361-1375 | 8,90 | 3 | 27 |
| 1376-1389 | 8,90 | 4 | 36 |
| 1390-1400 | 7,53 | 4 | 30 |
| 1401-1410 | 7,53 | 4,25 | 33 |
| 1411-1425 | 6,85 | 4,25 | 29 |
| 1426-1445 | 6,53 | 4,50 | 29 |
| 1446-1450 | 5,69 | 4,50 | 26 |
| 1451-1455 | 5,69 | 6 | 34 |
| 1456-1487 | 5,29 | 6 | 32 |
| 1488-1500 | 4,64 | 6 | 28 |
| 1501-1511 | 4,64 | 5 | 23 |
| 1512-1525 | 3,92 | 5 | 20 |
| 1526-1540 | 3,92 | 4 | 16 |
| 1541-1550 | 3,34 | 4 | 13,30 |
| 1551-1560 | 3,34 | 3 | 10 |
| 1561-1572 | 3,11 | 3 | 9,30 |
| 1573-1575 | 2,88 | 3 | 8,60 |
| 1576-1579 | 2,88 | 2,50 | 7,20 |
| 1580-1600 | 2,57 | 2,50 | 6,50 |
| en 1601 | 2,57 | 3 | 7,70 |
| 1602-1614 | 2,39 | 3 | 7,10 |
| 1615-1625 | 2,08 | 3 | 6,25 |
| 1626-1635 | 2,08 | 2,50 | 5,20 |
| 1636-1642 | 1,81 | 2,50 | 4,70 |
| 1643-1650 | 1,82 | 2,50 | 4,50 |
| 1651-1675 | 1,62 | 2 | 3,25 |
| 1676-1700 | 1,48 | 2,33 | 3,45 |
| 1701-1725 | 1,22 | 2,75 | 3,34 |
| 1726-1750 | 0,95 | 3 | 2,85 |
| 1751-1758 | 0,90 | 2,33 | 2,10 |
| 1759-1775 | 0,95 | 2,33 | 2,20 |
| 1776-1790 | 0,95 | 2,10 | 2 |

| Années | Livres | | Sous | | Deniers |
|---|---|---|---|---|---|
| 1201-1225 | 1 livre | » | | 5 deniers [1] | |
| 1226-1290 | 1 — | 5 sous | | » | |
| 1291-1300 | 1 — | 7 — | | 3 — | |
| 1301-1320 | 2 livres | 2 — | | 2 — | |
| 1321-1350 | 2 — | 6 — | | 10 — | |
| 1351-1360 | 4 — | 10 — | | 10 — | |
| 1361-1375 | 3 — | 13 — | | 4 — | |
| 1376-1389 | 2 — | 16 — | | » — | |
| 1390-1400 | 3 — | 6 — | | 8 — | |
| 1401-1410 | 3 — | » — | | 7 — | |
| 1411-1425 | 3 — | 8 — | | » — | |
| 1426-1445 | 3 — | 8 — | | » — | |
| 1446-1450 | 3 — | 16 — | | 8 — | |
| 1451-1455 | 2 — | 18 — | | 6 — | |
| 1456-1487 | 3 — | 2 — | | 6 — | |
| 1488-1500 | 3 — | 11 — | | 6 — | |
| 1501-1511 | 4 — | 7 — | | » — | |
| 1512-1525 | 5 — | » — | | » — | |
| 1526-1540 | 6 — | 5 — | | » — | |
| 1541-1550 | 7 — | 10 — | | 4 — | |
| 1551-1560 | 10 — | » — | | » — | |
| 1561-1572 | 10 — | 15 — | | 2 — | |
| 1573-1575 | 11 — | 12 — | | 6 — | |
| 1576-1579 | 13 — | 15 — | | » — | |
| 1580-1600 | 15 — | 8 — | | » — | |
| 1601-1614 | 14 — | 1 — | | » — | |
| 1615-1625 | 16 — | » — | | » — | |
| 1626-1635 | 19 — | 4 — | | 6 — | |
| 1636-1642 | 21 — | 5 — | | 7 — | |
| 1643-1650 | 22 — | 4 — | | 6 — | |
| 1651-1675 | 30 — | 15 — | | » — | |
| 1676-1700 | 29 — | 5 — | | 6 — | |
| 1701-1725 | 33 — | » — | | » — | |
| 1726-1750 | 35 — | » — | | » — | |
| 1751-1758 | 47 — | 12 — | | » — | |
| 1759-1775 | 45 — | 9 — | | » — | |
| 1776-1790 | 50 — | » — | | » — | |

1. La livre tournois se composait de 20 sous et le sou de 12 deniers. La livre comptait donc 240 deniers; nous négligeons dans ce tableau les fractions de deniers.

# TABLE DES MATIÈRES



*Les peuples qui « vivent pour manger » sont surtout ceux qui n'ont pas de quoi manger. — Les générations précédentes manquaient du nécessaire; les générations actuelles, avec une ration plus que doublée, ne se découvrent pas de superflu. — Le socialisme monarchique d'hier; réglementation minutieuse de la production, de la circulation, de la vente des denrées, en vue de dominer les prix. — Cette prétention n'aboutit à aucun résultat. — Comment concilier le fait d'une nation mal nourrie, avec des repas plus abondants que les nôtres? — L'appétit de nos aïeux n'est qu'une légende. — Les « services » sont affaire de faste et non de gourmandise. — Preuve tirée de la contenance réelle des plats. — Les plats d'autrefois étaient plus petits que les plats actuels. — La comparaison de leurs poids d'argent respectifs nous l'apprend. — Les « assiettes » ne sont souvent que de larges soucoupes. — L'usage des « maisons ouvertes » rend le luxe de la table très supérieur à ce qu'il est de nos jours. — Le nombre des bouches à la charge du grand seigneur. — Les « tournebrides ». — L'usage des banquets diminue au XVIIIe siècle. — La cuisine personnelle des rois n'est guère bonne. — Les cuisiniers d'extra chez Louis XV. — Le bouillon de Henri III, clair et plein de graisse. — Comparaison nécessaire des sommes dépensées aux quantités d'aliments qu'elles représentent, pour savoir exactement comment nos pères se nourrissaient. — Importance relative de la table suivant les budgets. — La table du riche a changé de prix, celle du peuple a changé de nature.*

**Chap. IV. — La cuisine moderne. — Ses variations.**          89

*Le logement est celui de nos besoins que les découvertes
modernes ont le moins transformé dans sa substance.
— La Loi peut détruire les palais, la Science seule peut
embellir les chaumières. — Nous connaissons les
anciens loyers mais non les anciens logis, qui sont
détruits. — La gradation des loyers, dans une même
ville, donne seulement idée de leur importance relative. — La seule méthode, pour arriver à une appréciation certaine, consiste à reconstruire par la pensée
les maisons d'autrefois, en comparant au loyer le coût
des matériaux et de leur mise en œuvre. — Si la construction coûtait jadis aussi cher que de nos jours, on
pourra conclure que les loyers infimes devaient procurer des logements plus exigus.*

*Prix de la pierre de taille et des moellons depuis le Moyen
Age jusqu'au XVIII<sup>e</sup> siècle, comparés à leurs prix
actuels : à Saint-Leu, Saint-Cloud, Conflans, Tonnerre,
Craon (Mayenne), Bordeaux, Orléans, Nantes, Rodez,
Clermont-Ferrand. — Les briques. — La chaux et les
anciens mortiers. — « Terre à maçonner ». — Prix
anciens du mètre cube de maçonnerie à forfait. — Peu
de murs. — Maisons en pans de bois recouverts de
plâtre. — Prix élevés du plâtre. — Variations des prix
du bois de charpente. — La toiture ; les lattes et les
clous à lattes. — La menuiserie, les planchers. — Couvertures d'ardoise, de plomb, de pierre. — Les toitures
en chaume ont coûté, depuis six cents ans, à peu près
autant que de nos jours. — Prix élevés de la peinture
et des vitres. — Progrès et économies modernes, réalisés dans la préparation des matériaux et dans les frais
de main-d'œuvre. — Les métaux; serrurerie; baisse de
prix de 75 % du plomb, du cuivre et du fer.*



*Le substantif « maison » s'applique aujourd'hui à des
édifices incomparables à ceux des siècles passés. —
Exemples des dimensions médiocres des anciens logements de hobereaux et de bourgeois. — Le type des
maisons change dès le XVII<sup>e</sup> siècle, beaucoup plus à
Paris qu'en province. — Preuve par les loyers comparés. — La distribution nouvelle; les appartements de
plain-pied. — Bon marché ancien de l'ornement artistique. — Jean Goujon, Germain Pilon, les façades du
Louvre. — Dix-huit ans pour installer un salon. — Les
appartements des seigneurs au château de Versailles.*

9603. — Paris. — Imp. Hemmerlé et C⁰ᵉ. (8-13).

# Bibliothèque de Philosophie scientifique

## DIRIGÉE PAR LE D<sup>r</sup> GUSTAVE LE BON

### 1° SCIENCES PHYSIQUES ET NATURELLES

BERGET (A.), professeur à l'Institut océanographique. **La Vie et la Mort du Globe** (6<sup>e</sup> mille).

BERTIN (L.-E.), de l'Institut. **La Marine moderne** (54 figures).

BIGOURDAN, de l'Institut. **L'Astronomie** (50 figures) (5<sup>e</sup> mille).

BLARINGHEM (L.), chargé de cours à la Sorbonne. **Les Transformations brusques des êtres vivants** (49 figures).

BOINET (D<sup>r</sup>), prof<sup>r</sup> de Clinique médicale. **Les Doctrines médicales** (6<sup>e</sup> mille).

BONNIER (Gaston), de l'Institut. **Le Monde végétal** (230 figures) (8<sup>e</sup> mille).

BOUTY (E.), de l'Institut, prof<sup>r</sup> à la Sorbonne. **La Vérité scientifique, sa poursuite.** (5<sup>e</sup> mille).

BRUNHES (B.), professeur de physique. **La Dégradation de l'Energie** (7<sup>e</sup> mille).

BURNET (D<sup>r</sup> Etienne), de l'Institut Pasteur. **Microbes et Toxines** (71 fig.) (5<sup>e</sup> mille).

COLSON (Albert), professeur à l'Ecole Polytechnique. **L'Essor de la Chimie appliquée.**

COMBARIEU (J.), chargé de cours au collège de France. **La Musique** (10<sup>e</sup> mille).

DASTRE (D<sup>r</sup> A.), de l'Institut, professeur à la Sorbonne. **La Vie et la Mort** (13<sup>e</sup> mille).

DELAGE (Y.), de l'Institut et GOLDSMITH (M.). **Les Théories de l'Evolution** (6<sup>e</sup> mille).

DELAGE (Y.), de l'Institut et GOLDSMITH (M.), **La Parthenogénèse naturelle et expérimentale.**

DELBET (Pierre), professeur à la Faculté de Médecine de Paris. **La Science et la Réalité.**

DEPÉRET (C.), Cor<sup>t</sup> de l'Institut. **Les Transformations du Monde animal** (7<sup>e</sup> mille).

ENRIQUES (Federico). **Les Concepts fondamentaux de la Science.**

GUIART (D<sup>r</sup>), professeur à la Faculté de médecine de Lyon. **Les Parasites Inoculateurs de maladies** (107 figures).

HÉRICOURT (D<sup>r</sup> J.). **Les Frontières de la Maladie** (8<sup>e</sup> mille).

HÉRICOURT (D<sup>r</sup> J.). **L'Hygiène moderne** (10<sup>e</sup> mille).

HOUSSAY (F.), professeur à la Sorbonne. **Nature et Sciences naturelles** (6<sup>e</sup> mille).

JOUBIN (D<sup>r</sup> L.), professeur au Muséum National d'Histoire naturelle. **La Vie dans les Océans** (45 figures) (5<sup>e</sup> mille).

LAUNAY (L. de), de l'Institut. **L'Histoire de la Terre** (10<sup>e</sup> mille).

LAUNAY (L. de). **La Conquête minérale.**

LE BON (D<sup>r</sup> Gustave). **L'Évolution de la Matière**, avec 63 figures (24<sup>e</sup> mille).

LE BON (D<sup>r</sup> Gustave). **L'Évolution des Forces** (42 figures) (13<sup>e</sup> mille).

LECLERC DU SABLON (M.), professeur à la Faculté des Sciences de Toulouse. **Les Incertitudes de la Biologie** (24 figures).

LE DANTEC (F.), chargé de cours à la Sorbonne. **Les Influences Ancestrales** (10<sup>e</sup> mille).

LE DANTEC (F.). **La Lutte universelle** (8<sup>e</sup> mille).

LE DANTEC (F.). **De l'Homme à la Science** (8<sup>e</sup> mille).

MARTEL, directeur de *La Nature*. **L'Évolution souterraine** (80 figures) (6<sup>e</sup> mille).

MEUNIER (S.), professeur au Muséum. **Les Convulsions de l'Ecorce Terrestre** (35 figures) (5<sup>e</sup> mille).

OSTWALD (W.). **L'Evolution d'une Science, la Chimie** (7<sup>e</sup> mille).

PICARD (Émile), de l'Institut, professeur à la Sorbonne. **La Science moderne** (11<sup>e</sup> mille).

POINCARÉ (H.), de l'Institut, prof<sup>r</sup> à la Sorbonne. **La Science et l'Hypothèse** (22<sup>e</sup> mille).

POINCARÉ (H.). **La Valeur de la Science** (18<sup>e</sup> mille).

POINCARÉ (H.). **Science et Méthode** (11<sup>e</sup> m.).

POINCARÉ (H.). **Dernières Pensées** (8<sup>e</sup> mil.).

POINCARÉ (Lucien), directeur au Ministère de l'Instruction publique. **La Physique moderne** (13<sup>e</sup> mille).

POINCARÉ (Lucien). **L'Électricité** (10<sup>e</sup> mille).

RENARD (C<sup>t</sup>). **L'Aéronautique** (68 figures) (6<sup>e</sup> mille).

RENARD (C<sup>t</sup>). **Le Vol mécanique. Les Aéroplanes** (121 figures).

ZOLLA (Daniel), professeur à l'Ecole de Grignon. **L'Agriculture moderne.**

---

### 2° PSYCHOLOGIE ET PHILOSOPHIE

*Voir la liste des ouvrages page 3 de la couverture.*

---

### 3° HISTOIRE

*Voir la liste des ouvrages page 3 de la couverture.*

---

863. — Paris. — Imp. Hemmerlé et C<sup>ie</sup>. — 9-13.